WIZARD

トレーダーの精神分析

自分を理解し、自分だけのエッジを見つけた者だけが成功できる

ブレット・N・スティーンバーガー【著】
関本博英【訳】

Enhancing Trader Performance
Proven Strategies From the Cutting Edge of Trading Psychology
by Brett N. Steenbarger

Pan Rolling

Enhancing Trader Performance : Proven Strategies From the Cutting Edge of
Trading Psychology
by Brett N. Steenbarger

いつまでも若いパートナーのマージーに本書を捧げる

「いつまでも若くいられる秘訣は、将来のビジョンがスタートした地点に立ち戻ることである」

――アイン・ランド（アメリカの女性作家・思想家）

●目次●

序文

「困難が大きければ大きいほど、それを乗り越えたときの栄光もまた大きくなる。大きな名声を博するのは、暴風雨や大嵐のなかを飛ぶ高度な技術を持つ飛行士だけである」

――エピクテトス

本書はまさに暴風雨と大嵐のなかから生まれた。前著『精神科医が見た投資心理学』（晃洋書房）が刊行されてからほぼ一年後に私は学問の世界を去り、暴風雨が吹き荒れるシカゴのプロップファーム（Proprietary Trading Firm＝自己資金だけを運用するディーリング会社）に身を投じた。ニューヨーク州シラキュースの診療所でクライアント（患者）のセラピー（治療）に当たっていた日々は、はるかかなたに過ぎ去ってしまった。今の生活は朝の四時五分に始まり、深夜にまで及ぶことも珍しくない。海外各地の市場をフォローする何台ものコンピュータ―のうなるような音、常にアップデートされるリサーチ情報、トレードに没頭するトレーダーたちをサポートするためのフロアからフロアへの移動、帰宅したあと翌日の準備作業などに忙殺される毎日である。前著が象牙の塔（学問の世界）から心理学と実際のトレードとの融合を試みたものであるのに対し、本書はトレーディングの最前線に身を投じ、その現場でトレードの正しいあり方を追究したものである。

投資心理学からトレーディングの現場に至る曲がりくねった道

前著の執筆を終えた二〇〇二年後半から現在までに、状況は目まぐるしく変わった。私のｅメールボックスにはありとあらゆるマーケットのトレーダーからメールが寄せられ、また私のウエブサイトやブログ（日記形式のホームページ）にはヨーロッパやアジアのほか、環太平洋地域のトレーダーからもアクセス件数が一週間に何千件にも達している。それらを通じて、私は全世界のトレーダーの夢と希望、いろいろな悩みや欲求不満と毎日向き合っている。これはトレーディングの現場で働くトレーダーにとっての特権でもあり、また挑戦でもある。

なかでも私が所属するシカゴのキングズトリー・トレーディング社のディーリングルームで目にするトレーディングの最前線ほど興奮するものはない。私はそれまで実際のトレーディングとトレーダーを目の当たりにしたことはなかったが、今ではまさにリアルタイムなトレードの真っただ中にいる。その結果分かったことは、先物一〇〇〇枚のポジションが予想とは逆行したトレーダーとその対処法について話し合うことと、先物一〇〇〇枚のポジションが一ティック（最小価格単位）動くごとに一万二五〇〇ドルの損失になっているトレーダーと一緒にトレードに当たることはまったく別だということである。こうしたディーリングの最前線に毎日いると、トレーディングとトレーダーについて多くのことを知るのはもちろん、自分自身についても実に多くのことを学ぶ。本書はまさにそうした学習の集大成である。

すべての価値ある本は交響曲のようなものである。一見するとばらばらのように見えるが、それが追求するひとつのテーマできっちりとまとまっているからだ。著述家としての大きな喜びのひとつは、前著『精神科医が見た投資心理学』が刊行当時と同じように今でも売れ続けていることである。その理由のひとつは、トレーダーが直面する心理的な問題という主要なテーマが、人生におけるリスクや不確実性という点で共通するものがあるからだろう。人生と同じように、投資の心理でも単純なアドバイスではとても対処することはできない。

前著と同じような興味あるテーマが見つからないうちは、新しい本を執筆しようとは思わなかった。著述に携わるものにとって、書籍とは貴重なものである。書籍を通じて現在はもとより、まだこの世に存在していない将来の多くの人々とも出会えるチャンスがあるからだ。われわれはこの世で永久に生きることはできないが、書籍はわれわれよりもずっと長く生き残って、次世代の人々に感動を与えることができる。皆さんも著述家であればそうしたチャンスを生かしたいと思うだろう。

本を執筆するというのは人生を生きるようなものである。どちらの場合も頭にきちんといろいろなプランを描いてスタートするが、あとから振り返ると現在までの道のりは何と曲がりくねっていることか。自然界を見ても植物や雲、丘や平原などの輪郭や縁などが真っすぐであることはほとんどなく、すべてはねじ曲がっていたり、ギザギザだったりする。この世には整然としているものなどほとんど存在しておらず、それが現実の姿である。著述家が書くこともこれとまったく同じであり、筆者が自分の本に望むベストのことは人生と同じようにそのテーマに忠実であること、すなわちその道のりがねじれたり曲がっていようとも、誠意を持って書き進むことである。

本書の道のりもかなりねじれたり曲がったりしているが、そのテーマは常に一貫している。すなわち、**トレーディングのパフォーマンスとはそのトレーダーの心理や規律を反映したものである。トレーディングの技術はスポーツ、チェス、パフォーマンスアート（実演芸術）など、あらゆる分野における技術と同じであり、正しい訓練を通じて習得することができる。**このテーマを実証するために、私はさまざまなプロスポーツ選手、陸海軍のエリート部隊、医療分野のプロなどの訓練プログラムを詳細に検証したほか、とりわけキングズトリー社で一緒に働くトレーダーたちをつぶさに観察することで、トレーディングで成功し続けるための条件を明らかにしようとした。

こうした探究の結果を一言で言えば、「**トレーディングのパフォーマンスとは、そのトレーダーが何を学んだのかというよりは、どのように学んだのかによって決まる**」。トレーディングの技術とはそうしたプロセスの結果にすぎない。このプロセスにははっきりと確認できるいくつかの特徴があり、それはトレーダーの成長と密接に関連している。こうしたプロセスはオリンピックに出場したアスリートのほか、世界でも一流の製造工場やいろいろな教育プログラムにも見ることができる。「何を学ぶのか」は常に変化し、内科医は最新の医療技術に遅れないように、またトレーダーはいろいろなマーケットの環境に対処できるように学ぶことが求められる。これに対し、「どのように技術を磨いていくのか」は今も昔も変わることはない。古代ギリシャで確立された技術習得のプロセスは、現代のどのような分野でも依然として立派に通用するだろう。

トレーディングの成功条件の追究とトレーダーたちとの日々のディーリング活動を通じて私が最も大きなショックを受けたのは、**トレーダーたちが直面する心の悩みのかなりの部分は、きちんとした訓練の原則から逸脱したことに起因している**ことが分かったことである。トレーダーたちが、①自分の能力や性格に適していないマーケットやトレーディングスタイルを取り入れているとき、②自分の能力をプロレベルのスキルにまで向上できるような体系的な訓練を受けていないとき、③大きな利益をすぐに望むあまり、正しいリスクマネジメントを行っていないとき――には、欲求不満や心的外傷（心のトラウマ）を抱くことになる。

トレーダーが体系的な訓練を受けていない結果、自らのトレード技術に自信が持てなければ、常に変化するマーケットの環境に適応していくことはできない。この事実は私が荒れ狂うトレーディングの現場で実際に目撃したことであり、この世界では今日の成功は明日の成功を保証するものではない。マーケットの環境やニッチは急激に変化していくので、永続的な成功はだれにも保証できない。トレーディングの世界における勝者とは正しい訓練を受け、いっそうのレベルアップを常に目指して努力している人々である。本書は持続的な成功を目指すトレーダーだけでなく、その目標に向けて日々努力している人々のために書かれた。

いろいろな分野の研究結果やさらなるレベルアップを目指してトレーニングに励むアスリートたちの現場体験に基づいて書かれた本書は、トレーディングという最も見返りが多く、それゆえにチャレンジに満ちたこの世界で高いパフォーマンスを上げ続けるには何が必要なのかをじっくりと考えるのに役立つだろう。トレーディングの世界では何を学べば成功できるのかについては多くのことが語られているが（チャートパターン、各種指標の読み方、株価分析ソフトなど）、そうした技術をどのように習得するのかについてのガイドブックはあまり見られない。本書がトレーディングばかりでなく、成果が問われる人生のすべての分野で成功するためのガイドブックとなれば幸いである。

将来を見通す

トレーダーの将来は急激に変化する。最近のコンピューターによる自動売買トレーディング、裁定取引、マーケットのグローバル化の進展などは、われわれに新しいチャンスを提供している。こうした状況下ではトレードする時期やその方法を知るだけでは十分ではなく、何（最も大きなチャンスが存在するマーケット）をトレードするのかも同じく重要になってきた。いくら腕のよい漁師でも魚のいない場所にいくら釣り糸をたれても獲物は得られないからである。今の多くのトレーダーはまさにこの漁師のようなものである。従来のトレード手法（インデックス投資やモメンタム投資など）などはもはやあまり役に立たなくなった。私が最近「トレーディング・マーケッツ（Trading Markets）」サイトに書いたように、過去四〇年間にわたりS&P五〇〇の二日間のトレンドの有無について調べたところ、そのグラフは緩やかな下降曲線となった。しかし、（特にプログラム取引や裁定取引などのバスケット銘柄には含まれない）個別銘柄の多くは上向きの曲線を描いた。これからも分かるように、高いパフォーマンスを上げるには自分のトレーディングスタイルにマッチしたマーケットやセクターを知る必要がある（詳しくは巻末に掲載したウエブサイトやブログにアクセスしてください）。

本書ではトレーダーたちのディーリングの現場のほか、激しく変化するトレーディングの世界にもスポットを当てた。これまでトレーダー教育の多くは出版物やセミナー、その他の情報提供という形で行われてきたが、これからは規律の習得を含めたプロのトレーダーの育成・訓練が主流になっていくだろう。すでにトレーディングソフトの分野ではその動きが始まっている。われわれは数年前には株価分析、チャート、スクリーニング、注文執行などのソフトを個別に使っていたが、最近ではそうした機能がひとつのソフトに統合されつつある。そうなれば、トレーディングプランの作成からリスクマネジメントまでの一連のトレーディングプロセスがひとつに合理化されるだろう。私はこのほどCQG社のジョー・コーネン氏と会い、同社のサービスについて話し合ったが、そこでは株式の板情報やチャート、分析ツール、注文執行などがひとつの画面上で表示され、マウス操作だけですべてのプロセスが処理できるという。すでに電子トレーディングではこうしたことが当たり前になっている。私はこうした技術がさらに進展していけば、リアルタイムな模擬トレード、パフォーマンスの詳細なフォロー、膨大なヒストリカルデータの保管・利用などが簡単にできるトレーダーの教育・訓練プロセスの統合が実現できると思う。リアルタイムな注文執行を含むこうしたトレーダーの教育・訓練プロセスが統合化されれば、さらに高度なソフトやシステムも開発されるだろう。

トレーディング産業の歴史は民主化のプロセスと同じである。機関投資家が利用できるサービスは次第に一般投資家にも普及していった。それには各種情報やリサーチの利用、プレーグラウンドの平坦化、パソコンとインターネットの普及による売買手数料の引き下げ、マルチマーケットのリアルタイムな情報の入手、複雑なトレード戦略の実行などが含まれる。こうした流れはこれからも続いていくだろう。現在ではカウンセリングの専門家やメンター（指導者）を社内に抱えているプロップファームはごく一部に限られているが、近い将来には（テレビ会議などを含む）オールインワンのトレーディングツールでトレーダーのリアルタイムな教育や訓練が可能になるほか、こうしたプロトレーダーの訓練ツールも一般投資家に普及していくだろう。本書がその一里塚になれば望外の喜びである。

そしてさらに重要なことは、自分の将来を展望することである。高度なトレード技術を習得したいと思うとき、皆さんはその目標達成のプロセスをご存じであろうか。トレーディングの持続的な成功を可能にする技術をマスターするには、何をすればよいのだろうか。オリンピックで金メダルを勝ち取るにはそれに見合うトレーニング、すなわち自分の能力を高度なスキルにまで高め、さらに優勝という実際のパフォーマンスに結び付けるための訓練プロセスが必要である。本書では単にトレーダーの育成にスポットを当てたものではなく、あらゆる分野でパフォーマンス（成果）を上げるための方法が論じられている。あなたがトレーダーになるかどうかは別として、パフォーマーとしてどのような分野でもパフォーマンスを上げられる自分なりの方法を見つけてほしいと思う。それができれば自分自身をマスターしたと言えるだろうし、そうなれば今の自分よりも一回りも二回りも大きくなった自分に気づくだろう。

ブレット・スティーンバーガー（イリノイ州ネーパービル）

二〇〇六年三月

謝辞

前著『精神科医が見た投資心理学』の刊行後もまったく変わらないただひとつのことは、暴風雨と大嵐のときでも私に勇気と支援、それに洞察力を与えてくれた多くの人々に対する深い感謝の念である。まず最初に私を生み育て、起業家精神を吹き込んでくれた両親のジャックとコニー・スティーンバーガーにお礼を申し上げたい。また長期の執筆期間中に私を励まし続けてくれた妻と子供たち（マージー、デボン、マクレー）にも深く感謝する。

私をキングズトリー・トレーディング社に温かく受け入れ、多くのトレーダーたちに引き合わせてくれたチャック・マッケルビーン氏。同社を設立し、プロトレーダーたちを育成してきた同氏の尽力がなければ、本書が日の目を見ることはなかったであろう。また私の同社入りを勧めてくれたうえ、トレーディングの成功とレベルアップについて多くのことを教えてくれたマーク・グリーンスプーン、進取の精神とマーケットの洞察力ではだれにも負けないスコット・プルチーニ、マーケットの動きを素早く読み取るパブロ・メルガレホの各氏をはじめ、キングズトリー社のスタッフとトレーダーたちの友情と温かい心遣いには本当に頭が下がる。

このほか、シカゴに移ってからも以前と変わらぬ付き合いをさせていただいたニューヨーク州シラキュースのアップステート医科大学と精神医学・行動科学学部の皆さん、特にマントシユ・デワン学部長とロジャー・グリーンバーグ心理学部長には深く感謝する。一方、トレーディングという専門分野におけるいろいろな知識と指導、そして変わらぬ友情を寄せていただき、また「投資家リスト（Speculators List）」の利用を心安く許可してくれたビクター・ニーダーホッファーとローレル・ケナーの両氏をはじめ、その他多くの専門家の方々にも厚くお礼を申し上げます。このほか、投資関係の多くの良書を出版してきたジョン・ワイリー・アンド・サンズ社のパメラ・バン・ギーセン編集長とジェニファー・マクドナルド編集者にも感謝の意を表したい。最後に、個人的な付き合いを通じて多くのことを教えてもらったトレーダーの皆さまにもお礼を申し上げます。

注記

前著『精神科医が見た投資心理学』と同じように、本書でも多くのケーススタディを取り上げたが、そのほとんどは私が実際に接したトレーダーやトレーディングの現実であるが、秘匿性という意味からもその詳細には何らかの修正が加えられてある（トレーダーのファーストネームだけの表記など）。しかし、一緒に働いている同僚のトレーダーたちについては、彼ら・彼女らの承諾を得たうえでフルネームで表記した。またトレーダーたちに関する記述について最終原稿で適切な変更を加えたところもあるが、自分にとって都合のいいように記述の変更を求めてきたトレーダーはひとりもいなかった。したがって、本書で書かれていることは彼ら・彼女らの現実の姿である。

最後に免責事項として、本書ではトレーディングに役立つウエブサイトやトレーディングツール、それに多くの関係書籍やサービスなどに言及・掲載しているが、これについては関係者や関係企業の働き掛けなどは一切なかったことを断っておきたい。また私はそうした関係者・企業と経済的な利害関係はまったく持っていないし、何らかの報酬を受け取ったこともないことを読者の皆さまに保証する。

ブレット・スティーンバーガー

第1章

プロの技術はどこから生まれるのか
――パフォーマンスのニッチ

「大切なことはハイレベルからスタートして、さらに一段と高いレベルを目指すことだね。トップレベルに目を向けないかぎり、進歩はないよ」

――ダン・ゲーブル（アメリカの伝説的なレスラー）

彼はハイスクールの二年生のとき、学校のバスケットボールのチームに入ることができなかった。その結果、奨学金をもらって大学に入るという望みは大きくしぼんでしまった。ほとんどの野心的なアスリートにはこうした苦しい時期があり、そのために地元のリーグに入って選手生活を続けるという道しか残されていなかったことも珍しくない。しかし、彼ことマイケル・ジョーダン（米バスケットボール界のスーパースター）はこうした多くの若きアスリートたちとは違っていた。学校のバスケットボールチームに入れなかった悔しさを毎日の猛練習にぶつけたのである。ヘトヘトになって練習が続けられないときでも、その悔しさを思い出しながらさらなる練習に励んだ。そのかいあって、二年後にはマクドナルド・オールアメリカンに選出され、最優秀選手になった。

さらにその一年後には、進学したノースカロライナ大学のＮＣＡＡ（全米大学体育協会）ファイナルでは決勝シュートを決め、同校バスケットボールチームに二度目のＮＣＡＡチャンピオンをもたらした。ジョーダンはＮＢＡ（全米プロバスケットボール協会）でのキャリアを終えるまでに、何と二五本の決勝シュートを決めるという驚異的な記録を打ち立てた。今でも記憶に残る名プレーのひとつは、一九九八年六月一四日に行われた（所属チームの）シカゴ・ブルズとユタ・ジャズの試合で残りわずか五・二秒のときに決勝シュートを決め、シカゴ・ブルズを六度目の優勝に導いたことである。

本書では多くのトップアスリートを取り上げるが、マイケル・ジョーダンもそのひとりである。しかし、その彼でも最初から現在の栄光の道を歩んだわけではない。ハイスクール時代の悔しさのほか、大学のバスケットボール時代でも一試合当たり平均二〇点以上は得点できなかったし、一九八四年のＮＢＡドラフトでは全体で三位指名だった。その後もいろいろな活躍はあったが、スーパースターになるのはかなり先のことである。しかし、最後にはトップアスリートという数少ない地位に上り詰めた。

ジョーダンはどのようにしてトップアスリートになったのか。彼のような一握りのスーパースターとその他多くの平凡なプレーヤーを区別するものは何なのか。プロの技術とは生まれつきの才能によるものか、それとも後天的に育成されるものなのか。われわれにとって重要なことは、トレーディング以外のこうしたほかの分野のトップパフォーマーたちを研究することによって、トレード技術を向上させるためのカギが明らかになるということである。本書ではチェスの名人、オリンピック選手、世界的なパフォーマンスアーチスト、そして成功しているプロトレーダーなどを取り上げ、彼ら・彼女らに共通して見られる成功の条件を検討する。結論から言えば、そうした成功条件のひとつは「パフォーマンスのニッチ（Performance Niche）」とでも言えるもので、自分の能力や個性をフルに発揮できる特殊分野を見つけることである。マイケル・ジョーダンは野球ではなくバスケットボールにそうしたニッチを見つけた。ダン・ゲーブルは平凡なスイマーとしてアスリート人生をスタートしたが、のちには世界的なレスラーとしてその才能を開花させたあと、レスリングの名コーチとして活躍した。トレーディングにおいても、成功するトレーダーといつまでたっても日の目を見ないトレーダーを分けるのは、自分の能力をフルに発揮できるニッチを見つけられるかどうかである。不幸なことに、このことを知らない多くのトレーダーは自分の能力や性格に合わないマーケットを相手に四苦八苦し、どこにチャンスが存在するのかも分かっていない。

二人のトレーダーの話

私が所属するプロップファーム（キングズトリー・トレーディング社）でトレーディングに

従事しているアルとミックは、いずれも短期トレーダーである。彼らがトレードしているのはミニS&P五〇〇先物で、私は取引時間中にトレーディングシステムのスクリーンの横で彼らをサポートすることになった。まずはアルのトレードを見た日の出来事。その日の同先物は高寄りしたあと、そのまま続伸するのかと思われたが、狭いレンジでの膠着状態となった。現在の価格は前日終値よりも約三ポイント高で推移しているが（ミニS&P五〇〇先物の一ポイント＝五〇ドル）、私は（ヒストリカルなデータに照らして）価格はこの保ち合い相場から上下のいずれかに振れると感じていた。そこでトレードを始める前にアルとミック、そしてその他のトレーダーたちと今後の相場の方向について話し合った。しかし、アルはロング（買い）に傾いており、私はそれについては懐疑的だったが、彼の考えに口をはさむことはしなかった。

その後価格はジリジリと下降し、アルのポジションは損失となり、彼は自分のトレードミスに気づいて頭を振った。その直後に彼はすべてのロングポジションを手仕舞って、ショート（売り）にドテンした。その結果、数ティックは取ったが、それ以降にまた価格は逆行した。結局、午前はチョッピーな状態（あまり値動きのないトレンドのない相場）のなかでジリ安症状をたどった。こうした局面にアルは辛抱強くトレードしていたが、午前にはあまり利益を出すことができなかった。彼はランチタイムを取り、「午後では何とか取りますよ」と私に言った。午前を通じて彼は平静さを保ち、難しい相場を何とか持ちこたえた。彼は「ランチタイムを取って頭をすっきりさせれば、午後のトレードに精神を集中できるのでチャンスをとらえられるでしょう」と楽観的に語っていた。彼はいつでも平静さと前向きのスタンスを失うことはなかった。

もう一方のミックはアルとは正反対のタイプである。彼は上げ相場に賭けたが、ポジションは損失となった。彼はカッとなって価格がストップロスポイント（逆指値）を下回ってもポジションを手仕舞わなかったので、損失はさらに膨らんでいった。私はミックに対して、「午前の損失はわずかなので、午後にはそれを十分に取り戻せるよ」と言った。ついに彼はポジションを手仕舞ったが、ランチタイムは取らなかった。午前中のマーケットデータを詳しく分析し、自分の判断ミスの原因を突き止めようとしていた。彼はしょっちゅうイスの向きを変え、机をドンドンとたたき、声を荒立て、その欲求不満を体全体で表現していた。ビデオで午前のトレードを見たときには、「俺は何てバカなんだ」と大声を張り上げた。そして午前のトレードで順守すべきだった五つのポイントを私に告げ、「午後には絶対にこれを守る」と断言した。

このようにアルとミックはまったくタイプの違うトレーダーである。一方（ミック）は午後に数万ドルを稼ぎ、もう一方（アル）はこの日を収支トントンで終わった。一方はプロのトレーダー、もう一方は並みのトレーダーである。アルは心理的にバランスがとれており、損失を出したあとは必ずスクリーンから離れてリラックスする。慎重にストップを入れ、損失を出してもイライラすることはない。自分のトレードの将来にはいつも楽観的で、心からトレーディングが好きである。一方のミックは感情の起伏が激しく、損失を出すことは恥であると考えている。リスクマネジメントの原則を忘れることもよくあり、スクリーンから目を離すことはなく、判断ミスに気づいては自分とマーケットを罵っている。

皆さんが読まれる投資心理学の本では、この二人のどちらのトレーダーに軍配を上げるだろうか。おそらく、ほとんどの本では規律正しく、心理的にも安定しているアルのほうであろう。しかし、実際にはアルは駆け出しのトレーダーで、これまでトレーディングではあまり成功していない。一方のミックはこれまでも、そして今でも何百万ドルも稼ぎ出すプロのトレーダーである。こうしたアルとミックのようなタイプの数多くのトレーダーに実際に接し、そこからトレーディングで成功するための共通の条件を見つけようとしたことが本書の執筆動機となった。

プロの技術の第一歩

明らかにミックのなかに若き日のマイケル・ジョーダンの姿を見ることができる。彼は失敗を簡単に受け入れないし、損失を自己向上の布石とする。こうしたことはトップパフォーマーに見られる共通の特徴であるが、アルとミックのパフォーマンスを分けるもっと根本的な違いがある。さまざまなパフォーマンス分野の著名な研究者であるアンダーズ・エリクソンによれば、その根本的な違いがプロの技術の第一歩となるものである。

年間二五〇日のトレード日について、アルとミックの相違点を考えてみよう。両者はともに毎日アクティブにトレードし、勝つ日もあれば負ける日もある。アルは損失のことはさらりと忘れて気分を一新し、次のトレードに期待をかける。一方のミックは損失が出るといきり立って自らのトレードとマーケットを徹底的に分析し、失った資金を何とか取り戻そうとする。両者のこうしたスタンスを一年間にわたって積み上げていくと、ミックはアルよりもマーケットの行動を二倍ほど多く経験しているのが分かる。ミックは自分のパフォーマンスを常に見直し、悪いところはすぐに修正する。一方のアルはリラックスしているが、自分のトレードミスを検証してそれを直していこうという姿勢は見られない。確かにミックの感情の起伏は激しいが、彼はいわば学ぶ機械であり、損失をトレード技術の向上の足掛かりとする。エリクソンによれば、こうした姿勢は「意図的な練習（Deliberative Practice＝パフォーマンスやスキルの向上といった具体的で明確な目的を意図した練習）」と呼ばれ、プロのパフォーマーに共通して見られる特徴である。こうした目標を持った練習によって、あらゆる分野のプロは常にフィードバックを繰り返し、レベルアップを図っている。

「練習は完璧に通じる（習うより慣れろ）」という言葉をよく耳にするが、プロのアスリートは「完璧な練習が完璧なパフォーマンスを作る」と言う。一〇年の経験を持つアスリートと一年の経験を一〇回繰り返すアスリートとの違いを生むのは、どのような練習をしているかである。すべてのアスリートは、試合に勝つためには自信とモチベーションが必要なのか、それとも勝利するという心のあり方を身につけるために勝たなければならないのか――というジレンマに常に直面している。**リハーサルが必要な理由はまさにここにある。完璧な経験を何回も繰り返すことによって、正規の試合で勝つための心の基礎が作られるのである。**

ミックはランチタイムも取らずに自分のトレードミスの原因を徹底的に追究する。一方のアルは常に平静さを保つことを心掛けている。午後が始まるまでにアルは引き続き平静なスタンスを保ち、一方のミックはトレードに自信を深めている。ミックは午前のトレードミスの原因を理解し、これでマーケットが変化しても何とか対処できると確信している。一般にミックのようなタイプはトレーディングにとってマイナスであると考えられているが、実はアスリートにも共通して見られる性格の激しさである。ビンス・ロンバルディ（アメリカンフットボールの元監督）が言ったように、一般に潔い敗者（自分の負けを簡単に認めるアスリート）はなかなか試合に勝てない。このことはアルとミックにも当てはまる。

「自信をつけるには能力がなければならない。試合に勝つという自信は、それだけの技術をマスターしてはじめてつく。その逆はあり得ない」

ダン・ゲーブルも潔い敗者ではなかった。彼は練習こそがプロの技術に至る第一歩であることを知っていた。レスリングコーチとなった彼は選手たちに、長時間にわたるきつい練習のあとでもほかのレスラーを引っ張っていくような存在になれとよく言っていた。伝記作家のノーラン・ザボラルによれば、ゲーブルの練習場ではルームサイクル（トレーニング用自転車）のペダルの下に何枚もの汗受けマットが置かれ、選手たちのトレーニングが終わるとバケツ何杯分もの汗が絞られたという。選手たちは自転車を降りて一杯の水を飲むと、再び自転車をこぎ始める。試合の日までに彼らは考えられるあらゆるチャレンジを想定した練習を繰り返す。毎日こうしたきつい練習をしていると、肉体的に消耗する最終ラウンドでも相手の体に飛び込んでいけるという。

練習こそがプロの技術に至る第一歩である。練習によって多くの経験を積むことができるからだ。ゲーブルが指導するレスラーたちはきつい練習のおかげで、対戦相手に比べて無駄な動きがはるかに少ない。ミックは損失が出ると損失をもたらしたマーケットを徹底的に分析するが、アルはそうしたことはしない。同じような難しいマーケットの局面に再び直面したとき、どちらが自信を持って適切に対処できるだろうか。

キングズトリー・トレーディング社には、やはりミニS&P五〇〇先物をトレードしているスコット・プルチーニというプロのトレーダーがいる。私がトレーダー指導顧問として同社に入ってから、ラッキーにも彼のトレーディングを目にすることができた。最初にびっくりしたのは、彼が私の入社する前年に一〇〇〇万ドルを稼いだという事実ではなく、毎日スクリーンの前にくぎ付けになってトレードが終了する時間まですべての注文状況をフォローしていたことである。もう一度繰り返すが、彼がフォローしていたのはすべての値動きではなく、すべての注文状況である。それも来る日も来る日もである。そしてマーケットの環境が変わると、彼はその状況を記録しておいたビデオで丹念に分析していた。

スコットは何年くらいそうしたマーケットデータをフォローしているのだろうか。多くのトレーダーは心理的なスランプ期、スクリーンを離れる休息時間、休日などによって多くのマーケットの経験を失っている。私が最初にキングズトリー社に来たとき、その立派な娯楽室やキッチンに目を見張った。さらに驚いたのは、そうした立派な設備をしょっちゅう利用する人と（スコットのように）あまり利用しない人とのパフォーマンスの歴然たる違いである。私には、のらくらと時を過ごす人々のなかに優秀なトレーダーはいないことがだんだんと分かってきた。優秀なトレーダーはスクリーンの前からほとんど離れない。それはアルではなく、ミックのようなトレーダーである。

学習ループ――パフォーマンスを生み出すエンジン

意図的な練習についてまず最初に知っておかなければならないことは、それははっきりした成果が問われる正式な試合や対戦とは別に行われることである。バスケットボールチームなどの練習について見てみよう。練習の目的は正規の試合で試されるスキルをリハーサルすることにある。選手たちは練習中の行動のフィードバックを分析し、実際の試合日までに適切な調整を繰り返していく。こうしたことはチェスのようなひとりでやるゲームについても同じである。プレーヤーはチェスゲームの流れを記録し、ゲームを再現して駒のいろいろな動きを分析する。特に名人のゲームにはかなりの時間をかけて詳しく分析する。それは単に駒の動きを見るだけでなく、名人の次の手を読むためでもある。名人の手が自分の手と違っていれば、なぜそうするのかを考えることも大切な勉強である。

ほとんどのチームプレーではコーチやメンター（指導者）がそうした役割を担っている。例えば、バスケットボールのコーチはチームの練習状況を見て、各選手の動きやチームワークのあり方などについて指示を出す。また舞台監督は俳優のせりふを聞いて、声の抑揚や動作などが脚本のニュアンスをきちんと表現しているのかをチェックする。こうした学習プロセスではフィードバックの直接性と正確さが極めて重要である。

意図的な練習のベースとなるのは、「学習ループ（Learning Loop）」と呼ばれるものである。これは意図するパフォーマンス→その成否についてのフィードバック→それに基づく修正と新たな練習――という各段階のプロセスを環状にしたものである（**図表1.1**を参照）。ミックは負けトレードの分析→トレードミスの原因の追究→トレード手法の修正→新しいトレード――という学習ループを作り上げていた。チェスの名人は実際のゲームにおける判断ミス→再現したゲームの分析→新しい手の開発という学習ループを持っている。バスケットボールやフットボール、レスリング、水泳などの練習でも、コーチが選手たちのためにそうした学習ループを作

図表1.1　学習ループ

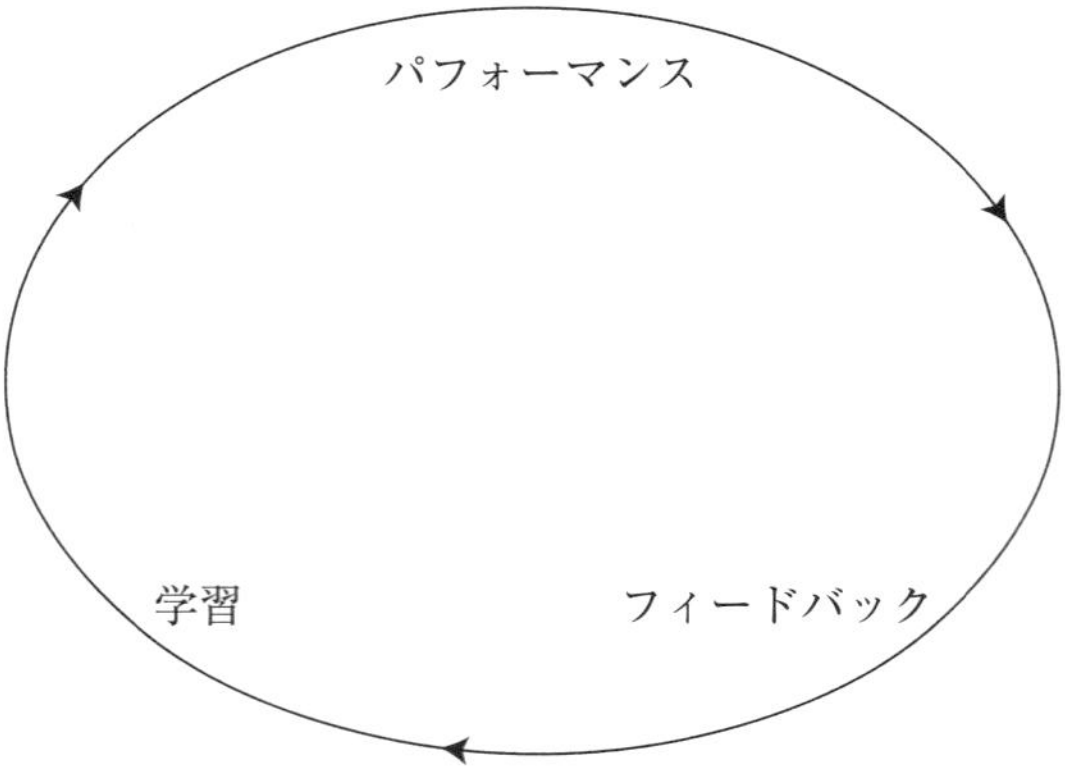

る。軍隊の基礎訓練でも担当教官が各軍事訓練のフィードバックに基づいて一連の学習ループを作っている。

ウエンディ・ウエーランはニューヨーク・シティ・バレエ団のプリマバレリーナ（主役の女性ダンサー）で、アメリカでも指折りのバレリーナと言われるが、チップ・ブラウンはニューヨーク・タイムズ・マガジンに彼女に関する興味ある記事を書いている。それによれば、世界的なバレリーナとなった彼女も当初は脊柱（せきちゅう）側湾症を患うダンサーにすぎなかったが、自分のイメージに合わない動きをしたり、気にくわないステップをしたときは、その録画ビデオを何度も見て研究したという。これについて彼女は、「私は踊っているときの自分の動きを見ることができません。ただ感じるだけです」と語っている。

これはトレーディングについてもまったく同じ

である。トレーダーがトレードに没頭しているとき、彼らは自分のしていることを見ることはできず、ただマーケットの動きを感じるだけである。世界的なバレリーナも自分の演技の客観的な観察→ミスの修正→新しい演技という学習プロセスを作り上げる。メジャーを代表する剛速球投手だったノーラン・ライアンもすべてのバッターの録画ビデオを見て、あの選手は高めの速球が得意なバッター、この選手はカーブを見送るバッターなどと研究を重ねていたという。一流のウエートリフティング選手がよくジムの壁鏡の前でトレーニングしているのを見たことがあるだろう。われわれは教室、リサイタルホール、トレーニングジムなど、どこでもこうした学習ループの光景を目にすることができる。プロの技術の根底には必ずこうした意図的な練習がある。**それならば、なぜトレーダーたちはこうした練習をしないのだろうか。**

トレーダーが学習ループを作らない理由

ここでスポーツの歴史上でも屈指のアスリートだったあの伝説的なレスラーのダン・ゲーブルに話を戻そう。彼をプロのアスリートと呼ぶだけでは不十分である。ハイスクール時代には三回全米チャンピオンになり、六四連勝を記録した。アイオワ州立大学時代には一一七連勝し、二回全米チャンピオンになった。一九七二年のミュンヘン・オリンピックでは金メダルに輝き、しかもほとんどの試合で大差をつけて圧勝した。同大学のレスリングコーチになってからも、そのチームに四五回もの全米チャンピオンをもたらした。ノーラン・ザボラル著『ア・シーズン・オン・ザ・マット（A Season on the Mat）』によれば、そうした偉業の秘訣は「だれにも負けないトレーニング」にある。ゲーブルの練習はかなり有名で、練習のあとは文字どおり床をはってトレーニングルームを出てきたという。しばらく休んで呼吸が整うと、またトレーニングを続けた。

プロのアスリートでもゲーブルのこうしたトレーニングをまねることはできないだろう。イギリスの遺伝・人類学者であるフランシス・ゴードンはゲーブルのような希有な能力を「苦闘する本能（Laboring Instinct）」、いわゆるいっそうのレベルアップを目指す内なる衝動と呼んでいる。それならば、なぜ多くのトレーダーにはこうした衝動や意欲がないのだろうか。その理由のひとつは、どうも駆け出しのトレーダーたちはトレーディングをこうした活動とは考えていないことにあるようだ。もっと具体的に言うと、彼らは成功している若いトレーダーを見ると、自分にも簡単にできると思ってしまうのである。私と一緒に働いていたあるトレーダーは負け続きで、会社が自分をクビにするのではないかと心配していた。彼は私に、「そうならないことを祈るだけです。僕はトレーダーになりたいのです。九時から五時までの普通の勤めなんかまっぴらごめんです」と語っていた。

このトレーダーのマーケットに対する姿勢は、レスリングに対するゲーブル、バスケットボールに対するジョーダンの姿勢などとはまったく違う。彼はトレーダーに取って代わる仕事をしたくないのでトレーダーにこだわっているだけだ。その仕事とは八時間労働で、自分のしたいことを自由にすることもできない。しかし、**トップパフォーマーは一日八時間をゆうに超えるきついトレーニングを毎日こなして、自分のしたいことをしているのだ。**プリマバレリーナのウエンディ・ウエーランは厳しいリハーサルが好きだった。伝記作家のチップ・ブラウンに語ったところによれば、彼女は毎日公園を走るが、それは自分を落ち着かせるためだという。トレーダーたちが私に語ることが彼らの将来を正確に暗示しているわけではないが、少なくとも成果が伴うトレーディングを心から好きにならないかぎり（ゴードンの言う「苦闘する本能」の一片も持たなければ）、成功に至る道の前に立ちふさがるいろいろな障害を乗り越えることはできないだろう。

すべてのトップパフォーマーは、意図的な練習を十分に積んでいる。完璧な技術を習得するための完璧な練習にはこうした苦闘する本能が不可欠であるが、それならばそうした苦闘する本能を持続させる原動力は何か。換言すれば、学習ループの好循環によって進歩していくトレーダーがいる一方で、単にそうしたループをぐるぐると回っているだけでちっとも上達しないトレーダーがいるのはなぜなのか。

単なる喜びからプロの技術に至るプロセス

すべての普通のトレーダーが簡単にリッチになる方法を探しているわけではない。トレーダーの多くはいろいろな理由から、そうした学習ループの好循環を持続できないのである。われわれがプロの技術と言うとき、それは持って生まれた才能を意味することが少なくない。あの人はプロ並みの技術を持っているが、別の人は持っていないと言えば、プロの技術とはすべてか無かのようなものに聞こえる。しかし、実際にはプロの技術とはひとつのプロセス、すなわち長い時間をかけて積み上げられた成果の結果である。しかもそのプロセスの各段階のメニューと目的は大きく異なっており、初期の段階と後期の段階では練習やトレーニングの内容や方法はまったく違う。

シカゴ大学のベンジャミン・ブルーム教授は一九八〇年代に実施した能力研究開発プロジェクトに基づき、いろいろな分野の世界的なパフォーマー一二〇人について調査した。調査の対象になったのは国際的に活躍するピアニスト、彫刻家、数学者、オリンピックに出場したスイマー、テニスプレーヤー、神経科医など多岐にわたる。教授たちはこれらトップパフォーマーとその両親や教師たちとのインタビューを通じて、それらのプロの技術の習得プロセスを明らかにしようとした。その結果、最も効果的な技術習得のプロセスとは次の三つの段階から構成されていることが分かった（**図表1.2を参照**）。

図表 1.2　技術（スキル）の上達段階（ベンジャミン・ブルーム教授の 1985 年の調査結果から引用）

	初期段階	中期段階	後期段階
主なモチベーション	楽しさ	能力の開発	プロ技術の習得
主な活動	遊び	スキル習得の練習	プロ技術に向けたトレーニング
メンターの役割	サポート	コアスキルの教授	集中的な練習の指導
活動時間	少ない	普通	多い
主な目的	基礎練習	スキルの向上	プロ技術の習得

●**初期段階**　新人のパフォーマーがこの段階で行う練習は楽しくなければならず、トレーニング用具などは身近に入手できるものを使う。また家族やインストラクター、同僚などは積極的にサポートしなければならない。モチベーションと活動内容はその人のユニークな個性をベースとし、メンター（指導者）は試合などの結果よりは練習を持続させることを重視する。この段階の試合結果などは純粋に楽しむ程度のものとする。

●**中期段階**　この段階では真面目に練習する分野をひとつか二つに絞り込む。例えば、ハイスクールでいろいろなスポーツをしていた学生も大学ではひとつのスポーツに専心させる。初期段階のプレーの楽しさを特定分野のテクニックを習得する努力と並行させながら、基礎的な知識とスキルを学習させる。この段階のメンターやコーチの役割はかなり重要で、完璧な練習を目指すフィードバックを十分に活用する。能力のある選手が才能を伸ばせるように能力開発に重点を置く。家族のサポートも大切であり、次第に高度になる練習にも対処できるようにする。

●後期段階　選ばれた選手だけが対象となり、試合などで相応の結果が出せるハイレベルの技術の習得がメーンとなる。この段階の目標は単なるスキルの向上ではなく、その選手の才能と技術をフルに発揮できるように育成することにある。一流プレーヤーの育成を専門とする公認メンターの指導の下に自己開発にも取り組む。この段階になると試合の結果もその選手の実力の反映であり、集中的な練習がトレーニングの多くを占めるようになる。その目的は複雑なスキルや技術を自分のものにすることにあり、試合などでもそれなりの結果が求められる。家族などのサポートも引き続き大切であるが、もはやレベルアップは本人の内発的なモチベーションと意欲次第である。

実際、ブルーム教授のこの技術（スキル）の上達段階はわれわれの人生のいろいろな面にも当てはまる。例えば、男女間のロマンチックな関係を見てみよう。楽しくデートするという最初の段階から、次第にお互いを深く知り合うようになる。このプロセスでは相手のいろいろな魅力を発見しながら、興奮したり特別の感情を抱くようになる。デートを重ねていくうちにその人だけと真剣に付き合うという中期段階に入り、その二人は自他ともに認めるカップルとなる。このカップルの関心は次第に結婚を含めた将来の二人の生活に向けられ、話はさらに子供を含む家族へと発展する。これと同じようにパフォーマーの技術も最初は楽しさから始まり、次第に人生を賭したハイレベルのプロの技術へと発展していく。

このように男女関係や人生、いろいろな分野のパフォーマーを問わず、**あらゆるものの発展と上達は初期段階から後期段階に順を追って移行する**ブルーム教授の発展プロセスをたどる。このプロセスの中期段階がなければ、難しいプロ技術の習得という後期段階のベースもできないだろう。さらに楽しく遊ぶという初期段階がなければ、高度な技術の習得に向けた持続的な努力も途中で挫折するだろう。大切なことは、**トップパフォーマーも最初からプロの技術の習得段階からスタートしたのではない**ということである。最初は楽しくいろいろなものにチャレンジし、次第に自分に適しているものを絞り込んでいったのである。考えてみればこんなことは当たり前のことのように思われるが、トレーダーの育成という点ではほとんど理解されていない。

例えば、われわれがトレード技術というものを考えるとき、すぐに頭に思い描くのは最後の完成されたプロの技術だけである。だからわれわれは駆け出しのトレーダーにいきなり仕掛けと手仕舞い、注文状況の読み方、損失の抑え方、感情のコントロール法などを教え込もうとする。こうしたことはごく当たり前のように行われているが、ブルーム教授の技術の上達段階に照らせば最初の二つの段階を飛び越している。なぜわれわれはトレーダーの教育では、いきなり最後の段階からスタートするのだろうか。

これをこんなふうに考えると分かりやすいだろう。われわれは初めてデートした若者たちにいきなり「その人と結婚するのか」などと聞くだろうか。そんなに急いで結婚話を進めようとすれば、付き合い始めたばかりの二人の関係は気まずくなってしまうだろう。そうしたプレッシャーを受けたそのカップルは、「お互いのことを知るにはもっと時間が必要だし、まだ結婚なんて考えてもいないよ」と反発するだろう。

しかし、**トレーダーの教育についてわれわれはまさにこれと同じことをしている。**ダン・ゲーブルやウエンディ・ウエーランがやっているきつい練習を押しつけることによって、トレード技術に対する駆け出しトレーダーのモチベーションや意欲を削いでいないだろうか。多くの若手トレーダーが特にその初期段階で、トレード日誌の記録や規律の向上などを押しつけられることに反発する理由がこれでお分かりであろう。付き合い始めたばかりのカップルに一夫一婦制の「規律」などを教えても嫌がられるだけであり、そんなことはあとになって考えればよいことである。これと同じように、トレーディングの規律などという問題もずっとあとになって持ち出せばよい。

既述したように、ブルーム教授によればパフォーマー育成の初期段階では、①楽しいこと、②家族を含む周りの人々からのサポート――というのがとても大切である。若い人はとにかく楽しくなければ自分のすることに興味が持てないだろうし、そうなればその後の厳しい練習のプロセスに進むこともできない。この楽しいということには、家族や友達、教師などによる称賛や注目なども含まれる。もうひとつの重要なことは本人の能力であり、その子の適性に合わないスポーツなどを楽しむことはできない。このように初期段階の活動の楽しさと周りからの励ましがなければ、さらに高いレベルを目指そうというモチベーションも生まれてこない。

この楽しさという条件はその後の上達段階においても重要なモチベーションである。マクマスター大学（カナダ）のジャネット・スタークス教授たちの調査結果によれば、プロのスポーツ選手でも技術のレベルアップには楽しさが伴わなければならない。このことはレスリング、スケート、サッカー、フィールドホッケーのほか、武道などのアスリートにも当てはまる。実際、プロスポーツ選手の多くは努力、適性そして楽しさという三つの条件がそろったときに大きくレベルアップする。

一般にフィギュアスケートや武道などのスキルアップでも、心身両面の厳しいトレーニングに多くの時間が充てられているが、トップアスリートたちはそうしたきついトレーニングも楽しんでいる。ブルーム教授によれば、**男女関係と同じようにプロのスポーツでも、その上達プロセスは楽しさなどの外因的なモチベーションから、次第に自主努力を伴う内因的なモチベーションの段階に移行していく。**つまり、楽しみながらスキルを向上させるという段階から、スキルの向上そのものを楽しむという段階への移行である。

「男女関係と同じようにプロスポーツの世界でも、目指す技術の向上と本人の適性との相性は極めて重要である」

これをトレーダーの育成に当てはめてみると、最初から規律の向上や意図的な練習を強いるというのは適切ではない。最初は「単にトレーディングを楽しむ」だけでよい。ブルーム教授たちの研究結果が正しいとすれば、駆け出しのトレーダーはまずトレーディングと結婚する前に、それとデートする必要がある。

時間――技術習得の不可欠の条件

一般にトレーダーの育成で忘れられているもうひとつの重要な条件は時間である。それならば、プロレベルのトレード技術を習得するにはどれくらいの時間が必要なのだろうか。各種の調査結果によれば、最低でも一〇年は見る必要がある。この「一〇年ルール」はトレーディングだけに限らず、いろいろなスポーツ、芸術、科学、チェス、医学などにも当てはまる。広範な知識と高度なスキルが求められるこれらのどの分野でも、トップパフォーマーとなるにはこれくらいの時間は必要である。駆け出しのトレーダーが上達プロセスの初期と中期の段階を飛び越していきなり後期段階を目指しても、いずれ挫折するのは目に見えている。天才的なゴルファーのタイガー・ウッズでも、少年時代にＰＧＡ（米プロゴルファー協会）ツアーに参加したとすれば失望するだけである。大きな失望のあまりゴルフに対する情熱とモチベーションまで削がれたら、今のタイガー・ウッズはなかったであろう。ダン・ゲーブルは大学時代も花形のレスラーとして活躍したが、最初にこのスポーツに出合ったハイスクール時代がなかったならば、その後の輝かしいレスラー人生もなかった。このように、どのような分野でもプロの技術に至る近道は存在しない。

私はこのほど著名な女性トレーダーのリンダ・ブラッドフォード・ラシュキ女史と話す機会があったが（彼女はジャック・シュワッガーの『マーケットの魔術師』に取り上げられ、オンライン・トレーディンググルームでトレーダーの育成に当たっていることはよく知られている）、話がトレーダーのレベルアップという問題に移ったとき、彼女は「経験はとても大切ですね」と言っていた。彼女によれば、いくらマーケットの魔術師といえども毎月利益を上げているわけではなく、利益の多くは一年間のわずか数カ月の儲かる月から得ているという。その秘訣は「マーケットのサイクルが分かる」ことである。彼女は儲かる時期と儲からない時期を知っており、これまでの経験から儲からない時期にはじっと我慢し、儲かる時期に大きく稼ぐのだそうだ。彼女の言うように、時間と経験をかけないではそうしたマーケットのサイクルを自分なりに習得することはできない。それでは何によってリンダ・ブラッドフォード・ラシュキ女史はプロのトレーダーになれたのか。ブルーム教授たちの調査結果によれば、トップパフォーマーになるには次の三つの条件が不可欠である。

一．その分野に対する強い関心と思い入れ

二．高いパフォーマンスを上げるんだという強い願望
三．それに必要な努力と時間を惜しみなく投入すること

プロの技術をマスターするために多くの時間と努力を投入するには、自分の性格に合った分野と心がつながり、長い関係を確立することである。したがって上達プロセスの初期段階ですべきことは、初心者が向かう対象と強い心の絆をつくり、来るハイレベルの段階で直面するいろいろな問題を乗り越え、チャンスを生かしてやることである。

「トップパフォーマーは単に懸命な努力だけによって一流になったのではない。彼らが成功したのは、その努力に値するニッチ（自分の性格と能力にフィットした得意分野）を見つけたからである」

トレーディングのニッチ

トップパフォーマーへの道は自己発見から始まるが、トレーディングでも単にスキルや技術を向上させるだけでは大きな成功は望めない。トレーディングの世界には多くのニッチがある

ので、自分の性格に合ったトレード手法やマーケットを見つける必要がある。以下で紹介する四人は、自分の性格と能力にフィットしたニッチを生かして活躍しているトレーダーである。

●シェリー　ＭＢＡ（経営学修士）を持つ彼女は大手銀行の通貨トレーダーである。グローバルなマクロ情報に基づいて、現物市場で長期のポジションを取る。一日の大半をほかの大手銀行やヘッジファンドのトレーダーと情報交換し、世界の主要国・地域の経済統計をリサーチする。世界の主要港湾の海上運賃や荷積み量をはじめ、各国の通貨政策、債務規模、金利などにもかなり詳しい。こうした豊富な情報が彼女の収益源である。たまにしかポジションを取らないが、いったんトレードに入るとその規模は大きく、日々の相場の動き次第で有利な方向にポジションを膨らませていく。彼女には通貨市場の大口の買い手と売り手の動向に詳しい人的ネットワークがあり、ここから各国市場の重要な情報を収集している。このネットワークこそが彼女のエッジ（優位性）である。短期の値動きに基づいてトレードの決定を下すことはなく、トレーディングを科学であるとも思っていない。彼女の考えによれば、マーケットとは資金の流入・流出を反映したもので、そうした資金の流れは世界的な大手銀行やファンド、中央銀行などの決定によって左右される。したがって、彼女の仕事はあまり公開されないこうした金融機関の動向をフォローすることであり、自らを常に情報をあさっているジャングルの探検家と考えている。

●**デビッド**　キングズトリー・トレーディング社で働くデビッドは大学時代は花形のアスリート、今はミニS&P五〇〇先物のトレーダーである。トレードを休むことはほとんどなく、価格が上がれば売り上がり、下がれば買い下がり、その利ザヤを積み上げることを目標としている。価格が自分に有利な方向に進むときを除いて、数分以上はポジションをホールドすることがない典型的なスキャルパー（小さな利ザヤを稼ぐトレーダー）である。経済動向に興味はなく、買いと売りによる値動きだけしか見ていない。デビッドによれば、トレーディングとはポーカーゲームのようなもので、各価格帯の出来高をフォローすることで大口トレーダーの動きが分かり、彼らの売り・買い手口を見てトレードの決断を下す。トレードをするたびに喜びと失望の声を発し、トレーディングルームの一角にある彼のパーテーションはプロトレーダーのオフィスというよりは、さながら更衣室といった感じである。彼がスクリーンの前を離れると、その日のトレードは終わる。翌日までポジションを持ち越すときを除いて、いったんトレードを離れるとマーケットのことはいっさい考えない。チャートは時間の無駄であり、フォローするただひとつのニュースはトレード時間中に発表される経済リポートだけである。相場が動くのは大口の機関投資家やローカルズがトレードするからであり、したがってポーカープレーヤーが相手の手の内を読もうとするように、彼の主要な仕事もそれら大手機関投資家の思惑や行動を読むことである。

●**パット**　地元メーカーの事業開発マネジャーである彼は、パートタイムの株式トレーダーであり、各銘柄のモメンタムパターンをベースに平均して三～四週間にわたってポジションをホールドする。週末にはいろいろなチャートを分析し、主に小型株のレラティブストレングスや出来高トレンドの情報を収集する。彼がトレードする小型株をフォローするアナリストは少なく、したがって需給状況を読むときにアナリストたちの見解に惑わされることもない。企業情報にはあまり関心がなく、注目するのは短期のマーケットパターンだけである。特に目を向けるのは注目すべきニュースを発表したり、株価が保ち合い圏からブレイクアウトした企業の株式である。サプライズを伴った増益のニュースを発表した小型株の出来高と値動きをうまく利用することが彼の収益源である。彼がトレードする小型株は株価平均に連動することもないので、次々と発表される経済リポートに一喜一憂することもない。注目する主な指標はＣＣＩ（コモディティ・チャネル・インデックス）終値のモメンタムパターンで、それに基づいて仕掛けと手仕舞いのタイミングを計っている。パットは昼は会社の仕事をし、夜にチャートを分析したり、ポートフォリオの入れ替えなどを考えている。ポジションのホールド期間は数日から数週間にわたり、またスクリーンを見ている時間が限られるのでなかなか家族と一緒に過ごす時間を持てないが、それでもトレーディングは貴重な副収入源である。チャートにはマーケットの心理が反映されているが、小型株は大手機関投資家がマーケットを動かすというノイズの影響を受けることは少ない。彼は自分のことを心理学者であると考えており、マーケットセンチメントの変化や価格トレンドから利益を上げようとしている。

●**エレン**　前の会社が買収されたので、ソフトエンジニアの仕事から今のトレーダーに転身した。ヒストリカルなデータからマーケットのパターンを予測し、トレードのタイミングを計っている。寄り付き直後の相場付きの強弱から、繰り返し現れる確定利付き証券のトレンドパターンを見つける。一〇年国債と三〇年債のこうしたパターンに基づいてトレードできる自動売買トレーディングシステムを開発したので、今ではスクリーンの前にくぎ付けになっている必要はない。最近では証券会社にこのシステムによるトレードを委託し、債券以外のマーケットでもトレードできるメカニカルシステムの開発に取り組んでいる。エレンの目標はベストのトレーディングシステムで商品バスケットをトレードすることによって、リスクを分散させることにある。リサーチの対象はリスクの計測、システムパラメータの評価、ドローダウン（資金の減少）、予想利益・損失額などで、既存のシステムに調整を加えながら新しいシステムを開発している。マーケットの動きの背後にあるファンダメンタルズに関心はなく、ほかのトレーダーとトレード情報を交換することもない。彼女にとってトレーディングとはコンピューターが行う非感情的な仕事であり、最もおもしろくチャレンジに満ちているのはトレーディングシステムの開発である。マーケットは常に進化しているので、システムの絶えざる改良は不可欠である。こうしたなかで大切なことは、マーケットの変化と新しいパターンを広く知られる前に察知することであり、その意味で彼女はランダムなマーケットで重要なパターンを探し求める科学者である。

いずれも成功しているこの四人のトレーダーは、私が個人的に知っている理想的なトレーダー像の典型例である。彼ら・彼女らはすべて自分の能力とライフスタイルに合ったマーケットのニッチを見つけている。パットは人並み以上のスキルを持つ有能なビジネスパーソンで、フルタイムのトレーダーではない代わりに、事業開発という本業も楽しくこなしている。トレーディングルームを離れないエレンにとっての真実は、マーケットプレーヤーのランダムな気持ちではなく、あくまでも経験に基づくリサーチにある。

デビッドは通りで遊んでいる子供のような感じで、ショートパンツに野球帽を後ろ向きにかぶってオフィスにやって来る。トレードを離れたときの彼は友達と飲みながらポーカーゲームの話に興じたり、地元のチームで野球を楽しんでいる。そうした彼もいったんトレーディングルームに入ると、スクリーンから離れないアクティブなトレーダーと化し、一日に一〇〇回以上もトレードすることがある。シェリーはほかの三人よりもはるかに計算高く、この世界は情報を持つ人と持たない人に分けられると考えている。彼女には膨大な情報を一本筋の通ったデータに仕上げる能力があり、マーケットの真の動きは日々のランダムな値動きやノイズの背後にあると考えている。トレーディングの本当の仕事はリサーチとシステム開発にあると考えるエレンと同じように、シェリーも自分の人的ネットワークから重要な情報を引き出すことがトレーディングの大切な仕事であると考えている。彼女らにとってその他のことは、単に注文を出すようなものでしかない。デビッドとパットにとって、トレーディングの本質はマーケットを読むことにあり、その他のことはすべて二次的なものにすぎない。

以上、男女四人のトレーダーについて話してきたが、彼ら・彼女らのキャリアにオーバーラップするものはほとんどない。医療分野における精神科医、外科医、放射線医師などと同じように、それぞれが自分の適性に合ったニッチを持っている。ところで娘のデボンはモデルスクールに行き始めたが、私はこれまでどんなモデルでも同じだと思っていた。ところが彼女の話を聞いてみると、ファッションショーのモデル、写真のモデル、ヘアモデルにはそれぞれまったく違う才能とスキルが求められるという。幸いなことにこうしたモデル業や医療と同じように、トレーディングにも多様な分野があるので、それぞれのスキルと適性に応じたトレーダーになれるチャンスがある。すなわち、**トレーディングの分野ではトレーダーは自分の能力と期待する経済的報酬に見合ったマーケットやトレード手法を見つけることができる。**

「トレーディングではそのトレーダーの能力とニッチがフィットしたときに成功がもたらされる」

自分の能力に適したニッチはそれぞれのパフォーマンスの分野で異なる。野球の非凡なピッチャーは平凡なバッターかもしれないし、アメリカンフットボールの優れたパンターも良きラインバッカーであるわけではない。売れっ子の商業写真モデルがファッションショーのモデルとして成功するわけではないし、一流の医療研究者が教師として優れているわけでもない。成功と失敗を分けるのは、ひとえに自分に適したニッチを見つけられるかどうかにかかっている。シェリーとエレンはスキャルパーとしては失格であろうし、デビッドは何カ月もポジションをホールドしていたら気が狂ってしまうだろう。パットがフルタイムでトレードしたらトレーディングに対するモチベーションと資金はすぐになくなり、仕事と二またをかける相乗効果は吹き飛んでしまうだろう。これら四人のトレーダーはいずれも自分のエッジ（強み）を生かして成功しているのである。

彼ら・彼女らはすべて一生懸命にトレードをしているが、それを一般的な意味での仕事であるとは考えていない。自分の好きなことをして報酬を得ていると感じている。デビッドはギャンブラー、シェリーはハンターであるが、いずれも自分のしたいことをしている。彼ら・彼女らがトレーダーとして成功しているのは、素晴らしい指標を見つけたからでも、またはトレーディングの秘策を持っているからでもない。単に自分の適性と能力を生かせるニッチを見いだしたからにほかならない。彼ら・彼女らにとってトレーディングは心からおもしろく、また経済的な見返りも大きいので、その学習曲線がぐんぐんと上昇しているのである。このようにその人の適性と能力、チャレンジ精神などが一致しないと、トレーディングの分野でも成功することはできない。

どのようにしてトレーディングのニッチを見つけるのか

不思議なことに、トレーディングにおいてはこうしたことはほとんど問題にされない。医療分野では医学生のニッチ（専門分野）を決めるのは極めて重要なことであり、研修医はいろいろな専門分野を直接経験する。それぞれ六週間ずつ小児科、外科、放射線科、精神科などで研修し、自分の適性と能力に合った専門分野を絞っていく。こうした研修は本人が最もおもしろいと思う専門分野を決めるのに極めて有効である。外科や救急医療に興味を持つ医学生はデビッドのようなタイプで、かなり迅速な判断と行動が求められる。研究内科に関心を向ける医学生はエレンのようなタイプで、分析による問題解決に向いている。このようにして自分の適性と能力に合った専門分野に進んでいけば、専門医としての腕はめきめきと上達していくだろう。

ところがトレーダーにおいては、医学生のように興味ある専門分野を見つけるチャンスはほとんど与えられていない。どれくらいの若手トレーダーがシェリーのようなポジショントレード（数週間から数カ月にわたるトレード）、またはデビッドのようなスキャルピング（小さな利ザヤを稼ぐトレード）を体験する機会が与えられているのだろうか。研修医のように駆け出しトレーダーもそれぞれ六週間ずつ、パットのような株式バスケット取引、貴金属先物のトレーディングシステムの開発、マクロ分析に基づく通貨トレードなどを実際に体験すれば、自分に向いているニッチを見つけられるだろうし、そうすればトレーディングの腕前もぐんぐんと上達していくだろう。

こうしたことはどのような分野についてもパフォーマンスの第一歩となるものである。マーケットに臨む方法やトレーディングスタイルなどについてうんぬんする前に、トレーダーはスキャルピングとポジショントレードの違いを頭と体で体験すべきである。またいろいろなマーケットをトレードし、大型株、小型株、エネルギー先物、国債、通貨、株式オプションなどの違いを肌で感じ取ることができれば、それらのマーケットについてはもちろん、自分自身についても多くのことを学ぶだろう。

こうしたいろいろなトレードの経験がないというのは、ちょうど見合い結婚のカップルのようなものである。それは似合いのカップルなのか、それとも互いに相性が悪くいずれ破局を迎えるのかどうかも分からない。心の絆で結ばれていないカップルが結婚生活を続けていくのは難しい。これと同じように、**多くのトレーダーのトレード技術が上達しないのは、彼らが怠惰だからではなく、単に自分の性格や能力に合っていないことをしているからである。**男女がある期間付き合って婚約・結婚しても、半分のカップルが離婚するという現実を見ても、マーケットとデートさえもしないでマーケットと結婚したトレーダーがトレーディングで成功するはずはない。

「大切なことは優秀なトレーダーになれるかどうかではない。自分の性格や能力に合ったニッチを見つけられるかどうかである」

われわれは一般に、プロのトレーダーは意図的な練習によって学習ループを好循環しているという点で駆け出しのトレーダーとは大きく違うと考えがちであるが、それならばなぜ多くのトレーダーはそうしたことができないのか。もちろん、安易にリッチになることを望んでいるトレーダーがいるのも事実であるが、本当の原因は最初に集中的な練習を行う方向が間違っていることである。男女関係でうまくいかない若者たちがいるように、多くのトレーダーが規律の向上でうまくいかないのは、**単にその準備ができていないためである。**トレーディングがうまくいかないのは規律に問題があるのではなく、経験不足がその原因である。自分の性格と能力に合ったトレーディングの分野で腕がどんどん上達していけば、おそらく自ら規律向上の必要性を痛感し、それを学習していくだろう。

かの有名な発明家であるトーマス・エジソンは、「天才とは一％のひらめきと九九％の努力をしている人だ」と言ったが、彼によれば多くの人々が天才になれないのは、つなぎの仕事着で仕事をしなければならないからである。エジソンはよく「私はこれまでの人生で一日も仕事をしたことがない。楽しんでやってきただけだ」と言っていたが、プロの技術を習得するには努力の積み重ね＋喜びがなければならない。楽しいから長時間にわたってやってきたところ、いつの間にか高度な技術が身についていたというのが実情なのである。それが仕事だと思うとあまりやる気がなくなり、人生の多くのチャンスを失うことになる。その反対に自分のやっていることが楽しければ、それほど努力を意識しなくてもどんどんとひらめきもわいてくるだろう。人生にニッチを見つけられた人は、楽しみながらそれを上達できる。それならば、トレーディングの世界でそうしたニッチを見つけるにはどうしたらよいのだろうか。

第2章 トレーディングのニッチを見つける

「僕の言っていることが分かるかい。大切なことは自分のスイングに対して、人からあれこれと言わせないことだよ」

――若きカール・ヤストレムスキーに対してテッド・ウィリアムズが言った言葉

メジャーリーグのなかでカール・ヤストレムスキー（二〇世紀最後の三冠王）ほどバットをユニークに振る選手はない。頭上高く大きな弧を描くような異様な彼のスイングに対して、コーチやテッド・ウィリアムズ（二〇世紀最後の四割打者）は複雑な気持ちを抱いていた。しかし、テッドはカールのそのバッティングスタイルを変えろとは一回も言わなかった。単に「メジャーリーグのバッターはマイナーリーグの選手とはまったく違うので、君のそのスイングが通用するかどうかは分からないよ」と忠告しただけである。もっとも、テッドはカールのそのユニークなスイングが彼のエッジ（強み）であり、あれこれと口を出す筋合いのものではないことを知っていた。

もしもわれわれがカールのようなエッジを子供のときに見つけていれば何と素晴らしいことだろう。若いころから自分の夢を追い求め、自分の才能を存分に開花できるだろう。モーツァルトは小さいときから音楽に興味を示し、その早熟の天才ぶりは周りの人々を驚かせた。タイガー・ウッズは一歳のときにゴルフクラブを握り、ボビー・フィッシャー（伝説のチェスプレーヤー）は六歳のときにチェスを覚え、それから八年後の一四歳のときに全米チェス選手権の王座についた。

しかし、多くのトップパフォーマーも最初から一流だったわけではなく、若いときにはまったく目立たない存在であった人も珍しくない。アブラハム・リンカーンやウィンストン・チャーチルは、国家存亡の危機のときに政治手腕をいかんなく発揮するまでは平凡な政治家だった。マクドナルドの創業者であるレイ・クロクはマクドナルド兄弟が所有していたハンバーガーレストランを買収し、今日のマクドナルド王国を築くまではミルクシェーカーの無名のセールスマンだった。フランス後期印象派の画家であるポール・ゴーギャンは銀行員・証券マンとして世に出たあと、三〇代半ばに趣味の絵画の才能を開花させた。「モーゼスおばあちゃん」の愛称で知られた画家のアンナ・マリー・ロバートソンは、若いときは関節炎で縫い物もできなかったが、七〇代になって絵を描き始めた。あの偉大なクオーターバック兼キッカーのジョージ・ブランダは、最初の五シーズンは先発メンバーにも選ばれず、実質的にリタイアしたも同然だったが、新しい団体であるＡＦＬの下でクオーターバックとしてカムバックした。自分のエッジを生かすことができたオークランド・レイダーズに入ったのは四〇歳のときである。

　南北戦争がなかったならば、偉大な政治家としてのリンカーンは出現していなかっただろう。またゴーギャンが証券マンとして名を成すことはなかっただろう。一般にその人の個人的な資質が偉大な人物を生むと考えられているが、現実はそれよりもはるかに複雑である。**実際にはその人の才能とそれを開花させる環境がフィットしたときに偉大な人物が生まれる。**ジョージ・ブランダはシカゴ・ベアーズでは控えの選手にすぎなかったが、ヒューストン・オイラーズでは有能なクオーターバック兼キッカーとなった。しかし、オークランド・レイダーズに入ったブランダはひとりで一九七〇年シーズンの観客を興奮させる存在となった。このように自分のエッジを生かせる場を見つければ、平凡な選手が偉大なプレーヤーになることも珍しくない。自分の適性に合った環境で繁栄した動物も、その環境が変わると絶滅することもある。しかし、**われわれ人間は動物と違って、自分の性格と能力に合った環境（ニッチ）を選ぶことができる。**

相乗効果

　能力とは生まれながらにして備わったものなのか、それとも後天的に得られるものなのだろうか。多くのトップパフォーマーが早い時期からその才能を発揮しているのは事実であるが、才能ある多くの若者が平凡な存在に終わったり、若いときの才能を十分に発揮できないことも少なくない。最近の調査結果によれば、才能を開花させるには単に良き環境と教育があるだけでは不十分であり、その二つの効果を相乗させなければならない。二〇世紀の発達心理学者であるサンドラ・スカーは人間の知能について興味ある研究結果を残している。それによれば、遺伝的な要素のＩＱ（知能指数）はほかのすべての条件が同じであるとすれば、高いＩＱの両親から生まれた子供は低いＩＱの親の子供よりも生まれつき知能水準が高い。さらにそれらの子供たちが学校に入学するまでに、その知能水準の差はかなり開いている。その理由のひとつは、高いＩＱの子供は低いＩＱの子供に比べて知的刺激のある環境を自ら探し求めるからだという。つまり、生まれつきの才能という「遺伝子型（Genotype）」が自ら選択する環境という「表現型（Phenotype）」を決定する。そうした異なる知的環境に長期にわたってさらされた結果、高いＩＱの子供と低いＩＱの子供との能力の差は大きく拡大する。

これに関してマクマスター大学のジャネット・スタークス教授たちは、スポーツ選手について興味ある研究をしている。それによれば、才能あるアスリートの多くは一年間の早い時期に生まれているという。その理由は、早生まれの子供は遅生まれの子供よりも早い時期からスポーツに取り組むためであり、年齢を重ねるたびに両者のスポーツの才能には大きな差が生じると言われる。つまり、スポーツの才能という点でも生物学的な環境（生まれ月）が大きな影響を及ぼしている。

コーネル大学のスティーブン・セシ教授たちはこうした現象を「**相乗効果**（Multiplier Effect)」と呼んでいる。その子供の持って生まれた生物学的な力が、その才能を開花させる良き環境に目を向けさせる。例えば、ここにトレードを始めたばかりの二人の若手トレーダーがいるとしよう。頭の回転が速い一方の若者は別の若者よりもマーケットのフィーリングを早くつかむので、そのトレーディング会社の上司から特別に目をかけられるだろうが、もう一方のトレーダーはまともな指導も受けられないだろう。訓練プログラムが終わるまでに、特別な指導とサポートを受けた頭の回転の速いトレーダーは、自信を持ってマーケットの動きを読み、利益を上げていく。一方、そうしたサポートも受けなかった別のトレーダーは利益を上げるどころか、まもなく資金を失うことになるだろう。最初の小さな格差も相乗効果によって、やがて大きな違いとなって表れる。セシ教授たちの研究結果によれば、ごくわずかな遺伝的な能力の差でも異なる環境のなかで増幅されると、あとからでは取り戻せないほどの能力差を引き起こす。

セシ教授によれば、成功するには能力がなければならないが、それだけでは不十分である。言ってみれば、能力とは筋肉のようなもので、トレーニングや練習を積まないとみごとに発達した筋肉組織とはならない。そしてそれに良き環境という刺激が加わることによって、高い身体能力と体格がつくられる。つまり、良き環境がその人の能力を向上させ、さらなるレベルアップに向けた意欲をかき立てる。これと同じように、**自分のニッチを見つけたトレーダーは、**

その能力と環境との相乗効果によってさらに一段と高いレベルに到達する。これがスポーツの世界でも一流と二流のアスリートという違いを生み、トレーディングの世界でもマーケットの魔術師と平凡なトレーダーを分ける理由である。一九九〇年代後半にハイテク株でわが世の春を謳歌したトレーダーのうち、果たしてその何人がその後に変化したマーケットの環境でも利益を出し続けられたか。このようにトレーディングの能力を発揮するマーケットの環境が大きく変化するため、最近では証券取引所などもトレーダーの教育プログラムを拡充している。本人の能力とそれを生かす最適な環境が相乗効果を生まないと、トップトレーダーは誕生しない。

「平凡なトレーダーとトップトレーダーの違いを生むのは、能力とマーケット環境との相乗効果を生かせるかどうかである」

トレーディングにおける相乗効果

私が最初にトレーダー指導顧問としてキングズトリー・トレーディング社に入社したとき、同社の創業者兼オーナーのチャック・マッケルビーン氏は、ジェームズ・コリンズ著の『ビジョナリー・カンパニー2――飛躍の法則（原題は「Good to Great」）』（日経ＢＰ社）を読むように勧めた。この本は優れた（good）企業が偉大な（great）企業になるための法則を検証した素晴らしい本で、そのキーワードは「ヘッジホッグ・コンセプト（Hedgehog Concept）」というものである。その主な要素は次の三つである。

一．何が最大の強みか
二．どこが主な収入源か
三．何に最も情熱が注がれているか

筆者によれば、優れた企業であるが偉大な企業になれない会社は、これら三つの要素のどれかでパーフェクトになれないからである。筆者の言うこの原則は、これまで述べてきた相乗効果によく似ているのが分かるだろう。情熱とその強みが相乗効果を発揮しないと、企業でも偉大にはなれないのである。偉大な企業とは成功が成功を生むような会社である。

キングズトリー社はイリノイ州エバンストンにプロップファーム（自己売買専門会社）として設立された。創業者のチャック・マッケルビーン氏は電子トレーディングの将来性を早くから見抜き、新しく採用されたミニS&P五〇〇先物をトレードするため、早い時期に新しいトレーディングシステムを導入した。同社はこれを契機にミニS&P五〇〇のトレードに力を注ぎ、新しいトレーディングメディアを駆使できるトレーダーを育成してきた。その結果、会社設立からわずか数年後に売買高ではシカゴ・マーカンタイル取引所（CME）の上位トレーディング会社の仲間入りをした。電子トレーディングというニッチを見つけたキングズトリー社は、優れた企業から偉大な企業に変身しつつある。

こうしたことはトレーディング業界で生き残っているトレーダーについても当てはまる。自分の能力に適したトレーディングスタイルを見つけたトレーダーは、着実に学習プロセスを駆け上がる。例えば、シンディーとジョイスという二人の女性トレーダーについて考えてみよう。この二人はキングズトリー社で私が主催する訓練プログラムに参加したトレーダーで、ともに真面目でひたむきな生徒だった。シンディーは頭が良く、リスクをとる前に徹底的にマーケットを分析していた。しかし、この会社の短期トレーディングスタイルになじめず、結局は別の可能性を求めてキングズトリー社を去っていった。

一方のジョイスは攻撃的なトレードが好きで、テキパキと迅速な決断を下すタイプのトレーダーだった。その結果、自分に適したマーケットを見つけた彼女はキングズトリー社のトレーダーになった最初の年には相応の利益を出していた。シンディーはスキャルピング（小さな利ザヤを稼ぐトレード）では自分の能力を生かせなかった。彼女はマーケットのことを知っていたが、自分の能力とニッチの相乗効果を発揮できなかった。一方のジョイスの上達曲線は急カーブを描いて向上し、訓練プログラムも楽しく受講し、そこで習ったことをどんどん自分のものにしていった。

もしも自分のトレード結果が思わしくないとすれば、別のトレーディングスタイルに目を向けたほうがよいのかもしれない。またはパフォーマンスの不振の原因はトレードのやり方ではなく心理的な問題にあるのかもしれないが、そのいずれにしても、自分の能力がマーケットのニッチにフィットしていないことだけは確かである。自分の能力とはどのようなもので、それはマーケットのニッチと合致しているのか。単に能力を伸ばすだけでなく、プロトレーダーとしてのトレード技術を身につけるには、能力とニッチの相乗効果を生かさなければならない。

どのようにしてニッチを見つけるのか

七〇代のモーゼスおばあちゃんや四〇代のジョージ・ブランダのように、すべてのトレーダーが自分のニッチを見つけられるわけではない。経済的なプレッシャーから早まった決断を強いられて、能力とニッチの相乗効果を生かせないこともある。スカー教授とセシ教授たちの研究結果が正しいとすれば、トレーダーにとって理想的なニッチとは、自分の性格や能力に合ったマーケットやトレーディングスタイルと言えるだろう。しかし、自分の能力とそれをトレーディングのニッチに生かす方法が分からなければ、その相乗効果を最大限に発揮させることはできない。一方、われわれが自分の能力とマーケットのニッチを十分に知っており、この二つを相乗的に結び付けることができれば、大きな情熱を持ってトレードができるだろう。

図表 2.1　トレーディングに関する質問事項

	はい	いいえ
あなたは異なるタイムフレーム（時間枠）のトレード（デイトレード、数日間のスイングトレード、長期トレードなど）を継続的に試みたことがありますか。		
あなたは異なるマーケット（株式、先物、商品など）のトレードを継続的に試みたことがありますか。		
あなたは異なるトレーディングスタイル（テクニカル、テープリーディング、数量分析、メカニカルトレードなど）を継続的に試みたことがありますか。		
あなたは少なくとも１年以上は定期的にトレードをしていますか。		
トレード結果に満足できないとき、自分のそれまでのトレーディングスタイルを全面的に変更しますか。		
あなたには一貫して順守しているトレード手法がありますか。		

トレーディングの世界で自分のニッチを見つける最初のステップは自己評価である。**図表2.1**はその簡単な質問であり、各項目について「はい」「いいえ」で答えてほしい。その回答結果はトレーダーとしてのあなたが進むべき方向の第一歩となる。最初の三つの項目はトレーディングスタイルやマーケットに関するもので、研修医と同じように将来の専門分野を絞り込むためのものである。

一～三の質問事項に「いいえ」と答えた人については、「あなたは自分の適性と能力を生かしたトレードをしていると思いますか」という質問が向けられるだろう。おそらくその人はトレードにおいてマーケットとそのタイムフレーム、トレーディングスタイルなどをうまくフィットさせていないと思う。単に自分で選んだマーケットを自己流でトレードしているだけである。いい感じでトレードができれば、自分の能力とマーケットがうまくかみ合っている証拠であり、それなりの結果がついてくるだろう。その反対にトレードがなんとなくぎくしゃくしていたり、結果があまり思わしくないとすれば、一〜三の質問事項については「いいえ」と答えるはずである。ミルクシェーカーを売っていたマクドナルド創業者のレイ・クロクや、シカゴ・ベアーズでは控えの選手だったジョージ・ブランダのように、おそらく間違った方向でトレードしているのである。

四番目の質問は「少なくとも一年以上は定期的にトレードをしていますか」というものだが、これについても「いいえ」と答えた人には、「異なるタイムフレーム、マーケットおよびトレーディングスタイルを十分な時間をかけて経験したことがありますか」という質問がぶつけられるだろう。もしも自分の娘が一年も付き合わないで相手の男と結婚しますと言ったら、私は「その前にもう少し時間をかけて二人の関係を育んでみたら」とアドバイスするだろう。わずか数週間の社内訓練を受けただけで、またはセミナーなどに数回出席しただけでトレードするマーケットやトレーディングスタイルを決めてしまうようなトレーダーに対して、私はこれと同じように「じっくりと試して自分の適性と能力を知りなさい」と忠告したい。一生懸命に努力しても良い結果が出なければ、違う方向に目を向けるべきだ。自分に適していない方向でトレードすれば、八〇％の確率で損失となるだろう。その反対に自分に合ったニッチを見つければ、それは相思相愛のカップルのようなものである。そうしたトレーダーの心をとらえ、激しく燃えさせるだろう。そうした喜びがすぐに来なくても、いつかはきっとやって来る。男女関係と同じように、その思いは必ず相手（マーケット）に通じる。婚約は恋愛のあとにやって来るもので、その逆ではない。

五番目の質問はさまざまなトレード経験に関するものである。私が知っているトップトレーダーは、いろいろとやってみるタイプの人だった。さまざまなタイムフレームのトレードを試し、失敗を最良の教師とする。こうした試行錯誤を繰り返してさまざまな経験を積み、多様なマーケットの局面に対処できる方法を習得していく。もしもあなたが少なくとも一年以上のトレード経験がなく、トレーディングスタイルを修正したこともなければ、マーケットの大きな変化にはついていけないだろう。「強気相場を自分の腕と間違えるな」とは相場の世界の有名な格言であるが、このことは一九九〇年代にわが世の春を謳歌した多くのデイトレーダーたちが新世紀になってどうなったのかを見ても分かるだろう。衣料品店に行って服を買うときは、自分のサイズに合ったものを見つけるために試着するのは常識である。相場の世界でも自分に合ったニッチを見つけるには、多くの試行錯誤やトレーディングスタイルの修正が必要となる。

いろいろなマーケットやトレーディングスタイルを経験し、それらを取捨選択して自分の適性と能力に合ったニッチを見つけていくのである。五番目の質問に「いいえ」と答えたトレーダーは、今のマーケットに快感帯を見いだしているが、それは一時的なものでマーケットのあらゆる局面ではない。おそらく、そのニッチは今から数年後にはニッチでも何でもなくなっているだろう。大切なことは今のマーケットを知ることではなく、状況の変化に応じて変わっていくいろいろなマーケットを学習し続けることである。次に最後の六番目の質問「あなたには一貫して順守しているトレード手法がありますか」に移るが、これについては少し詳しく説明する必要がある。

一貫性のなさということ

デールは私に自分のトレードの問題について相談してきた。彼は軍隊のキャリア士官で、その経歴はトレーディングにとってはまさに理想的なものに思われた。彼は規律というものを知り尽くし、またトレーディングの成功にとって不可欠の意図的な練習の必要性についても理解していた。聡明で何事についても前向きに取り組むデールは、戦場では自らの部隊を率い、数々の任務を実行してきた。自分で判断し、どんな状況にも素早く対処する能力も持っている。

彼は私に、「問題とは自分のトレードに一貫性がないことです」と言った。これまで開発してきたトレード手法はあるが、先の最後の質問に「はい」と答えられなかった。彼はすぐにトレード戦略を変更し、価格が目標値やストップロスポイント（逆指値）に達しないうちにポジションを手仕舞ってしまうという。またこうしようと思っていても、そのとおりにトレードを実行することができない。「感情がトレードの邪魔をするのです。私は自分でトレーディングには向かないのではないかと思ってしまいます。何か適当な性格テストのようなものはないでしょうか」と彼は言った。

こうした質問は読者からもしばしば寄せられる。トレーダーはよく、性格（広義には心理）はトレーディングの成否を大きく左右し、自分の性格はトレーディングに向いていないのではないかと悩んでしまう。しかし、これまで述べてきたことを十分に理解していれば、こうした思い込みには何の根拠もないことが分かるだろう。そうした悩みを持つトレーダーとは、自分は内科医に向いていないのではないかと思い悩む研修医と同じである。おそらくその研修医は医学研究や地域医療には向いていないが、救急医療や麻酔学には適しているかもしれない。トレーディング、医療、スポーツなどすべての分野に適している人などこの世に存在しない。大切なことは自分の性格に合った分野を見つけることである。おそらくデールは陸軍歩兵連隊の指揮官には向いているが、潜水艦の乗組員や戦闘機のパイロットにはなれないだろう。

ある専門分野に適した人が別のことをしなければならないときに、「一貫性のなさ」という問題が起きる。数年前にある医学生が私に外科インターンの研修期間中の出来事を話してくれた。彼女の家族は彼女が外科医になることを強く望んでおり、そうしたプレッシャーのなかで彼女は外科研修に臨んだ。彼女はそのとき患者やその家族たちの気持ちをなだめようとして長時間にわたって話し込んだため、予定されていた二件の外科診療をすっぽかしてしまった。病気に苦しむ患者やその家族たちに深く同情する彼女のようなタイプの医者は、明らかに外科医ではなく精神科医向きである。しかし、私は手術室で執刀に当たる外科医に対しては冷静さを保ち、感情に流されないようにアドバイスするだろう。

その医学生は私に外科研修期間中の「一貫性のない」行動について話してくれたが、周りの関係者は彼女が外科診療をすっぽかしたことをプロ意識や責任のなさと解釈した。さらには、外科インターン研修で彼女を指導してくれるレジデント（実習生）に対して敬意がないとも言われた。しかし、実際にはそうしたことではまったくなく、彼女は単にしたいことをし、したくないことをしなかっただけなのである。

デールの問題もまさにこれと同じである。彼の話をよく聞いたところ、彼は裁定取引を自ら選択したトレード手法として実践していた。デールは本で裁定取引のことを読み、売りと買いを同時に建ててリスクを回避するこの手法に引かれていった。例えば、インフレ進行期にエネルギー関連株が上昇し、ハイテク株が下落すれば、エネルギー株の上場ファンドを買い、半導体関連株を売るといった具合である。こうすれば予想外のニュースで株式相場全体が急落しても損失を被ることはない。石油関連株が新高値を更新してその上場ファンドも値上がりし、また半導体株ファンドも堅調なときは、半導体株の売りポジションを手仕舞ってエネルギー株を集中的に買う。しかし、こうした手法も机上の計算ではすべてうまくいくが、実際にやってみると必ずしも思うようにはならない。

私はデールに次のように質問した。「あなたが戦場で偵察部隊を率いていると仮定しましょう。近くに敵軍の主要な軍事施設を発見し、しかも守りがかなり手薄だった。あなたはすぐにでも攻撃したいが、味方の軍隊の位置を知られてはまずい。そこで司令部と無線で連絡を取り、攻撃を要請したとします。そのときに司令官が自分の保身のためにはっきりした指示を出さず、自分で決断しなければならないとしたら、その司令官をどう思いますか。あなたの作戦が成功すれば、彼は自分の手柄とするでしょう。その攻撃が失敗すれば、彼はあなたの行動を命令を無視した独断専行だと非難するでしょう」。デールはこの質問に一瞬たじろいだが、すぐに「決断できないそんな無責任な司令官に対する敬意はまったくなくなるでしょうね」と答えた。彼は続けて、「リーダーたる者は自分の保身を考えてはいけません。彼は部下を信頼しておらず、そんな奴はリーダーにはなれません」と言った。

デールが自分のトレードの問題を理解するのにそれほど時間はかからなかった。裁定取引によって、彼はマーケットで自分の保身を図っていたのである。彼は本心ではそうしたトレード手法があまり好きではなかった。頭ではその有利さが分かっていたが、心のなかではそれほど乗り気ではなかったのである。敵の軍事施設の攻撃チャンスを狙っていた彼は、エネルギー関連株とだけ取り組めば彼独自のカラーが出せるだろう。つまり、退路を断って攻撃の責任を自ら取るのである。外科患者やその家族と話し込んだあの研修医と同じように、デールも自然体の自分が望んでいることをすべきである。

六番目の最後の質問は、トレーダーの潜在的な強さと弱さを評価するというちょっと意地悪な質問である。自分のトレーディングスタイルをしばしば変更するトレーダーは、それが自分の性格に合わないのではないかと直観的に思っている。すなわち、**そうしたトレーダーは、それが自分のトレーディングスタイルに直観的に引かれているトレードの一貫性のなさとは、自分の心が求めているほかのトレーディングスタイルに直観的に引かれている証拠である。**この問題の答えのヒントは、従来のトレード手法や一貫性ということに盲目的にこだわっているよりは、それが本当に自分に向いているのかと自問することによって得られるだろう。**はしごを上る第一歩は、それがしっかりした建物にもたれているのかどうかを確認することである。**多くのトレーダーはちょうどデールのように、危険な建物にもたれているはしごを一生懸命に上ろうとし、うまくいかない自分を責めているのである。

「自分の性格や能力に合ったニッチを見つけようとするときは、一貫性のなさといったことなどに悩まず、自然体の自分がしたくないことはしないことである」

繰り返しになるが、もう一度言おう。**ほかのすべての条件が同じであるとすれば、われわれは充実感ややりがいを見いだせることのほうに心が引かれるものである。**われわれは自分の性格や能力に合わないような仕事はしたくないし、その反対に成功できるような仕事には自然と目が向くだろう。自分のエッジを生かせる仕事をしていれば心も楽しくなるが、そうでない仕事とは自分の性格や能力に合っていないものである。自分のしていることに一貫性がないと感じたときは、自然体の自分が何を求めているのかをよく考えてみよう。

正しいはしごを上る

自分の性格や能力に合ったマーケットやトレーディングスタイルを見つけようとするとき、現実の経験に勝るものはない。しかし、実際に経験しなくてもいくつかの手掛かりは得ることができる。先のシェリー、デビッド、パット、エレンの例を参考に、自己評価という問題について少し考えてみよう。

頭で考える・腹で考える

あなたは主にどのように決断を下すのかについて考えたことがあるだろうか。トレードや投資の決定だけにこだわらなくてもよい。購入するマイホームやマイカーなど、金額が張るものであれば何でもよい。気に入るものを丹念に探し、あれこれと比較検討するだろうか。購入するものを決めるのにかなりの時間がかかるのか、それとも素早く決定するのか。自分の好みで買い物を決めるのか、それともあれこれと悩みながら絞り込んでいくのか。こうした決断の仕方はわれわれの「認識スタイル」の表れであり、どのように情報を収集・取捨選択するのかを反映している。心理学の研究によれば、こうした特徴は生まれながらのもので簡単に変えることはできない。トレーディングで成功するにも、自分の認識スタイルに合ったトレード手法を見つけ、そのときの脳の働きを十分に知る必要がある。ドイツの哲学者ニーチェは世界を知的または感情的に解釈する性向に応じて、人間をアポロ的またはディオニュソス的という二種類のタイプに分けたが、これもわれわれの性格のひとつの分類法である。

『マインド・オーバー・マーケッツ（Mind over Markets）』『マーケッツ・イン・プロファイル（Markets in Profile）』の著者であるジェームズ・ドルトン氏は最近私に、「トレーダーは自分がどのように意思決定しているのかを知らなければなりません。つまり、脳の分析的な領域か総合的な領域のどちらを使っているのか、それともこの二つの領域をミックスして決断しているのかということです。直観を働かせなければリスクを評価することはできませんが、直観だけに頼ってもダメですね」と語った。われわれは理性と直観を総合して決断を下すが、この二つがうまく調和しないと（つまり自分の認識スタイルから逸脱すると）、彼の言うように自分が自分の最大の敵となってしまう。

先に述べたトレーダーのなかで、エレンとシェリーは「頭」で考え決断するタイプ、パットとデビッドは「腹」で決断する人間である。前者の二人はリサーチのプロセスが好きで、実際のトレードよりもいろいろなアイデアをめぐらすのに多くの時間をかける。この二人はいろいろな物事に分析的なアプローチで対処し、多くの情報を収集・分析して決断を下す。一方、後者の二人はマーケットのパターンを読むのが好きなタイプで、相場の動きを見て意思決定をする。デビッドは刻々と変化する相場の動き、どれくらいの出来高ができたのかなどを詳しくフォローし、ローカルズや機関投資家などの大口トレーダーのセンチメントの変化を読んでいる。パットはチャートを分析し、主要な指標のパターンに基づいてモメンタムの変化を感じ取っている。

これらのトレーダーに見られるように、**われわれの認識スタイルの違いによって、マーケットに何をどのように見るのかも違ってくる。**精神科医は放射線医師や研究医学者のようには患者を見ないだろうし、デールのような軍人は結婚カウンセラーや司祭のようには決断しないだろう。われわれには分析的と直観的、知的と感情的などいろいろな性向が混在しているが、そのうちのどの傾向が顕著なのかというそれぞれの性格のタイプがある。自分の認識スタイルとトレードするマーケットがうまく調和しなければ、成功につながるニッチを見つけることはできない。

刺激と安定のどちらに心が引かれるのか

何事にも慎重で辛抱強く、また目標に規則正しく向かい、そうしたプロセスの成果として成功を手にするタイプの人間がいる。かと思えば、手っ取り早い成果を求め、同じことの繰り返しや慎重なプロセスにはすぐに飽きてしまうタイプの人間もいる。こうした人間の性格の違いは、トレーディングのアプローチ（仕掛け・保有・手仕舞いなど）にもそのまま表れる。刺激や目新しさを求めるトレーダーは、長期にわたってポジションを保有することができず、あまり動きのないマーケットからはすぐに手を引いてしまう。一方、一貫性や安定を求める辛抱強いトレーダーは頻繁なトレードが求められるマーケットにはついていけないだろう。

こうしたトレードの意思決定の仕方と同じように、日常生活にもその人の性格が反映される。短期的な成果を求めるトレーダーは刺激志向のリスクテイカーで、性格は外向的でパーティーや海外旅行、競技スポーツなど、テンションの高い活動が好きである。安全ですでに知っているものと未知の目新しいもののどちらか一方を選べと言われたら、迷うことなく後者を選ぶだろう。デビッドは典型的なこうした刺激志向のタイプで、動きの鈍いマーケットは嫌いであり、ときに大口の注文を入れてほかの大口トレーダーのアクションを誘い出すこともある。彼はボラティリティの大きいマーケットでは激しく燃え、活発にトレードを繰り返す。エレンも刺激志向のタイプであるが、トレーディングシステムの開発と改良が好きで、いろいろなマーケットで自分のシステムを試したいと思っている。彼女にとってひとつのシステムでトレードし続けることなど考えられず、新しいトレーディングシステムのアイデアについて考えをめぐらし、それを実際にテストし、さらなる改良を加えることがトレーディングのおもしろさである。

一方、安全に裏付けられた安定を求め、リスクはとらず、未知のものよりも慣れ親しんだものを好む人間もいる。この種のタイプの人にとって目新しさや刺激は必要ではなく、その生活スタイルもかなり均一的である。毎日ほぼ同じ時間に起き、同じ朝の活動を繰り返し、同じ道を通って会社に行き、ほぼ同じ食事を取る。こうした人は大きな変化を求めず、ときにそうした変化に適応することもできない。刺激志向に対して安定志向のこうしたトレーダーは、マーケットに大きな資金をさらすことを好まず、従来から慣れ親しんできたトレード手法を順守する。常に目新しいことを試したいデビッドとエレンに対して、シェリーはこつこつとやるタイプのトレーダーである。彼女は長い時間をかけてマーケットの動きを見極めてポジションを取る。マーケットの短期的な変動は刺激やチャンスどころではなく、彼女にとっては精神衛生上の悪材料にすぎない。デビッドが衝動的、エレンが「壁に多くの矢を投げてどれが当たるか」を試すタイプだとすれば、シェリーはひとつのことを丁寧にやるタイプである。彼女はトレードのリスクがかなり小さいという多くの確証を得るまでは、ポジションを取ることはない。

一方、パットは安定を求めるトレーダーには違いないが、ほかのトレーダーと同じタイプに分類することはできない。彼にとってトレードは生活の手段ではなく、副収入と本業とは別のチャレンジという点で趣味に近いものである。彼には家族を養い、家庭を維持する責任があり、そうした優先順位を考慮して夜の時間に合理的にトレーディングを研究し、数日から数週間にわたるポジショントレードを心掛けている。したがって、チャートを分析したり、インターネットで関連ニュースを見たりするのも夜だけであり、それゆえに家庭生活も円満である。衝動的なトレードをすることはなく、マーケットに興奮を求めることもしない。ビジネスの世界にはないある種の興奮をトレードで味わっているとも言える。パットにとってトレーディングは楽しいチャレンジであり、副収入の手段である。「すべての投資資金を失っても、家庭生活と本業に悪影響を及ぼすことはありません」と彼は語っている。彼はトレーディングで大金持ちにはなれないかもしれないが、無一文にもならないだろう。

図表2.2は認識スタイルと性格の違いに応じて分類したトレーダーのタイプで、当然のことながらそれぞれの世界を見る目も、またトレーディングスタイルも大きく異なっている。この表を参考にすれば、マーケットのニッチを見つける何らかの手掛かりが得られるだろう。

例えば、私自身の認識スタイルは分析的である。短期のトレードを仕掛けるときでも、私は売りと買いの状況をかなり詳しく分析する。取引時間中のある時点で、主力株のバスケット取引状況を詳しく調べることにより、相場がこれまでの方向に進むのか、それとも反転するのかを予測する。またどちらかと言えばリスク回避的であり、各トレードの損失上限をかなり厳しく設定し、値動きがあまりない保ち合い期間中にはあまりトレードしない。多くの分析情報を提供してくれる株価指標などを重視し、数少ない短期的な値動きをとらえるために午前の早い時期に集中的にトレードする。私のオフィスの壁には戦場の狙撃兵の写真が貼ってあるが、それは私のトレーディングスタイルに似ているからだ。何時間も敵陣を偵察し、リスクに対す

図表 2.2　認識スタイルと性格の違いによって分類したトレーダーのタイプ

刺激志向

認識スタイル―分析的	**認識スタイル―直観的**
エレン―新しいトレーディングシステムの開発・改良が好きで、新しいリサーチに基づいてトレードする	デビッド―マーケットの短期パターンを見てトレードし、常にポジションを取っている
シェリー―ひとつのトレード手法を順守し、比較的長期のトレードを心掛ける	パット―比較的長期のマーケットパターンに基づき、いろいろなポートフォリオを組むパートタイマーのトレーダー

安定志向

る資金のエクスポージャーはできるだけ少なく、瞬時の利益のチャンスを虎視眈々と狙い、出動して利益を手にするとサッと資金を引き揚げる。

こうしたトレーディングスタイルは自己流のもので、大胆なリスクテイカーやアクティブなトレーダーから見るとじれったいと思われるかもしれないが、**トレーディングスタイルに善し悪しはない。その人に合ったやり方があるだけである。**シェリー、デビッド、パット、エレンという四人のトレーディングスタイルを見て、**だれのやり方が自分に最も向かないのか**を考えてみよう。そこから自分に合ったニッチを見つける貴重なヒントが得られるかもしれない。

自分の外にあるマーケットのチャンス

これまではトレーダーの性格と能力、それに適したマーケットやトレーディングスタイルなどについて述べてきた。以下ではトレーダーに適したマーケットとタイムフレーム（時間枠）のチャンスという問題について検討しよう。このチャンスは刻々と変化していくので、われわれもそれに応じて変化していく必要がある。私はこのほど「トレーディング・マーケッツ（Trading Markets）」サイトで、ミニS&P五〇〇先物をトレードしている多くの短期トレーダーがなぜ苦労しているのかについて述べた。そこには過去四〇年間の各二五〇日について、二日間の上昇トレンドと二日間の下降トレンドの比率（つまり、二日続けて上昇した期間と二日続けて下落した期間の割合）に関する調査結果を掲載した。

一般にはそれらの比率はほぼ半々であろうと考えられるが（二日連続して上昇・二日連続して下落した期間はそれぞれ一二五日ほどである）、実際には一九六〇年代後半から一九七〇年代前半にかけての二日間の上昇トレンド・下降トレンド期間の比率は一四〇日前後だった。しかし、それ以降にこの比率は低下の一途をたどり、本書を執筆していた二〇〇六年には一〇〇日台になってしまった。換言すれば、アメリカの株式市場では二日間にわたって上昇・下降が続くトレンド期間は減少し、代わって上昇と下降を交互に繰り返す日が増えている。

こうした傾向はいろいろなタイムフレームで検証してもほぼ同じであった。これはトレンドフォロー戦略（平均株価を上回ったところを買い、下回ったところを売る）のベースとなるもので、その期間は数日から六〇日まで多岐にわたる。特に過去三年間の動きについて見た場合、どのタイムフレームをとっても上昇トレンドをたどっている例外的な株式がグーグル株である。一方、S&P五〇〇上場ファンド（SPY）はどの期間をとってもはっきりしたトレンドは見られなかった。

自動売買トレーディングやプログラムトレーディングが広く普及してきたにもかかわらず、アメリカの株式市場ではトレンドの動きが次第に少なくなっている。こうした傾向は極めて短期のタイムフレーム（取引日の日中）についても当てはまるので、スキャルパー（小さな利ザヤを稼ぐトレーダー）や頻繁に売買を繰り返すアクティブトレーダーにも大きな影響を及ぼしている。その結果、S&P五〇〇などの平均株価をベースとするモメンタムトレーディング（短期的な強気を買い・弱気を売る）や比較的長期のトレンドフォロー手法が次第に成り立たなくなっているばかりでなく、いろいろな株価指標に基づいてスキャルピング（小さな利ザヤを稼ぐトレード）の利益のチャンスも少なくなっている。

さらに、トレーダーがモメンタム取引、トレンドフォローまたは逆張りなどいろいろなトレード手法を使っているので、マーケットのボラティリティも小さくなりつつある。多くのトレーダーには買いや売りだけというバイアスがかかっており、そうしたトレード手法にもそのトレーダーの性格が反映されている。一般にはそうした偏ったトレード手法に比べてフレキシブルなトレーディングスタイルのほうが好ましいと言われるが、私はそうした自己流の手法で成功しているトレーダーを数多く見てきた。しかし、**そうしたトレード手法がうまくいっているのは、そのときのマーケットがその手法とフィットしたからである。**トレンドフォロー手法が成功するのはトレンドのある相場のとき、モメンタム手法がうまくいくのは大きなトレンドのある動きが続くときである。

しかし、状況が変化するとそれまでうまくいってきたトレード手法もうまく機能しなくなる。そのときは新しいマーケットの環境に自分を適応したり（バイアスのかかったそれまでのやり方を変更する）、新しい状況に合ったトレーディングスタイルを取り入れる必要がある。そうしたことは必ずしも簡単なことではないが、周期的にその姿を変えるマーケットはトレーダーたちにトレード手法の修正を求めてくる。自分の認識スタイルや性格にトレーディングスタイルを合わせることも大切であるが、マーケットに客観的な利益のチャンスが存在しなくなればどうしようもない。既述した二日間のトレンド期間に関するヒストリカルな調査結果からも分かるように、マーケットの性格というものを知り、それに自分のトレーディングスタイルを合わせていくことがますます重要になってきた。

マーケットのもうひとつの性格とは、ボラティリティの有無に関することである。すなわち、大きなボラティリティのあるマーケットでは損失のリスクと利益のチャンスはそれだけ大きくなる。私はこのほど私の個人的なブログである「トレーダーフィード（TraderFeed）」に、五日連続して下落した期間に続く翌五日間の騰落に関する分析結果を掲載した。一般にはS&P五〇〇指数（SPY）と小型株で構成するラッセル二〇〇〇指数（IWM）の両株価指数が上昇すると予想されるだろうし、確かにそのとおりの結果となった。しかし、その上昇率には大きな差が見られ、ラッセル二〇〇〇はS&P五〇〇よりも五〇%も大きく値上がりした。これなどはこの調査期間において小型株のボラティリティがかなり大きかったことを物語っており、ここからもそのマーケットの性格に合わせたトレーディングスタイルを取ることの大切さが分かるだろう。

「われわれ人間と同じように、マーケットにもそれぞれの性格がある。そうしたマーケットの性格に合ったトレーディングスタイルを取らないと大きな利益は得られない」

そしてさらに複雑なことは、こうしたマーケットのボラティリティは一日の日中と比較的長期のタイムフレームで異なることである。一般に上昇局面よりも下降局面でボラティリティが大きいように、日中（ザラ場）よりも寄り付き・大引け時のほうが株価は大きく動く。金相場でもロンドンやニューヨーク市場の寄り付き前後は、日中や午後よりもボラティリティが大きく出来高も膨らむ。したがって、寄り付きの動きを標的にした短期のトレーディングスタイルもザラ場ではあまりうまくいかない。つまり、あるときにそのトレーディングスタイルとマーケットの環境がフィットしても、状況が変わればそうしたエッジもなくなってしまう。アクティブなトレーダーが標的とするのは、こうした変化するマーケットのチャンスである。トレーディングのパフォーマンスを決定する三つの要因とは、①トレーダーの能力と性格、②トレーディングスタイル、③マーケットの環境――である。自分の能力・性格とトレーディングスタイルがうまくフィットしているときは、一貫してそのやり方を続けていけばよい。また自分のトレーディングスタイルとマーケットの性格がフィットしていれば、大きな利益を手にすることができる。これを逆に言えば、変化してやまないマーケットにうまく適応していけないトレーダーは、長期にわたって高いパフォーマンスを上げ続けることはできないということである。

自己発見の手段としてのつもり売買

トレーダーとして順風満帆のスタートを切っても、大きな石につまずかないという保証はない。ウエートトレーニング室で練習に励むボディビルダーやスタジオで練習に明け暮れるダンサーとは異なり、トレーダーは常にチャンスとリスクに直面している。トレーダーが自分のニッチを見つけ、多くの経験を積むまでに、すべてのトレード資金を失う可能性もある。そこでトレードを始めたばかりのころにはつもり売買（ペーパートレーディング）がかなり効果的である。つもり売買では資金をリスクにさらさないので、実際のトレードとは心理的にまったく違うという批判もあるが、それでも駆け出しのトレーダーにとってはやり方次第でかなりの効果がある。

つもり売買の目的は正確な仕掛けや手仕舞いの練習にあるのではなく、またそれによる損益の結果はそれほど重要ではない。**大切なことは、つもり売買によっていろいろなトレーディングスタイルやマーケットの感じをつかむことである。**言ってみれば、つもり売買とはビデオゲームのようなものである。それによってトレードはおもしろいのか、チャレンジあふれるものなのか、自分の認識スタイルや性格に合っているのか、利益のチャンスをとらえられるのか――などを感覚的につかむことがその主な目的である。

CQG、ネオティッカー（NeoTicker）、ニンジャ・トレーダー（Ninja Trader）、e－シグナル（e-Signal）、トレーディング・テクノロジーズ（Trading Technologies）など多くのトレーディングソフトには、いろいろなつもり売買の機能が搭載されている。しかし、ここで述べている目的においては余計な付加機能は不要であり、トレードとそれによる損益の仮想体験ができればそれで十分である。端的に言うと、**つもり売買によっていろいろなマーケットとトレーディングスタイルが体験できるものであれば何でもよい。**そうしたいろいろなトレードを経験すれば、そこから自分の性格に合ったトレーディングのニッチが見つかるだろう。

そのマーケットやトレーディングスタイルが好きになれないときは、模擬トレードによるデータを検証してその原因や理由を明らかにする。別のマーケットやトレード手法が自分の性格に合っているかなと感じたときは、それをさらに追究してみる。大切なことは創造的に考えることであり、ほかのトレーダーのやり方を見たりまねたりしてもよいから、できるだけ多くのマーケットとトレーディングスタイルを実体験することである。

それならば、自分に合ったトレーディングのニッチを感じで見つけるにはどれくらいの期間が必要であろうか。アクティブなデイトレードについては最低でも数週間、比較的長期のトレードでは数カ月は見てほしい。先に述べた研修医の場合、いろいろな専門分野を体験するローテーション期間は最低でも六週間である。さまざまな医療現場や患者を経験し、自分の専門分野を絞っていくにはやはりこのくらいの研修期間は必要である。これと同じように、（動きの速い・遅い、大きなトレンドのある・トレンドのない）いろいろなマーケットを体験し、それらのニュアンスをつかむには、デイトレードで六週間（約三〇日）、数日間にわたるスイングトレードでは半年ほどは必要であろう。

こうした準備期間を経ないでいきなり実際のトレードに入ると、それまでは思いもよらなかった多くの心理的な問題に直面する。自分の認識スタイルや性格に合わないトレードが長続きすることはない。**われわれはいつでも自分の性格に合った方法で情報を処理し、また心地よいと感じるものに心を引きつけられる。もしも焦ってトレードの成果を得ようとしたり、前もって自分のニッチを知らないでマーケットに参入しても、持って生まれた性格がそう思い込んで**

いたニッチの邪魔をすることになる。これでは相乗効果どころか、破壊効果となるだろう。意思ではこうやりたいと思っても、心と頭がそれとは別の方向を向いているのである。

私は最近、私が勤務する会社（キングズトリー・トレーディング社）で働きたいといってきたひとりのトレーダーと面接した。彼はほかのプロップファーム（自己売買専門会社）で訓練を受けたが（この会社はその直後に倒産したという）、そこでは「ビジネスプラン」と呼ばれる資料の作成を求められた。私にとっては信じられないことだが、それは彼がトレードするマーケットに関する二〇ページにも及ぶ詳細な資料で、そこにはトレードする方法、パフォーマンスの測定・上達法などが詳述してあった。その会社の模擬トレードに従って、そのプランを実行に移していく予定だったという。

詳細なトレーディングプランを作成し、それによる模擬トレードを経て実践に臨むというのは理論上は極めて合理的であると思われるが、この会社がその後にどうなったのかを見れば、その有効性は一目瞭然であろう。まず最初にトレードを経験しないで（模擬トレードまたは実際のトレードを問わず）、また自分の能力と性格に合ったマーケットやトレーディングスタイルを知らないトレーダーが、どのようにして完璧なトレーディングプランを実行できるのだろうか。もしもあなたが銀行の融資担当係かベンチャーキャピタリストだったとして、実務経験のない人が二〇ページにわたるビジネスプランを提出したからといって、「はいそうですか」と言って資金を提供するだろうか。**いかなるプランでも実務経験に基づくべきであり、そうし**

た経験のなかにチャンスが存在する。トレーディングプランを作成する前に、まずは経験する（実際にやってみる）ことである。いろいろなマーケットやトレーディングスタイルを経験してはじめて、自分に合ったものの感触が得られるからである。

それならば、マーケットのニッチを見つけるにはどのような経験をすべきなのか。つもり売買による必要最低限の経験として、私は次の四つをお勧めする。すなわち、①ファンダメンタルズに基づく個別株式の長期トレード、②短期のモメンタムや逆張りによるインデックス取引、③商品バスケットのシステムトレード（トレード戦略をあらかじめルールとして決め、そのルールに従って売買するトレード手法）、④株式、いろいろな満期の確定利付き証券、いろいろな期限や権利行使価格のオプションなどの関連する金融商品の裁定取引。

①の個別株式の長期トレードとは、各企業や産業のファンダメンタルズ分析に基づく自分の相場観に基づく裁量トレードである。②の短期インデックス取引の経験からは、日中の需給の変化に応じた素早い意思決定の練習ができるだろう。③の（移動平均の終値クロスオーバーなどを含む）システムトレードによれば、一定のルールに基づく多様なマーケットの感触が得られるだろう。④の裁定取引からは、いろいろな金融商品の異なる値動きとそこから利益を引き出す方法が学べるだろう。

これらは一般的なマーケットとトレード手法の一例にすぎず、実際にはそれらをいろいろと組み合わせた多様なトレード戦略が存在する。例えば、ファンダメンタルズのトレーダーが長期の裁定取引を行えば、金利の変動に応じて小型株と大型株の値動きの違いを利用して利益を上げることもできる（ラッセル二〇〇〇とS＆P五〇〇の構成銘柄の裁定取引など）。またモメンタムトレーダーは、これら二つの指標の異なるチャートを使って利ザヤを稼ぐかもしれない。一方、短期のモメンタム取引を行うシステムトレーダーは長期のファンダメンタルズをベースとしたシステムを使うなど、トレード商品やタイムフレーム、トレーディングアプローチの組み合わせはほぼ無数に存在する。

性格の違いによるトレーディングのニッチ

われわれ人間の性格は神経質、外向的、オープン、用心深い、協調的の五つに大別される。こうした性格の違いは情報処理の仕方にも表れ、それはその人の心の奥にあるいろいろなニーズや関心を映している。**図表2.3**は人間の主な三つの性格とトレーディングのニッチを示したものである。

先に述べたように、自己発見のためにつもり売買を行うときは、いろいろなマーケットとタイムフレームでトレードするが、それによって損失が出てもガッカリする必要はない。それこそがつもり売買の大きなメリットであり、この段階の駆け出しトレーダーはいろいろなスポーツに挑戦するハイスクールの生徒のようなものである。いろいろな経験を積むことによって、

図表 2.3　性格の違いとトレーディングのニッチ

主な３つの性格

●神経質　マイナスの感情（不安・心配・罪悪感・怒りなど）にとらわれやすい人は、一般に短期のトレードには向いていない。トレード期間が長くなると心の動揺によって衝動的な意思決定をする確率も低くなる。その反対に、この性向の程度の低い人はボラティリティの大きいマーケットにも対応することが可能で、マーケットのムードや値動きに流されることも少ない。

●外向的　典型的なリスクテイカーの性格で、アクティブなトレードや大きなポジションを取るなど、アグレッシブなトレーディングアプローチを取りやすい。その反対に、内向的な人は緻密な分析・調査に基づいて意思決定を下し、有利な条件が整ったときに利益を上げる（材料や出来高、市場の厚みなどに関する十分な情報が得られるマーケットなど）。外向的なリスクテイカーのトレーダーは攻撃的なトレーディングアプローチを好み、リスク回避的なトレーダーは大きなポジションをリスクにさらすことを嫌う。

●心がオープン　目新しさと変化を好むこの性格のトレーダーは、いろいろなタイムフレームとポジションから成るトレーディングスタイルを取る。またいろいろなパターン認識やほかのトレーダーのトレード手法も参考にした自己裁量的なトレーディングスタイルを好む。一方、新しい刺激的な経験よりも予測可能で安全な結果を求めるトレーダーは、堅牢なルールに基づくトレードをしたがる。その代表がシステムトレードで、一度に取るポジションもそれほど大きくはない。

徐々に専門分野を絞っていけばよい。

あちこちに目が向くのか、それともいつでも平静な心を保っているか。これは移り気の程度に関するものである。また社交的・おもしろいことが好きか、それともひとりでいるのが好きかといった質問は外向・内向性に関するものである。一方、新しいことや新しいアイデアを試したり、見知らぬ土地に行きたいか、それとも同じ生活パターンを送りたいかといった質問は、心のオープンさを測るものである。もしもつもり売買が楽しいと感じるならば、その人はかなり外向的でオープンな性格であろう。トレードの頻度やポジションのホールド時間をいろいろと変えたり、さまざまなマーケットやトレーディングスタイル（ファンダメンタルズやモメンタム取引、システムトレードや裁定取引など）を試してみれば、きっと心にしっくりするものが見つかるはずだ。そうした自分のエッジを相乗効果によって伸ばしていけば、やがてはプロの技術のレベルにまで達するだろう。

トレーディングのニッチから発見するもの

マーカス・バッキンガムとドナルド・クリフトンの共著『さあ、才能（じぶん）に目覚めよう』（日本経済新聞社）はとてもおもしろい本で、われわれは自分の弱み（弱点）を克服しようとするよりも、強み（長所）を伸ばすことによって潜在能力を発揮できるという。それによれば、成功したパフォーマーも自分の弱いところを無理に克服しようとするよりも、自分の強みを最大限に伸ばすことによって大きなことを成し遂げる。この原則に従えば、野球のチームも才能あるバッターを多くの時間をかけて優れた外野手に育てようとするよりも、その打撃力をさらに磨いて指名打者として使ったほうがはるかに賢明である。

私について言えば、細かいことをあれこれと考えるよりは、全体的な観点から物事を考えるのが得意である。細かい仕事をするとイライラするが、頭を空っぽにして行動計画などを作成・実行するのは楽しい。一方、妻のマージーはすべてをきちっとしないと済まないタイプで、どんな細かいことにも気がつく。したがって、家庭の投資戦略を練るのは私の仕事、家計を切り盛りしたり、収支決算や家計簿をつけるのは妻の仕事である。われわれの結婚生活は二〇年以上も続いているが、お互いの役割を交代しようとは思わない。それぞれの強みを十分に生かしているからだ。

トレーダーがつもり売買によっていろいろなマーケットやトレーディングスタイルを試してみるひとつの目的は、自分の強みを見つけることにある。おそらくトレーダーとして成功した人は、自分の優れた能力を生かすことによって人生のほかの分野（結婚生活など）でもそれなりの成功を収めているだろう。頭の回転が速いトレーダーは短期トレード向き、数学やコンピューターが得意なトレーダーはシステムトレードに適しているなど、弱みをカバーしつつ、自分の強み（能力）を最大限に生かすことがトレーディングでも理想的なニッチとなる。というのは、**自分の能力がどのようなものであれ、それはすでに自分の一部になっているからだ。**

これは自分の得意分野を見つけるときに知っておかなければならない重要な原則である。例えば、ファンダメンタルズトレーディングやメカニカルトレーディング用のマーケットリサーチに上達しようと思っているトレーダーは、すでにそうしたリサーチ能力を持っており、おそらくトレーディング以外の分野でもその能力を発揮しているだろう。私について言えば、子供のころに野球選手の詳しいデータを集め、それを記録した膨大なカードを作ったが、こうした経験は現在のトレーディングカードの作成にそのまま生きている。私のウエブサイトにアクセスするとすぐに分かるが、今の私も膨大なマーケットデータを収集してそれをトレードに活用している。意思決定のために多くの情報を収集するというのが私の強みである。これはトレードを始めるずっと前からすでに身についていた。成功した短期トレーダーがそのキャリアをスタートする以前に、おそらくビデオゲームやギャンブル、ポーカーゲームなどでその能力を発揮していたであろう。そうした人は素早い意思決定やリスクテイクに慣れており、それがその人のエッジである。ヘッジファンドの定量分析トレーダーなども、子供のころから算数や科学、そのほかの分析的なものが好きだったと思われる。

私はこのほどジョン・マークマン氏（MSNマネーのウエブサイト編集ライター・プロのマネーマネジャー・投資家やトレーダー向け株式スクリーニングサイトである「ストラテジック・アドバンテージ（Strategic Advantage）」と「トレーダーズ・アドバンテージ（Trader's Advantage）」の編集長）と話す機会があったが、彼の有望銘柄発掘能力はインターネット上の仮想スポーツコンテストで養われたという。彼によれば、対戦プレーヤーについて徹底的なリサーチを行うことによって、コンテストではほぼ負けなしだった。こうした彼のリサーチ好きが有望銘柄の発掘やMSNのストック・スカウター（Stock Scouter）スクリーニングツールの開発に発展した。現在の彼は投資家やトレーダーのために、ウォール街ではあまり注目されない隠れた有望株の発掘活動で大忙しである。ジョンの証券ジャーナリストとしての能力と適性は有望株のスクリーニングにいかんなく発揮されており、こうしたほかの人には見えない投資チャンスを見つけだすというのが彼のユニークなニッチである。

「トレーディングで成功するには、自分の得意分野を見つけ、それをトレーディングで生かすことである」

『さあ、才能（じぶん）に目覚めよう』では、自分の強さを評価するテストを紹介している。これはそれほど複雑なものではなく、多くのテストと同じようにその結果は幾分誇張されているが、われわれが心から好きだと思うような活動を見つけるにはかなり効果的である。合計三四の強さ（資質）にはそれぞれ簡単なラベルが振られており、例えば「Ｗｏｏ」と呼ばれる強さはほかの人を説得したり、大きな影響を及ぼす能力である。これはリーダーやプロのセールスパーソンの適性能力であるが、創造的な芸術家にはあまり関係のないものである。このテストをフィードバックすると、われわれの主な五つの強さが明らかになる。**自分のトレーディングスタイルがこの五つの強さにすべてフィットしている必要はないが、それらのほとんどとかけ離れていれば、トレーディングで（またはその他の分野でも）成功することは難しい。**

私の五つの強みとは、目的を達成しようとする・学習する・人を説得する・分析する・ベストを目指す――などの能力であるが、説得力とは多くの人々と新しい関係を築くというよりは、自分の今の比較的限られた人間関係を深めていくタイプである。またベストを目指す強みとは、自分の持てる力を最大限に発揮して他人とうまくやっていく能力である。このテストでこうした自分の強さを再確認すると、解決策を提示するカウンセリングという方法によって、ほかの人の悩みを解消してあげるという心理学者の仕事が自分に向いているなとうなずける。

その一方でマーケットを詳しく分析してトレードしたり、新しいマーケットパターンの学習に意欲的に取り組んだり、午前五時前から一日の仕事を始めるというのもけっして偶然ではない。こうした私の資質は、速射のようなスキャルピング、大規模な社会的イベントへの関与、重い精神障害を持つ患者の長期治療などには不向きである。私が社会的に成功するか、それとも対人関係で悩んでばかりいるのかは、こうした自分の強みを生かせるか、または無理に社交家になろうとするのかのどちらを選ぶのかによって決まる。私が知っている成功した多くのトレーダーも、自分の強みを発揮できるニッチを見つけた人たちである。そうしたトレーダーはことさら大きな努力をしなくても、好きでやっているうちに成功してしまったという人も少なくない。

この本で紹介された才能発見テストはかなり有効ではあるが、これによって自分の強みを完全に知ることはできず、以下のような基準も大きな参考になるだろう。

●何を心から楽しいと思うか　自由な時間があったら、あなたは何をしたいと思うだろうか。毎日何に心が向くのか。自分の強みにフィットしたことをしているときは、心から楽しいと思えるものである。何かをするときにかなりの意志を動員しなければならないとしたら、おそらくそれはあなたの強みとフィットしたものではない。

●自然体の自分は何をうまくできるのか　われわれはうまくできることは楽しく、その結果成功してしまったということがよくある。ブルーム教授の調査結果によれば、調査対象となった才能あるかなり多くの人が子供のころからその才能を開花し始めていたという。例えば、優れた医学研究者の多くも学生時代には特に科学などで優秀な成績を収め、オリンピック選手なども早くから人並み以上の運動神経を見せている。成功しているトレーダーも数学的な分析から直観的なパターン認識などその能力は多岐にわたるが、いずれもかなり早い時期からそうした才能を発揮している。

●ほかの人はあなたのどんな能力を評価しているのか　われわれが自分の長所と短所を客観的に評価するのは難しいが、ほかの人が自分でも気づかない能力を見つけだすというのはよくあることである。ブルーム教授によれば、才能あるスポーツ選手の多くも若いときにメンターやコーチにその才能を見いだされ、それがアスリートとしてのその後の成功につながったという話はよく耳にする。私もプロのライターになろうという少し前に、編集者が私の能力を買ってくれたことが今の仕事に入るきっかけとなった。もしも経験豊富な優れたメンターがあなたのトレーディングの才能を評価してくれたとすれば、この世界で成功できる確率はかなり高い。

つもり売買をうまく活用すれば、こうした自分の強み（能力）を知ることができる。例えば、マーケットのパターンを素早く感じ取り、そのフィーリングに基づいて迅速に行動できるならば、マーケットのニッチはあなたの目の前にある。しかし、客観テストによって自然にそうしたトレーディングアプローチが取れなくても、そんなにガッカリする必要はない。最初の数回のデートがうまくいかなくても、自分の努力が足りなかったと自分を責めてばかりいないで、ほかの人にアタックすることも必要だ。そうしたときに不自然な意志の力が必要だとすれば、それはあなたと相手（交際相手や取り組む仕事など）がフィットしていない証拠である。こうしたことはトレーディングについてもまったく同じであり、**ある分野にトライして成功しないときは（または、かなりつらいと感じるときなども）、別のものにアタックすればよい。**この世界には自分の性格と合うであろう多くの男女がいるように、トレーディングの世界にも自分の能力と性格に見合ったニッチはいくらでも存在する。

だれでもトレーディングで成功できるのか

私はよく、「私はトレーディングに向いているのでしょうか」「だれでもトレーディングで成功できるのでしょうか」といった質問を受ける。こうした質問をする人の多くはおそらく、「もちろんですよ。忍耐と意欲があれば、だれだって成功しますよ」という答えを期待しているのであろう。しかし、現実にはこうした答えは実にナンセンスである。すべての人がスポーツ、チェス、バレエ、軍隊のリーダー、作詩家として成功できる資質を持っているなどということは絶対にあり得ない。どのようなパフォーマンスの分野でもそれを職業として食っていける人はほんのわずかである。だれでもトップパフォーマーになれるとしたら、そうでない人など存在しないではないか。

「だれでもトレーディングで成功できるのでしょうか」と質問する人は、その人がまだトレーディングで成功していない証拠である。そうした質問者は心が動揺しやすい、規律がない、または考えすぎる傾向があるなどの理由で、おそらくトレーディングがうまくいっていないのであろう。しかし、私に言わせると、**そうした性格はトレーディングの成功を阻んでいる弱さではなく、その人だけが持つ強さである。**

これについて次のように説明すると分かりやすいだろう。この部分を執筆している現在、私は個人的に知っているかなり成功した三人のトレーダーを頭に思い浮かべている。いずれも数年間で百万ドル以上も稼いだトレーダーであるが、これらのプロトレーダーでも投資心理学の本などに書いてある欠点をみんな持っているのである。例えば、トレードするときに興奮しやすい、ポジションを保有すべきでないときに頑固に保有してしまう、マーケットがオープンするまでに一貫したトレーディングプランを立てない――などである。彼らが成功しているのは、自分の弱さを補って余りあるほどの強さを生かしているからである。先に述べたミックとアルと同じように、冷静で規律もあり、また一貫したトレーディングプランに基づいてトレードしても失敗するトレーダーたちは、**トレーディングのエッジと呼べるほどの強さを持っていないから**である。

リッチーなどはその典型である。有名大学を卒業した彼は学生時代はレギュラーのスポーツ選手で、私が知っているなかでは五本の指に入るほど人柄の良い青年である。いつも笑顔を絶やさず、思いやりのある好青年の彼は、社内では男女を問わずだれにでも人気がある。しかし、そのような彼について私はひとつだけ気にくわないことがあった。それは実際のトレード時間よりも、トレーディングについてほかのトレーダーと話している時間のほうが長いことがよくあることだった。彼のトレーディングルームを訪れると、ほぼその半分はほかのトレーダーと話をしているのである。彼はそれについて特別気にかける様子もなく、実に平然としていた。実のところ、彼はすでにこれからやろうとしているビジネスについて調査し、その経営法などについて研究していたのである。ほとんどのビジネスは人間相手であり、また顧客との折衝なども日常茶飯事である。

リッチーが私にトレーディングに代わるそのビジネスについて語ってくれたとき、私がとっさに思ったのは、①トレーディングよりもその将来のビジネスのほうに多くの時間を振り向けている、②トレーディングよりもそのビジネスについて話すときのほうが生き生きとしている、③彼はトレーダーよりも生まれつき起業家に向いている――ということだった。リッチーがトレーダーとして成功しないのは彼の弱さが原因ではなく、**その強さをほかのことに向けている**

からである。彼にはリーダーとしての資質があり、人を率いる非凡な才能がある。彼が近い将来にそちらの道に進んでも私はけっして驚くことはないだろう。彼は終日コンピューターのスクリーンの前に座り、株価先物の電子トレードをしているようなタイプの人間ではない。

人を説得する・学習する・ベストを目指すのが私の強さであることについては先に述べたが、それならばそうした私が一日中売った買ったを繰り返すようなトレードをして成功するだろうか。実は数年前にそうしたことを試みたことがあったが、すぐに退屈してやめてしまった。マーケットリサーチに多くの時間をかけないと、自分の能力を十分に発揮できないことが分かったのである。フルタイムでマーケットと向き合っているとうまくいかないというのは、私の弱さではなく強さである。大切なことはしょっちゅうトレードしていることではなく、自分のニッチ（自分の能力を最大限に発揮できる分野）を見つけることである。あまりにも多くのトレーダーがこのことを分かっていない。彼らは傾いた建物にもたれたはしごを必死になって上ろうとしている。もしもあなたがトレーディング以外のことに楽しく取り組めて、それがうまくいくのであれば、おそらくそのはしごのほうがあなたに向いているのである。

「われわれの強さにもたせかけたはしごがベストのはしごである」

キャリア初期のメンターの役割

シカゴ大学のベンジャミン・ブルーム教授の調査結果によれば、トップパフォーマーの育成において、メンター（指導者）はかなり重要な役割を果たしている。メンターとはアスリートのコーチ、ピアニストの先生、優れた研究者の指導教授たちである。既述したように、パフォーマーのキャリア段階に応じてメンターの役割も大きく変わっていく。キャリア初期におけるメンターの役割は、パフォーマーを励ましながら基礎訓練を行うことである。この段階で挫折するパフォーマーも少なくないので、キャリア初期のこうしたきめ細かい指導は極めて重要である。メンターに励まされて自信をつけたパフォーマーの初心者は、一段とハイレベルの段階に進む意欲とモチベーションを持つからである。

ブルーム教授の調査結果によれば、キャリア初期のメンターの役割にはパフォーマーの倫理観を養うことも含まれる。パフォーマーがさらに上の段階に進み、次第に複雑なスキルの習得にチャレンジするとき、引き続きメンターの指導を受けるにはこうした倫理観が不可欠となる。私の息子のマクレーは中学でレスリングを始めたが、練習はシーズン中の放課後しか行われなかった。中学低学年の彼は夏休みなど長期の休暇中にも練習し、また年間を通したウエートトレーニングを希望している。ピアノの生徒も最初は音階やアルペジオなど一日に数十分だけ練習したあと、一日に一時間ほどのピアノ曲の練習に進む。レスリングなどのチームスポーツでは、仲間の選手のサポートとプレッシャーがスポーツ倫理観の習得につながる。こうしたスポーツでは「チームの期待を裏切るなよ」とはよく言われる言葉であるが、トレーディングと同じ個人スポーツでは先生の期待を裏切らないことがそのモチベーションではない。**良きメンターとはライバルのような存在なのである。**

キャリア初期のトレーダーにとって、こうしたことは極めて重要な意味を持つ。つまり、駆け出しのトレーダーにとっては、トップトレーダーやそうしたトレーダーを育てるようなメンターに指導を受けるのは必ずしも正しいことではない。実際にオリンピック選手のコーチがビギナー選手の指導をすることはないのと同じように、トップトレーダーのメンターが駆け出しトレーダーの相手をすることはないだろう。**あなたが駆け出しのトレーダーであれば、トレーディングの基礎訓練とサポートをしてくれる初心者指導専門の親切なメンターを見つけるべきだ。**プロップファーム（自己売買専門会社）などにはトレーダー育成を専門とするプロのメンターがいるが、そうした専門家の指導を受けられない一般投資家にとっては、オンラインの投資クラブなどがその役割を果たしてくれるだろう。

例えば、「トレード2ウィン（Trade2Win）」というウエブサイトはトレーディングの基礎情報のほか、公認トレーダーの関連記事なども提供している。そうした記事を読んだ投資家はそのトレーダーに質問したり、メンバー投資家同士で情報を交換している。そうした情報はすべて掲示板に掲載されるので、だれでもいつでもそれを読むことができる。最近までそのサイトのコンテンツ編集者を務めたジョン・フォアマン氏は、そうした投資家同士の情報交換を奨励し、いろいろなトレーダーの意見を掲載していた。特に『ザ・エッセンシャルズ・オブ・トレーディング（The Essentials of Trading）』と題する相場入門書によってビギナー投資家を指導してきた彼は、投資家のいろいろなニーズを十分に知り尽くしており、さながら大学のスポーツコーチともいうべき存在である。

ジョンによれば、ビギナー投資家のレベルアップをサポートするのはウエブサイトの情報ばかりでなく、メンバー同士のオフラインの集いも大きな役割を果たしているという。私も「トレード2ウィン」にはときどき寄稿しているが、私のもとには読者からトレーディングに関する質問やアドバイスを求めるeメールが頻繁に寄せられる。私はこうしたメールにはすべて返事を出すようにしているが、その内容はレベルアップのための参考資料やトレーディングツール、ウエブサイトなど多岐にわたる。またメンバー同士でも互いにメールを通じて、新しいトレーディングツールやサポート手段などについて情報交換しているようだ。スポーツクラブなどで上級者が初心者を指導しているように、こうしたオンライン投資クラブでもベテラン投資家が投資の初心者をサポートする光景は広く見られるようになった。

その好例は「投資家同士が助け合う」をモットーとする「ウッディーズＣＣＩクラブ（Woodie's CCI Club」であろう。ウッディーズ（本名ケン・ウッド）氏はホットコム（hotComm）を利用した最初のトレーディング・チャットルームを立ち上げたベテラン投資家で、メンバーの投資家は同氏とその教え子たちがトレードしているのを実際に見ることができる。メンバーはマーケットの動きに関する彼らのコメントを参考にしてトレードしてもよい。このクラブの特徴は、ビギナー投資家をサポート・教育しようという投資家たちの大きなコミュニティーが存在することであり、そこでは「一本のローソクが別のローソクに火を伝える」がモットーとなっている。ここには別の投資家に火を伝えようとする数多くの投資家がおり、オフラインのサポートも頻繁に行われている。そうしたときは、トレーディングの上達プロセスで直面するいろいろな悩みや喜びをめぐって話が大いに盛り上がるという。献身的な人々が困っているほかの人々に手を差し伸べるという点で、このクラブはさながら断酒会（アルコール依存者更生会）のようなものである。こうしたクラブの最大のメリットは、投資の初心者がトレーディングで実際に苦労した人々の生の体験談を直接聞けることである。

「ビギナー投資家にとってベストのメンターとは、かつて同じような投資の苦い経験を味わってきた先輩たちである」

投資家が自分のトレード手法についてはあまり語りたがらないこの世界にあって、ウッディーズＣＣＩクラブはちょっと変わったクラブであるかもしれないが、私はけっしてそうは思わない。あの著名な女性トレーダーのリンダ・ブラッドフォード・ラシュキ女史も、自ら主催するオンライン・トレーディングルームで彼女自身とその教え子たちのトレードを公開しており、そこではリスクマネジメントや投資心理についても親切なアドバイスやコメントが掲載されている。そのメンバーたちは互いに情報を交換して、いろいろなトレーディングスタイルについて学ぶことができる。

一方、トレーディングソフトのユーザーたちがそうしたコミュニティーを形成しているケースも見られる。例えば、（自動売買ソフトの）トレードステーション（TradeStation）のユーザーたちはトレーディングソフトのプログラム、システム開発、トレーディングスタイルなどについて活発な情報を交換するコミュニティーを作っている。銘柄選択ソフトの「ベクターベスト（VectorVest）」のユーザーたちも各地で集まって、トレーディングプログラムの改良などについて意見を交換している。さらに「eシグナル（e-Signal）」のユーザーコミュニティーは掲示板を通じていろいろなトレーディングツールや指標に関する情報を交換しているし、私自身もいろいろな質問や提案が飛び交う「マーケット・デルタ（Market Delta）」や「ネオティッカー（NeoTicker）」のフォーラムに参加したことがある。このほか、CQG社や「ニンジャ・トレーダー（Ninja Trader）」なども投資家教育のフォーラムを主催している。

最近では役立つ投資情報や意見を交換する無料のブログ（日記形式のホームページ）も続々と登場してきた。私のブログである「トレーダーフィード（TraderFeed）」は分析投資家向け、「トレーダー・マイク（Trader Mike）」や「ザ・カーク・リポート（The Kirk Report）」は有望銘柄発掘に役立つブログである。トッド・ハリソン氏の「ミンヤンビル（Minyanville）」サイトは、経済・マーケット・投資家教育などに関する盛りだくさんの情報を提供している。また「トレード・アイデアズ（Trade Ideas）」にアクセスする投資家は自分のトレード基準にかなった銘柄をスクリーニングできるし、「マーケット・デルタ」ではユニークなトレーディングソフトのユーザー情報を提供している。これらのサイトやブログを利用すれば、かなり専門的なトレーディングツールの情報も入手できる。

あなたがどのマーケットでトレードしようとも、あなたよりも長い投資歴と豊富な経験を持ち、独学するよりも楽しく早くレベルアップできるようにサポートしてくれる人が数多く存在する。一流の俳優、ゴルファー、テニスプレーヤー、オリンピック選手、パイロットなどを見ても分かるように、今の地位に上り詰めるまでにいろいろなメンターから指導を受けている。こうした人々のプロレベルの技術も最初は持って生まれた能力や資質からスタートするが、正しく指導されないとそうした優れた才能も開花しないままに終わってしまう。したがってまず最初にすべきことは、何が自分の強さなのかを見極め、次にそれを最大限に発揮できるメンターや訓練の場を見つけることである（巻末の参考資料はそうした目的に役立つだろう）。

最初の学習ループは自己発見

この章はしばらくトレードしても思うような成果が出ない投資家に役立ったと思う。そうした不満足なトレード結果は投資心理や意欲などに問題があるのではなく、単に自分の強さをうまく発揮できないだけである。**そうした人がトレーダーとして普通の方法でいくら努力しても、けっしてスキルアップしないし、また大きな成功を手にすることもできない。**世界のトップパフォーマーを見ても分かるように、彼ら・彼女らは相乗効果をうまく生かして大きく飛躍したのである。すなわち、その優れた能力を開花できるような最適の環境に身を置くことによって大きな成功を勝ち取ったのである。あなたも自分のことがよく分かれば、あのユニークなバッティングスイングがテッド・ウィリアムズの目にとまったカール・ヤストレムスキー（二〇世紀最後の三冠王）のように、自分の強さとトレーディングのニッチをフィットさせることができるだろう。この章の初めで述べた学習ループについて言えば、**どのような分野で上達するにも、その学習ループの第一歩は自分を知ることから始まる。**そのうえでトレーディングという大学に入学し、いろいろなコースやメンターとの出会いを通して専門科目を絞っていく。こうした正しいプロセスをたどれば、気がついたときはトップトレーダーになっているだろう。

第3章 能力を磨く――パフォーマーのレベルアップ

「まず最初のレッスンは、モダン・チェス・オープニングズ（チェスの定石本）に載っているすべての定石を覚えること。次のレッスンはそれをもう一度やってみることだね」

――チェスを習いたいと頼んだ伝記作家のフランク・ブレーディーに対して、ボビー・フィッシャー（伝説のチェスプレーヤー）が言った言葉

その人がある分野の能力があると言うとき、それは何を意味しているのだろうか。おそらく、その人は初心者よりも上手にその分野のことをやり遂げるスキルや技術があるということであろう。つまり、その分野に関する豊富な知識や経験を持っていることを意味する。われわれがあの人は有能な医者、アスリートまたはチェスプレーヤーであると言うとき、一般にそれは褒め言葉である。しかし、そうした能力はプロの技術とは同じではない。ナスカー（NASCAR＝全米ストックカーレース協会）のレースでは単に能力があるというだけでは勝てないし、能力のあるシンガーが自動的にブロードウエーの舞台に立てるわけではない。このように能力とプロの技術は異なっており、トレーディングにおいても優れたトレーダーとなるには、まず最初にそれだけの能力がなければならないが、そうした能力のある人がプロのトレーダーになれるかどうかはまた別問題である。

トレード能力とは

トレード能力とプロの技術を簡単に定義すれば次のようになるだろう。

●能力のあるトレーダーとは、トレードに伴うすべてのコストをカバーできる人である
●プロのトレーダーとは、トレードで飯を食っていける人である

しかし、こうしたトレード能力やプロの技術を特定の才能や資質、またはスキルなどに限定することはできない。第2章で言及したように、成功しているトレーダーは実にいろいろな独自のエッジ（優位性）を持っているからである。株価指数先物のトレード能力があるトレーダーでもその他のマーケットではうまくいかず、また有能なポジショントレーダー（数週間から数カ月にわたってポジションを保有するトレーダー）でもスキャルピング（小さな利ザヤを稼ぐトレード）をやらせると売買手数料もカバーできない人もいる。このように利益の達成という点からトレーダーの能力とプロの技術を定義すると、その基準は各マーケットでどのような

エッジを持っているのかということになる。

トレーダーの能力を取引コストをベースとして評価するならば、その分岐点は収支トントンである。経験の浅いトレーダーのなかでのその割合は、相場が向かう方向次第で半々ということになる。一方、利益の確保と損失の回避がともにうまく、いつでも売買手数料が抜けるトレーダーであっても、それだけでは収支トントンのトレードを確保することはできない。トレーディングのコストには売買手数料のほかに、リアルタイムのデータ使用料、トレーディングソフトやその他のサポートツール、マーケットへの接続料、トレーディングシステムの維持費などの諸経費も含まれるからである。マーケットと常時つながっているシステムのプロトレーダーであれば、さらに専用コンピューターのサポートコスト、その複雑なニーズに見合った最新のトレーディングソフト費などが一カ月に数千ドルにも達する。

自宅でトレードする一般のトレーダーにはこれほどのコストはかからないが、それでも頻繁にトレードすればそのコストはけっしてバカにならないだろう。ミニS&P五〇〇先物を五枚単位で一日に三回トレードするトレーダーにとって、五ドルというトレード一回（往復）に相当する売買手数料はそれほど負担に感じないかもしれない。しかし、一日の売買手数料が七五ドルだとすれば、年間では軽く一万五〇〇〇ドルを超えてしまう。同先物を五枚単位でトレードするトレーダーが一〇万ドルのポジションを取って収支トントンとするには、年間では何と一五％のリターンを上げなくてはならない。平均的なトレーダーにとって、こうした取引コストをカバーして利益を上げるのは至難の業である。しかも、現実の状況はそれ以上に厳しいのである。

例えば、ミニS&P五〇〇先物を五枚単位で売買するとき、一ティックのスリッページ（発注価格と実際の約定価格の差額）が発生したとすれば、このトレーダーがトレードするたびに一ティックの損失を出していることを意味する。一日に三回トレードしてそのスリッページが一五ティックだったとすれば、その損失額は一日当たり一八七・五〇ドル、一年間では何と三万七五〇〇ドルに達する（ミニS&P五〇〇先物の一ティック＝一二・五ドル）。取引コストにこれだけのスリッページが加算されれば、収支トントンのトレードでも年間で約半分の資金が吹き飛ぶことになる。

こうした負担を背負って常に利益を確保するには、トレードの執行、リスクマネジメント、マーケットパターンの読みなどで相当のスキルを持っていなければ不可能である。例えば、新規オープンしたレストランが固定費（不動産・設備費、人件費、材料費、税金、光熱費など）をカバーして営業を続けていくには、マーケティングやメニューなどでかなりの独自性を出して顧客を確保しなければならない。これと同じようにトレーディングというビジネスでも、プロの技術をうんぬんする前にまずはその能力を身につける必要がある。レストランの経営と同じように、トレーディングでも収支トントンの段階で学習曲線を駆け上がってプロの領域に達しなければ、常に利益を出すことはできないだろう。それならば、その前の段階のトレード能力はどのようにして習得するのか。また、その資質のある初心者が有能なトレーダーとなるにはどうすればよいのか。その上達プロセスに近道はあるのか。

プロと能力のある人の違い

いろいろな分野のプロのパフォーマーに関する調査結果を一見しただけでは、プロと能力のある人との能力の差を区別することはできない。しかし、**プロになった人がたどった道のりは、能力のあるアマチュアの歩みとはまったく異なる。**ほとんどのトレーダーも、さらにメンターとしてトレーダーを指導する立場の人たちでさえも、このことがまったく分かっていない。簡単な例を挙げると、有能なタイピストである私はハイスクールの二年生のときにタイプを習い、大学ではすべてのレポートをタイプで仕上げたほか、著述家として書いた原稿もすべてタイプで打った。その結果、私はタイプのキーボードは見なくても打てる。しかし、かなり速く正確に打てるとは言っても、裁判所の速記者ほどではない。長年にわたる経験から私のタイピングの腕前は相当な水準にあると思われるが、それでもプロのタイピストにはかなわない。これと同じように、いくら高度な運転技術を持っていても、アクション映画のスタントマンのような離れ業を披露することはできない。経験を積めば一定の能力レベルには達するが、プロの技術と並ぶことはできない。私のタイピング歴はゆうに二〇年を超えるが、それでもプロのレベルに到達することはない。

プロのパフォーマーのキャリアを見ると、単に経験の蓄積によって身につく能力とは違う道のりをたどっているのが分かる。**その道のりこそがプロと単なる能力のある者たちとの違いを分けるものである。**多くの有名人（アインシュタイン、ピカソ、ストラビンスキー、ガンジー、フロイトなど）の生き方と創造的な仕事について研究したハーバード大学のハワード・ガードナー教授（認知心理学者）によれば、これらの人々はそれぞれの分野で偉大な仕事を成し遂げるまでに「目からうろこの体験（Crystallizing Experience）」をしているという。この体験とは専門分野を追究しているときに、強い直観によって感じる「なんだ、そうだったのか」といったようなひらめきの経験である。アインシュタインやストラビンスキーは、単に多くの物理的実験や作曲することによって偉大な学者や作曲家になったのではない。**自分の専門分野の何かが彼らの心をとらえたのである。**彼らは単にそれでやっていこうと思ったのではなく、その道を究めようという強い衝動を感じたのである。能力のある音楽生は一日に何時間もピアノを練習するかもしれないが、プロの卵はピアノから離れようとはしない。目からうろこの体験をしたそうしたプロたちは、単なる有能な人とはやることがまったく違う。

ウォルターズ教授とガードナー教授たちの研究によれば、超一流の数学者、音楽家、視覚芸術家たちもそうした目からうろこの体験をしている。例えば、（フランス印象派の作曲家である）ドビュッシーはすでに一〇歳のときに音楽の才能を見せていたが、作曲にはほとんど興味を示さなかった。新しい先生のラビニャックについたとき、ワーグナー（ドイツの作曲家）の作品に触れた彼はすっかりそのとりこになり、夜遅くになってもレッスン室を離れようとしなかった。これが彼の作曲家としての才能を目覚めさせ、後年の偉大な作品を生み出したのである。

一方、精神科医のロバート・コールズはニューオリンズの白人の公立学校に通うルビーという六歳の女の子をインタビューしたときから、彼のユニークな人生が始まった。コールズを含む四〇人のマッカーサー財団天才賞（マッカーサー・フェローシップ）の受賞者とインタビューしたデニス・シェカージアンはその著『アンコモン・ジニアス（Uncommon Genius）』のなかで、その女の子に心を引かれたコールズはこのときに自分のライフワークを見つけたと述べている。それから三〇年間にわたり、コールズとその夫人はアパラチア地方から南アフリカに至る世界の辺境地を旅して、そこに住む子供たちとのインタビューを多くの本にまとめた。その記録は貧困と人種差別に苦しむ子供たちの声を全世界の人々に向けた前例のない訴えであった。コールズがシェカージアンに語ったところによれば、大学教授という権威あるポストを捨てて、そのような貧しい辺境地の子供たちの声に耳を傾けるとは気でも触れたのかと多くの人々から言われたという。しかし、自分は正しい道を歩んでいるという彼の確信が揺らぐことはなく、その才能に裏付けられた本能はこれこそが自分の進むべき道であると語りかけていた。

コールズのこうした才能は私のタイピングの能力とはまったく異なる。学校などの正規のクラスやレッスンでそのスキルを磨いたのではなく、創造力を駆使しながら一心不乱にその道を進むことによってその能力を自分のものにしたのである。こうした我を忘れるほどの学習とは学校教育などとはまったく次元の違うもので、これこそがプロのパフォーマーがたどってきた道である。つまり、自分の専門分野のニッチを見つけ、それと心が一体になる。**まさにそうした絆こそが単なる学習ではなく、その道を究めようという自己没頭を生み出す。**

「その分野を普通に学習すればその能力は身につくが、それに取りつかれるほどでないとプロの技術には達しない」

目からうろこの体験と自己没頭による学習

セラピストとしての私の能力のひとつは、ペンシルベニア大学のレスター・ルボースキー教授（精神科）が「マーカー（Marker）」と呼ぶ、いわゆる診察中に患者のなかで起こっている心の変化を読み取ることである。これはちょうど相手の手の内を読み取ろうとするポーカープレーヤーのようなものである。例えば、ある女性の患者は夫と話すときと自分の仕事について話すときの言葉の調子がまったく違っていた。それから彼女は次回の診察時間に少し遅れるかもしれず、また結婚生活がうまくいっていないと元の口調で話し始めた。私はとっさに「彼女が話したかったのはこのことだな」と察したが、彼女にとって私はあたかも彼女の夫として二人の結婚生活について話しているようだった。このように、診察中には患者のなかに言葉による、またはそれ以外のさまざまなマーカー（態度や身振り、特徴のある話し方など）が見られる。ときにちょっと話題を変えたり、暗い話から明るい話への移行、患者の足の組み替え、視線の変化などがマーカーになることもある。したがって、優れたセラピストはそうしたちょっとしたしぐさから患者の心のうちを読み取ることができる。

一方、トレーディングにおける私の目からうろこの体験は、毎日トレーディングシステムのスクリーンでいろいろな銘柄の値段を見ているときに起こった。私はニューヨーク証券取引所（ＮＹＳＥ）の「ＴＩＣＫ」という指標に注目した。一般に多くの株価指数は平均株価と連動して上下するが、このリアルタイムなＴＩＣＫ指標はときどき平均株価とは逆の動きを見せる。そしてＴＩＣＫがこうした変則的な動きをしたあとには、相場の短期的な流れが変化することが分かった。これを知ったとき、私の頭のなかでは一瞬電球がパッと灯ったようだった。これによって、私はトレーディングのひとつのマーカーを見つけたのだ。

それ以来、私は夢中になってＴＩＣＫ指標をフォローした。私はフルタイムで心理学者としての仕事をこなしていたので、リアルタイムで株価の動きをフォローすることはできないが、そのときはビデオでテレビの株式ニュースを録画した。それによって私は毎日平均株価とＴＩＣＫの五分ごとの動きを記録していった。もちろんこの収集データは完全なものではないが、毎日その動きを記録していくと妙にＴＩＣＫ指標に親近感を抱くようになった。私は一九九七年後半からそのデータを記録しているが、今ではＴＩＣＫ指標が示唆する短期のマーケットパターンが読めるようになった。本書の執筆時点ですでに八年になるが、今でも毎日その指標の動きを記録している。この間に正確さを期すために多少カスタマイズしたこともあったが、今では自己流のＴＩＣＫ一分足と出来高データによって大過なくトレードできるという自信を持っている。

しかし、私のこうした努力も世界の貧しい子供たちの声に耳を傾けたロバート・コールズの歩みに比べると月とスッポンほどの差がある。目からうろこの体験とは一種の強迫観念のようなもので、あるものに対して完全に自己没頭していないと経験できない。例えば、伝記作家のデニス・シェカージアンによれば、芸術家のロバート・アーウィンは日常生活とは完全に隔離して、二本の直線によるカラーフィールドペインティング（一九六〇年代にアメリカで興った抽象絵画の一種）に没頭した。その制作時間は毎日ぶっ続けで一日当たり一二時間以上にもなり、二年の歳月をかけて一〇枚以上の絵画を完成した。カラーフィールドの変化と直線の配置に関するその実験を通してアーウィンの感性は一変し、周りの環境がわれわれ人間の経験形成に大きく影響していることにかなり敏感になった。これによって彼の環境芸術が一挙に開花するが、こうしたアーウィンの能力（感性）は通常の学習プロセスによって習得したものではない。ロバート・コールズと同じように、彼のそうした能力も自己没頭の末に身についたもので

図表 3.1　普通の能力とプロの技術を分ける学習の違い

	普通の学習	プロの学習
モチベーション	実用的なスキルや技術の習得	目からうろこの体験を伴う自己没頭
心の状態	遊びとは異なる意図的な努力	それ自身を究めるという自己没頭の状態で一種の遊び
学習プロセス	読書などによる個別の繰り返し学習	そこから離れることのない自己没頭
結果	人から教えられたことの反復によるスキルや技術の習得	創造的なプロの技術

あり、それゆえに一般の人では見えないことでも彼の目にははっきりと分かる。こうしたことが創造というものである。

これが普通の有能な人とプロの能力を分けるものである。普通の有能な人は私のタイピングや運転技術と同じように、通常の経験を繰り返すことによって必要なスキルを習得する。これに対し、プロの卵は尋常ではない経験に自己没頭することによって、普通の人とは違う感性と物の見方を身につけていくが、これはセラピストとしての私が患者の心の変化を読み取れるように、TICK指標の示唆する株価の変化を洞察できたことと同じである。このように通常の学習では通常の能力しか身につかないが、**目からうろこの体験を伴う自己没頭による学習は、ロバート・アーウィンの活動の原動力になったように、プロの技術に到達できる相乗効果を引**

き起こす（図表3.1を参照）。

普通のことをかなり上手に行うのが優れたパフォーマー、非凡なことをするのが偉大なパフォーマーである。非凡なパフォーマーの学習は人から教えられたことを反復することによって習得する単なるスキルではなく、ほかの人とは違う創造的な能力である。こうした自己没頭による創造性がマーケットのニッチを見つける原動力となり、単なる優れたトレーダーとトップトレーダーを分けるのである。

欲求不満を募らせていたトレーダーの変身

チャドはいらだっていた。ポジションを取るたびに価格が逆行するからである。当初は「マーケットが僕を目の敵にしている」と冗談を言っていたが、しばらくするとそれも冗談では済まされなくなってきた。それから彼はポジションを取るのが恐くなり、チャンスが次々と彼の前を通り過ぎるのをただ見ているだけだった。そのうち心のブレーキがきかなくなった彼は衝動的に大きなポジションを取り、さらに傷を深くするだけだった。勝ちトレードは負けトレードよりもはるかに少なく、慎重になりすぎると思えば、頑固にポジションを保有することなどを繰り返した。

おそらくチャドにとって最もいら立つのは、マーケットのメジャートレンドを正確に読んで買い持ちしても、含み損が出るとすぐにポジションを手仕舞ってしまうことだった。そんなときはよく、「損失が出たポジションは吐き出すんだ。でも、そのあとには価格はきまって上昇するんだよ」と言っていた。確かにローカルズ（自己勘定でトレードする取引所のメンバー＝フロアトレーダー）などが利食ったあとには、よく価格は彼の目標値まで上昇した。しかし、含み損の出たポジションをそのまま保有するときに限って、相場はそのままずるずると下げることが多かった。その結果、それまでの利益は吹き飛び、またも慎重すぎるトレードに戻るというパターンを繰り返していた。

チャドのそうしたトレードを見ていた私は、そのときの彼に表れたひとつの特徴に気づいた。それは価格が大きく振れたり、またはチャドがポジションを取ったときに、きまって彼の呼吸が速くなることである。そして彼の体は硬直し、しょっちゅうイスに座り直した。その反対に相場が落ち着いていたり、ポジションを取っていないときは、かなりリラックスしてイスに座り、呼吸も深くゆっくりしていた。こうしたマーカーを見ると、彼がマーケットの動きをリスクのシグナルとしてとらえているのは明らかだった。原始時代の人々のように、彼の体はいわゆる「闘争・逃走反応（ストレスの多い状況に置かれると、人間の体は自律神経系の働きによって自動的にそれに対処できるような準備状態になること）」を示していた。そうしたときの彼はもはやトレードによって利益を上げるどころではなく、ちょうど見知らぬ危険な場所を進むときのように、リスクを回避することしか念頭になかった。

こうしたチャドと私が最初に試みたことは、ゆっくりと呼吸をしながらリラックスした心の状態を保ち、つもり売買によって相場についていくことである。ときに彼の心理的な興奮状態を測定するために心拍数モニターも使用した。トレードに臨んで平静な気持ちにならないうちは、実際のポジションを取らないようにした。しばらくこうしたつもり売買を繰り返して利益が出るようになったとき、チャドは実際のトレードを再開できる準備ができたと言ったが、彼の呼吸がまだ速くなるので、私はもう少しの辛抱だと思いとどまらせた。そこで彼はずっと相場の動きを見続けた。ちょうどロバート・アーウィンが自分の絵の線をじっと見ていたように、マーケットのウオッチに没頭した。彼は単にマーケットの動きを見ていたのではなく、そこで起こっていることを透視しようとしていた。

あるとき、アーウィンはスタジオの壁に小さなキズがあることに気づいた。絵画の線の配置が彼のカラーフィールドのあり方を大きく変化させたように、この体験は彼の感性を大きく変えるきっかけとなった。しっくいで壁のキズを修理したとき、壁に対する見方とそのとき描いていた絵に対する感性が一変したという。これを契機に彼は画家から彫刻家へと変身し、それまでとはまったく違う新しい環境芸術が生まれることになった。

チャドの変身はじっとマーケットを見続けていたときに起こった。売り物が出て価格が下げたあと、突然四ティックもジャンプしたのである。それを見ていた彼は「あれーっ、マーケットでは売買が行われていないのかな」とつぶやいた。「どういうことなの」と聞いた私に、チャドは「ほら見て。出来高がほとんどないんだ」と興奮しながら叫んだ。確かに価格が大きく跳ね上がったのに、それぞれの価格帯では出来高がわずか数百枚しかなかった。売買注文は何千枚にも達しているのに、出来高がこれだけしかできないのは本当に不思議だった。価格がジャンプする直前に売り注文が引っ込み、瞬間的に売り物が途絶えて「窓」ができたのか。そのまま買いが入らないと価格はすぐに元の水準まで反落するが、こうしたジャンプを引き起こしたのは大量の買いではなく、売り注文の一時的な空白であることにチャドは気づいた。

この経験によって、彼は価格が最終的にどちらの方向に向かうのかということが直観的に分かったのだ。そしてこの一時的な窓はリスクではなく、チャンスであると理解した。彼はもはやマーケットを用心深くそろそろと進むのではなく、見知らぬ土地（局面）でも大胆に歩くことができるようになった。彼は売り方と買い方のどちらもこうした窓の動きを物にすることはできないだろうと確信した。チャドは一挙にポジションを取るというこれまでのやり方を改め、徐々にポジションを増減していくことにした。マーケットの動きを注視しながら、初めは小さなポジションで平静さを失わないように進めていく。価格が逆行したら、出来高の推移を見ながら売りや買いの増加によってそうした動きが起こったのか、それとも売りか買いが途絶えたことによる動きなのかを見極める。後者による動きであることが分かれば、次の動きが出るまでしばらく静観する。前者によるものであれば、有利な方向にポジションを増やしていく。結果的に予想とは逆の方向で出来高が増加していれば、ポジションを手仕舞って損失を最小限にとどめる。

こうしてチャドはかなり有効な逆張りのトレーディングスタイルを自分のものにしていった。ポジションを徐々に増減していくことでトレード中も平静さを失わないことが、リスクに対する彼の恐怖感を大きく取り除いた。それと同時に彼の場合もアーウィンと同じように、**マーケットに対する感性が一変したのである。**つまり、それまでリスクだと思っていたことが今ではチャンスになった。すなわち、ポジションを取りすぎたトレーダーの反対売買による大きな動きが起こる価格帯にチャンスがあることが分かった。以前の彼のようなトレーダーたちがポジションを手仕舞うと価格は先の均衡水準に戻るので、彼はトレーダーたちのそうした動きを待っていればよい。

チャドと私のこうした試みのポイントはどこにあるのだろうか。私が単に心をリラックスする方法だけを教えたとすれば、彼は興奮を静めてのんびりとトレードすることになったかもしれないが、それ以上のことは何も起こらなかっただろう。彼が自己没頭してマーケットを見続けたからこそ、以前には見えなかったことが見えるようになったのである。つまり、目からうろこの体験を通して彼のマーケットを見る目は一変した。これを契機にそれまでのリスクはチャンスとなり、彼をいらだたせていたものは心をわくわくさせるものに変わり、それまで不可解だったものがはっきりと理解できるようになった。彼は単なる自制心を習得しただけにとどまらず、**それまでとはまったく違う新しい観点でマーケットを見、行動する方法を身につけた**

のである。これは単なるセラピー（治療）ではなく、いわば創造的な人間への脱皮である。

神の声・才能・高度な技術

チャドはこの目からうろこの体験をしたあともトレードでは興奮する。しかし、新しい観点を身につけた今の彼はマーケットのいろいろな窓の動きをとらえることができる。それゆえにスクリーンを前にすると心がわくわくし、マーケットの動きを読む目はますますさえてくる。これを単にチャドのトレード技術が上達したと解釈するならば、それは重要なポイントを読み違えることになるだろう。彼がそれまでとはまったく新しい観点からマーケットを見られるようになったというのは、単なる学習の成果というよりは、いわば神の声を聞いたようなものである。

こうしたことはドビュッシー、ロバート・コールズ、ロバート・アーウィンをはじめ、能力が真のプロの技術に達した多くのパフォーマーに見ることができる。いわば、**彼らがニッチを見いだしたのではなく、ニッチのほうが彼らに手を差し伸べたのである。**こうしたことは通常の意味とは次元が異なるものである。世界の辺境地に人間を向かわせたもの、アトリエで一枚の絵に心を集中させたもの、そしてマーケットの凝視に自己没頭させたもの、これが一般的な能力とプロの技術を分けるものなのであろう。プロの卵は新しい経験にすっかり心を奪われるので、そうした姿勢は一般的な意味での仕事という次元を超越している。すなわち、仕事と遊びの境界線はぼやけ、もはや**仕事が仕事とは感じられていないのだ。**そのこと自体が楽しいのである。

マーケットの魔術師でシステムトレードの第一人者であるエド・スィコータはこうした状態を、「彼らが才能を持っているのではなく、才能が彼らを支配している」と述べている。こうした表現は目からうろこの体験によって変身したプロのパフォーマーの本質をずばり言い当てているようだ。いわばその才能と専門分野でのパフォーマンスがある種の化学反応を起こしている状態である。トッププロにはかなり早い時期にこうしたことが見られ、例えばタイガー・ウッズは父親のプレーを見た一歳のときにゴルフボールを打ったという。伝記作家のビル・ガットマンによれば、ウッズはすでに幼少のころからゴルフの才能を現し、ゴルフにのめり込んでいった。父のアール・ウッズは息子に単にコースでゴルフを楽しんでほしかっただけだが、彼は「アンダーパーで回れなければいやだ」と言ってきかなかったという。ゴルフに対するこうしたウッズの思い入れは、世界の辺境地の子供たちのインタビューをし続けたロバート・コールズ、ユニークな環境芸術作品を制作したロバート・アーウィンと同じ次元のものである。その心は単なる喜びではなく、強烈に人生の意味を求めているが、それでいて心は楽しさに満ちている。

若き日のダン・ゲーブルはレスラーではなく、スイマーとしてスタートしたが、あまり大きな成功は収めなかった。伝記作家のノーラン・ザボラルによれば、ほかの少年たちがラストスパートをかけるとゲーブルは彼らには追いつけなかったという。しかし、レスリングに出合った彼はだれにも負けなかった。自分のエッジとフィットしたレスリングに夢中になっていったゲーブルは、コーチからキーを受け取ってジムに入り、チームメートのだれよりも早くトレーニングを始めた。止まることのない動きのレスリングではずっと興奮していなければならず、ほかのスポーツにはない高揚感が味わえるという。

私の知っている成功したトレーダーの多くも、トップアスリートと同じくトレードに臨んでは激しい闘争心を燃やす。レスリングコーチとなったゲーブルも選手たちの闘争心をかき立てるために彼らを平手打ちしたほか、自らの志気を高めるために練習中には腕にテープを巻いていた。バスケットボールのスーパースターであるマイケル・ジョーダンも負けることが大嫌いで、チームメートと遊んだ卓球で負けたときは、わざわざ自分で卓球台を買って彼らに勝てるようになるまで練習したという。プロのトレーダーにとっても一番嫌なことは損失を出すことではなく、損失によってトレードができなくなることである。闘争心の強い彼らはそれほどまでにトレードの敗北を受け入れたくないのである。

このようにプロのトレーダーにとってトレーディングとは単に金だけの問題ではなく、またランス・アームストロング（自転車競技の最高峰であるツール・ド・フランスで前人未踏の七連覇を達成した自転車プロロードレース選手）にとっても自転車競技はたかが自転車のレースでは済まないものである。私は成功したトレーダーたちに、もっとお金の儲かる素晴らしいメカニカル・トレーディングシステムが見つかったら、これまでのトレード手法からそのシステムに乗り換えますかと尋ねたところ、一様に「いいえ」という返事だった。その理由は彼らが望んでいるのはものすごくお金の儲かるシステムではなく、**自分の**スキルでマーケットに打ち勝つことであるという。これを聞いた私は、もしもロバート・アーウィンに素晴らしい芸術作品を生み出すコンピューターソフトを紹介しても、彼はそれを使って芸術活動をするだろうかと思った。プロのレベルに達するような才能は称賛や成功だけで伸びるのではなく、その根底にあるのはその分野を究めたいという強い衝動である。宝くじを当てるといったような感覚で高度な技術が身につくはずはない。

「プロはその高度な技術を究めようとする。単にそれを習得しようという意欲ではなく、それに取りつかれたからである」

普通の能力しかない人がプロレベルの高度な技術を身につけることはできない。私は自分のタイピング能力には満足しているが、そのレベルはタイガー・ウッズが三歳のときに経験したものとは別次元のものである。自分のエッジに自己没頭するほどでなければ、プロの技術は生まれない。このように自分にエッジがなければ高度な技術は生まれず、また自己没頭が伴わなければプロレベルの技術や創造性、まったく新しい次元への変身もあり得ない。これを逆に言うと、**いつまでたってもそうした高度な技術レベルに達しないとすれば、それは自分のエッジにフィットしないことをしている証拠である。**

「簡単なことを完璧にできるほどの忍耐力がない人は、難しいことを簡単に行うこともできない」とはよく知られた格言であるが、チャドもそうした忍耐力によって、不可解なマーケットを理解できるマーケットに変えたのである。とは言っても、単にバスを待っているような忍耐力ではダメだ。自分のしていることに完全に没頭できるような集中力を伴わなければならない。トップパフォーマーと同じように、チャドも単に意欲があったからではなく、いわばマーケットに取りつかれたからこそ、新しい自分に変身できたのである。

才能に関する間違った考え

図表3.2は普通の能力とプロの技術の違いを示したものである。これを見ても分かるように、プロとアマチュアのやっていることを一見しただけではよく分からないが、実は両者はまったく違うことをやっている。このことをトレーダーに当てはめてみると、単に一生懸命に努力しただけではプロの技術に到達することはできない。「努力をすれば必ず結果はついてくる」とはよく言われる言葉であるが、それは人間の才能については**基本的に間違った考え**である。一

図表3.2　普通の能力とプロの技術の違い

	普通の能力	プロの技術
学習の性質	個別の練習や訓練	専門分野で持続的な自己没頭
学習モード	通常の経験	次元の違う経験
学習の結果	単なるスキルの向上	これまでとはまったく違う技術レベル
学習結果に対する思い	自己満足	高揚感
自己変化	自己変化はない	自分が新しく塗り変わる

生懸命に努力しているプロを見ると、必死になって努力すればだれでもプロのレベルに到達できると思ってしまうが、プロの技術を生み出すものはこうした通常レベルの努力ではなく、それを超越した集中的な自己没頭である。

能力に関する一般の間違った考え方によれば、ある技能クラスを一回ではなく二回受ければ、そのスキルも二倍上達する。また、ピアノも一日に二時間ではなく四時間練習すればそれだけ上達も早いと考えられるが、才能の開花ということについてはこうした考えはまったく当てはまらない。大切なことは、**目指すものと自分の関係がまったく新しく塗り変わることである。**ロバート・アーウィンはそうした変質期間中にはほかの画家ほど絵を描かなかったが、心のなかではほるかに多くの作品を生み出していた。タイガー・ウッズも最初のゴルフトーナメントに参加するまでにすでにプロのレベルになっていた。こうしたことは普通の能力とプロの技術を区別する核心を突いているだろう。絵を描くこととプロの画家になることは次元が違う。すなわち、能力を持っていることと才能がその人を支配していることは基本的にまったく違うことである。

ハーバード大学のエレン・ウィナー教授は創造力と能力開発に関する調査プログラム（「プロジェクト・ゼロ」）のなかで、「精神遅滞（IQ＝知能指数が七〇以下）は努力をしなかったことの結果ではないが、一生懸命に努力しなければ天才にはなれない。しかし、視覚芸術などについては普通の子供を一生懸命に努力させても、芸術的な天才児と同じレベルまで到達させることはできない」と述べている。こうした天才児は普通の子供とはまったく違う才能を持っており、それは習得して得られるスキルとは次元の違うものである。つまり、天才児は普通の子供たちと比べてその技術を身につけるスピードがまったく違い、集中力はもとより、レベルアップする新しい方法も自分で考案してしまう。例えば、早熟の芸術家は先生が教えなくても自分の絵に遠近法などを取り入れてしまい、すでに二歳にしてフレキシブルで創造的な色や画法を自分のものにする芸術家の卵もいるという。そうした才能は生来の直観的なものであり、天才は普通の人とはまったく違う視点でこの世界を見ている。そうした才能は努力をしたからといって身につくものではなく、また強い意欲があればそれと同じレベルに達するというものでもない。

プロの技術とは才能と努力がミックスして生まれる。ウィナー教授はそれを「マスター狂（Rage to Master）」と呼んでいるが、これは自分の才能を向上・表現したいという強烈な衝動である。同教授はその一例として、ヘビーメタル（重いビートのロック音楽）を聞いたとたんに親にギターを買ってくれとせがんだ四歳のジャコブという少年を引き合いに出している。両親は彼のこの頼みを二年間は拒否し続けたが、ついに根負けしてギターを買ってやった。最初のレッスンに参加したジャコブ少年はその場から離れようともせず、毎日何時間もギターを練習していた。両親がギターの練習をストップさせようとしても、彼はなかなかギターを離そうとしない。若き日のタイガー・ウッズもまったく同じであり、両親は彼にゴルフクラブを置いて学校の宿題をやらせようとかなり苦労したという。ウッズにとってゴルフのマスター狂はあまりにも強烈なので、ゴルフについては仕事と遊びの区別はつかないほどである。

能力に関する間違った考えでは、こうしたマスター狂に対する視点がすっぽりと抜けている。これを逆に言うと、普通の子供がジャコブやタイガー・ウッズのように一生懸命に努力しても、けっして彼らのレベルに達することはできない。つまり、天才児と同じレベルの才能や感性を身につけることはできない。残念ではあるが、才能のない人がいくら努力してもそれなりのレベルにはいけるが、トップパフォーマーのレベルには達することはできない。才能と努力をミックスさせるのがこうしたマスター狂であり、それがプロの技術を生み出すのである。

パフォーマーのアイデンティティー

トップパフォーマーはキャリアのある段階で、その専門分野の活動を自らのアイデンティティーと一体化し始める。トレーダーについて言えば、「トレードをするのではなく、トレーダーになる」。キャリアの初期段階では先生や両親の励ましなどは大きなモチベーションとなるが、さらにハイレベルの段階になると能力の開花それ自体がその活動のモチベーションとなる。シカゴ大学のベンジャミン・ブルーム教授の能力開発研究プロジェクトのローレン・ソスニアク研究員によれば、のちに一流のピアニストになった若き日の彼ら・彼女らは普通のピアニストとは違う自分の才能を自覚し、別格の扱いを受けることに喜びを見いだしたという。こうした若きパフォーマーたちにとって、自分の才能が注目されることがプロを目指す大きなモチベーションとなる。

レベルアップの努力を維持するには、こうしたモチベーションが極めて重要である。ピアニストは自分が特別の才能を持っていると思えば、それだけ毎日の練習にもいっそう力が入る。**こうしたマスター狂とは自分の才能を発揮しようという強い思いでもあり、それがさらに上の次元の自分に変身させる。**キャリアの初期段階では遊び心が大切であるが、さらにレベルアップすればパフォーマンスと自己向上は一体となる。

イスラエルの盲目のゴルファーであるゾーハル・シャロンなどはその好例であろう。ＡＰ通信のアロン・ヘラー記者が伝えるところによれば、彼はこのほど国内のゴルフクラブで、一五番ホールでホールインワンを出したほか、国際的なトーナメントでも優れた成績を収めている。なかでも特筆すべきことはゴルフ歴がわずか四年の五三歳というゴルファーであることもさることながら、彼は目が見えないということである。従軍していたときに事故で視力をなくしたシャロンは、「僕の前ですべてが崩れてしまった。三歳の子供にできることもできないまったくゼロの存在だ」と絶望に陥ったという。その後、絵画から理学療法士に至るまでいろいろなことにチャレンジしたが、どれも物にはならなかった。ゴルフにも挑戦したが、これも物にならず、それから一〇年間もゴルフから遠ざかっていた。そして再びゴルフで復活を期す決意をしたのは、親友がキャディーを務め、スポーツ心理学者のリカード・コルドバ・コアをコーチに迎え入れたときである。

ヘラー記者によれば、コルドバ・コーチはユニークな方法によってこの盲目のゴルファーにゴルフクラブの振り方を教えようとした。その方法とはほうきをクラブ代わりに使って、家の床を掃除させたのである。そのときに腕を体にピッタリと付け、尻でスイングするように指示した。この練習を数カ月にわたって繰り返したシャロンは、ほうきを本物のクラブのように思いどおりにスイングできるようになった。これなどは単純なことを完璧にやれるほどの忍耐力があれば、難しいことも簡単にできるという実例である。こうしたコルドバのフィードバックに勇気づけられたシャロンは、それ以降も親友のキャディーであるシムション・レビからスイングのたびにアドバイスを受け、ついに視覚障害を持ったゴルファーとしては世界のトップクラスの仲間入りを果たした。

それ以上に重要なことは、**もはやシャロンは失望した人間ではなくなったということである。**コースでは自由にプレーできるし、何よりもゴルフに夢中になっていると自分が視覚障害者であるということも忘れ、今の自分は特別な能力を持った存在であると思えてくる。こうした能力は単なるモチベーションではなく、シャロンという人間を支えるアイデンティティーである。今の彼は単にゴルフをする男ではなく、ゴルファーなのである。

「普通の能力を持つ人はスキルを磨くことによって自分という存在を拡大するが、プロはその才能を開花させることで自分という存在をまったく新しく塗り替える」

トレーダーとしての致命傷

キングズトリー・トレーディング社に来る前に、私はユーロ通貨をトレードしている少数のトレーダーグループから相談を受けた。彼らはあまり成功していないので、私にアドバイスを求めてきたのであろう。私は彼らに一日のトレード時間などについていくつかの質問をした（ニューヨーク市場とロンドン市場の寄り付きではどちらが儲かるのか――など)。彼らは私のこうした質問に対して一瞬たじろいだ。彼らは午前二時に始まるロンドン市場の寄り付きをフォローしていなかった。私はちょっとびっくりした。私は毎日午前四時に起き、軽い運動をしたあとにロンドン市況とアジア各国市場の終値、それにミニS&P五〇〇先物の夜間取引市況をチェックする。イリノイ州のネーパービルからシカゴまで通勤して六時半~七時には会社に到着、七時半の各種データ発表に備える。自分がトレードするマーケットの寄り付きを見逃すことは絶対にない。

そのグループのリーダーと話したあと、今度はトレーダーたちに「ユーロ通貨の寄り付きを見ないで、どのようにトレードしているのですか」と質問してみた。私がいつもしているように、彼らにもヒストリカルデータの資料を見せて、「ロンドンとニューヨーク市場の寄り付き時にはボラティリティが最も大きく、トレンドのある動きを示しているのに」と問いただした。私に言わせれば、ロンドン市場の寄り値を見ない通貨トレーダーというのは、ニューヨーク証券取引所が始まるときにスクリーンの前に待機していない株式トレーダーのようなものである。そんなことでは大きなチャンスをみすみす逃してしまうだろう。私のこうした質問は完全に正しいというわけではない。寄り付きを見なくても、利益とトレード技術を向上させているトレーダーはたくさんいるからだ。しかし、**プロのトレーダーでマーケットの寄り付きを見ない人はおそらくひとりもいないだろう。**

ゴルフボールをティーに早くのせすぎたからといって、タイガー・ウッズが一番ホールに姿を見せないことはないだろうし、ダン・ゲーブルが朝のトレーニングをさぼることはまずないだろう。トレード技術のマスター狂とでもいうべきトレーダーであれば、だれが何と言おうともマーケットの寄り付き時にはスクリーンの前に座っているだろう。前日の夜から翌日の寄り付きについていろいろと考えている彼らにとって、そんなことは当たり前の話である。

プロにとって気の緩みは致命傷である。シカゴの寒い朝にベッドでぐずぐずしていれば、ロンドン市場の寄り付きを見ることはできないし、仲間と長々としゃべりながら昼食をとっていては、午後早めのブレイクアウトのチャンスをとらえることはできない。ボビー・フィッシャー、ランス・アームストロング、ダン・ゲーブル、ボビー・ナイト（バスケットボールの名コーチ）などのトレーニングに「気楽な」という言葉は見当たらない。ロンドン市場の寄り付きも見ないトレーダーが、これから直面するであろうもっと難しい局面を乗り越えていけるのだろうか。

私は何も「寄り付きから大引けまでずっとスクリーンの前にいろ」「午前中に発表される経済リポートはすべて把握しろ」「トレードしていないときでも相場から目を離してはならない」などと言っているわけではない。プリマバレリーナのウエンディ・ウエーランは公演中には、公園を跳び回る子犬のように軽やかにバレエを楽しんでいると言うし、何の練習でもヘトヘトになるほどのトレーニングだけではつまらないだろう。しかし、高度な技術の裏には必ず厳しい練習があるというのは紛れもない事実である。その意味からすると、ロンドン市場の寄り付きを見ないこれらの通貨トレーダーたちはとてもプロのトレーダーとは言えない。マスター狂の片鱗もないとすれば、トレード技術をマスターすることなど不可能である。

会社のオフィスでこの原稿を書いている今の時間は午前六時半すぎで、一時間もしないうちにマーケットの市況リポートが発表される。同僚のパブロ・メルガレホはコーヒーをする私に手を振りながら通りすぎていった。彼はすでにブンズ（ドイツ長期国債）とS＆P五〇〇の市況をチェック済みで、それらの今後の動きについていろいろと考えをめぐらしている。キングズトリー社の設立時からいるパブロはずっと利益を上げており、マーケットのことを語るときの彼の目はキラキラと輝き、その口調は生き生きとしている。彼のようなトレーダーこそがエド・スィコータの言う、「トレーディングの才能を持っているのではなく、才能が彼を支配している」トレーダーと言うのだろう。

プロの技術の原動力となるフロー体験

ロバート・アーウィンを来る日も来る日もカラーフィールドの線の配置にくぎ付けしたもの、またゾーハル・シャロンを何カ月もほうきでゴルフスイングの練習に駆り立てたものを知ることはできない。こうしたマスター狂に取りつかれたパフォーマーは、ほかの人が見ると死ぬほど退屈だと思われるようなことをひたすら黙々とやり続ける（チェスの定石を何回も練習する、

TICKの動きを毎日フォローする、ひとつの体操技を毎日繰り返し練習する――など）。ランス・アームストロングは一日に何時間もぶっ続けて自転車のペダルを踏み、一日に六〇〇〇カロリーを消費、またどのような気象条件のときも毎日一二リットルの汗を流したという。こうした激しいトレーニングに何らかの内的報酬（精神的な満足感）や心の意味付けがなければとても続かないだろう。アームストロングは「ツール・ド・フランス（世界最高峰の自転車ロードレース）は単なる自転車レースではなく、人生そのものだ。心身両面で克服しなければならない私の目標だ」と語っている。

自分よりも大きい何かに挑戦するというのは、トップパフォーマーに共通して見られる特徴である。シカゴ大学の心理学者であるミハイ・チクセントミハイは、こうした心の状態を「フロー体験（flow experience）＝あることに熱中して寝食も忘れるほど自己没頭している状態）」と呼んだ。前著『精神科医が見た投資心理学』でもこうしたフロー状態にあるパフォーマーについて言及したが、ロッククライマーからバイオリニストに至るさまざまなパフォーマーの体験を調べたチクセントミハイの研究結果によれば、そうしたフロー状態にあるパフォーマーたちは時間も忘れてそれぞれの専門分野に完全に自己没頭しているという。例えば、登山家は山頂を目指して登っているのではなく、登るために山頂を目指す。こうしたことは一緒に働いているプロのトレーダーについても言えることで、トレードの損益とは単にプロのトレード技術の結果がスコアカードに表されたものにすぎない。彼らにとってトレーディングとはほかでは

図表 3.3　フロー体験と最適の興奮状態

退屈	フロー状態	不安
要求される技術が低すぎるとき	要求される技術と能力がマッチしたとき	要求される技術が高すぎるとき

発揮できない高度な技術の表現であり、こうしたことはダン・ゲーブルにとってのレスリング、ランス・アームストロングにとっての自転車と同じである。

チクセントミハイが指摘する重要なポイントは、こうしたフロー体験はその専門分野で要求される技術とパフォーマーの能力のレベルがほぼ一致していないと起こらない。要求される技術がその人の能力をはるかに超えていれば大きな不安を感じるし、必要とされる技術がその人の能力レベルよりもかなり低いと退屈してしまう。フロー体験とはそうした不安と退屈のほぼ真ん中にある状態で、それに取り組むときの最適の興奮状態であると言えるだろう。

これについては、ボディビルのチャンピオンだったマイク・メンツァーがうまいことを言っている。バーベルなどのウエートが重すぎるとボディビルダーはそれを上げることができずにガッカリする。しかし、ウエートが軽すぎると簡単に持ち上げられるのであまり効果はない。

ボディビルダーが何回か挑戦して何とか持ち上げられるくらいの負荷のものがちょうどよく、その重さであればトレーニングにも熱が入って筋肉鍛錬の効果も大きいという。いわゆるボディビルダーのフロー体験が起こる状態である。

「最も効果の大きいフロー体験が起こるのは、要求される技術とその人の能力のレベルがマッチしたときである」

伸び盛りのパフォーマーのこうしたベストのフロー状態を作り出すには、その人の能力レベルに見合った環境を整えることが大切である。例えば、（タイガー・ウッズの父である）アール・ウッズは若き日のタイガーがパーまたはアンダーパーを出せるようにパー（基準打数）を調整したというし、ピアノの先生もその生徒のレベルに見合った課題曲を与える。しかし、こうしたことはトレーディングではかなり難しい。ハンディのついた証券取引所は存在しないし、どんなトレーダーでも老練なローカルズやファンドマネジャー、海千山千の投機家たちを相手に互角にプレーしなければならないからだ。こうした理由から駆け出しのトレーダーはすぐに不安や絶望に陥り、「俺には運がない」と言ってこの世界から退場する人もあとを絶たないのである。

トレーダーをやめたティム

ティムは私と一緒に働き始めるまでにその運をすっかり使い果たしていた。かつてはかなり成功したトレーダーだったが、そのときのトレード手法は今ではまったく通用しなくなった。ナスダック株を中心にすべての株式がぐんぐんと上昇していた一九九〇年代後半には、どんな株を買ってもおもしろいように儲かった。しかし、二一世紀に入ってそれまでの株式市場の様相は一変した。しかし、上放れを買い、下放れを売ることに慣れてきたトレーダーたちは、相変わらず高値を買い、安値を売っていた。ティムもそのひとりで、その結果いつも不安を抱えてイライラしていた。「どうしたんだろう。これではトレードするのがかなり難しいな。大きな波動はいつ戻ってくるんだ」。こうしたティムの叫びは社内じゅうのジョークになった。FRB（連邦準備制度理事会）の発表が好材料になれば、週明けの株価は大きく上昇するかもしれない。こうした予想にもかかわらず、ティムの大きな悩みは従来のトレード手法がまったく通用せず、どのようにトレードしたらよいのか分からないことだった。結婚を間近に控えた彼にとって、夫としての責任と家計を考えるとその悩みは深まる一方だった。

週が明けても株価は上がらず、好材料となる経済リポートが発表されても上方ブレイクアウト（上放れ）は起きなかった。それどころか、株価は数年来の安値水準までジリジリと下げてきた。「これではトレードするのがかなり難しいな」というティムの叫びは、「これではトレードできないよ」という断末魔のあがきとなった。それでも数回のトレードを試みたが、株価は逆行するだけで損失が膨らむだけだった。こつこつと稼いだ利益を次のトレードですべて吐き出すこともあった。もはやそれ以上の損失には耐えきれず、ポジションをかなり減らして取引コストをカバーしながら、新しいマーケットの環境を見極めるまで静観するしかなかった。

これまでの栄光が崩れ、婚約者の困った顔が頭から離れないティムは次第にやけっぱちになっていった。やることなすことがすべて裏目に出る彼にとって、最大の問題はトレードがまったく楽しくなくなったことである。毎朝会社に来るのも恐くなった。私とのカウンセリングで分かったことは、彼は新しいトレード手法を学ぶことに心が揺れていた。株価がかつての勢いを取り戻し、従来のモメンタム手法でまた大きな利益を上げられるのではないか、このトレード手法が通用する新しいマーケットを見つけたほうが賢明ではないだろうか……。しかも、新しいマーケットを開拓するのはかなりの経費がかかり、今の彼にとってその余裕はない。たとえ新しいトレード手法をマスターすることができても、これまでのモメンタム手法が通用するマーケット環境が再び戻ってくれば、その苦労はまったくの徒労に終わってしまう。彼はあのマーフィーの法則（「失敗する可能性があれば、必ず失敗する」など、ユーモラスな経験の法則）を思い出した。こうして思い悩んでいるうちにトレードの機会はますます少なくなり、稼げるはずのわずかな利益のチャンスも失っていった。新しいトレード手法を一生懸命に学ぶべきときに、ティムは引いてしまったのである。

私は何とかして彼のかつての栄光を取り戻してやりたいと思ったが、それは無駄だった。結局、ティムはこのトレーディングの世界を去り、安定収入を得るためにサラリーマンになった。私はしばらくの間、彼のためにもっと何かをすべきだったと思い悩んだが、ティムの将来をそれほど悲観もしていなかった。実際、彼はサラリーマンとしてうまくやっているようだった。この世界ではこれからも、このティムのようなトレーダーを数多く見ていくことになるだろう。残念なことにティムはプロのトレーダーの仲間入りをすることはできず、私の努力をもってしても彼をトレーディングの世界に引き止めておくことはできなかった。

なぜトレーダーは失敗するのか――自己認識・能力・気分

ここでティムに何が起こったのかについてちょっと検証しておこう。社会心理学者のシェリー・デュバルとロバート・ウィックランドによれば、（ちょうど鏡に映った自分を見ているように）われわれが自分を客観的に認識しなければならないとき、自己認識をしていないときよりも暗い気分になるという。それは現実の自分と理想の自分とのギャップがあまりにも大きいことに気づくからである。例えば、ある実験で被験者にその創造力を測定できるような何かをさせ、次に「あなたは平均的な創造力を持っている」と告げたとしよう。そうするとその被験者はそうした自己認識を強いられないときよりも、実際の自分の創造力と理想的な創造力のギャップを強く意識することで暗い気分になるという。

われわれは自分にとって大切なことに意識を向けるとき、こうした客観的な自己認識を経験する。例えば、アスリートにこうした自己認識を意識させ、彼が自分の反射能力は少し劣っていると感じたら、それは彼のアイデンティティーをかなり傷つけて暗い気分にさせるだろう。ティムにもこうしたトレーダーとしての理想と現実とのギャップが起きたのである。彼は単に損失を出すことに悩んでいたのではなく、それによってトレーダーとしての自分の栄光が傷つくことに耐えられなかった、つまり自分を客観的に認識することができなかったのである。

私はデューク大学にいるときデビッド・アダーマン教授と共同で、この客観的な自己認識に関するいろいろな実験をしたことがある。例えば、何らかの試みをさせた被験者たちにマイナスのフィードバックを与え、半数の被験者には自己認識させ（「あなたにはそれをうまく仕上げることはできないでしょう」などと告げる）、残りの被験者には何も言わないとする。実験の結果は、後者の被験者グループはそれほど気分が落ち込まなかったが、前者の人たちはかなり暗い気分になっていった。これを逆に言えば、**われわれは目標としていることが実現できると信じているかぎり、それを本質的に妨げるものは何もない**ということである。

私は今この原稿を書いており、まだ完成にはほど遠いが、それほど心配はしていない。締め切り日までに仕上げられるというプランがちゃんとあるからだ。しかし、もしもパソコンの調子が悪く、原稿のバックアップをとっていないことが分かれば谷に突き落とされたような気分になるだろう。これまでの努力がすべて無駄になり、迫り来る締め切り日に焦りが募れば、あのティムとまったく同じ状態になる。自信をなくした私は、締め切り日までに原稿を完成するという目標を達成することはできないだろう。客観的な自己認識に関する実験結果とチクセントミハイの言うフロー体験に照らせば、次のような重要な結論が得られる。すなわち、**相乗効果を生かす自己没頭ができるかどうかは、能力を発揮できる経験があるかどうかによって決まる。**自分はできるという自覚がなければ、プロの技術につながるフロー状態を作り出すことはできない。

「われわれの気分は自己認識、とりわけ自分の能力に関する自覚に大きく左右される」

ティムの能力に関する経験は不安と失望などに満ちていた。取り組むものが簡単すぎると退屈になるが、それは求められる技術が自分の能力レベルよりもかなり低いからである。一方、要求される技術が自分の能力レベルを超えていると不安になる。このように、簡単にできることが分かれば退屈になるし、自分にできるかどうかの自信がないと不安になる。**失望は自信のなさによってもたらされるのだ**――現実の自分と理想の自分のギャップを埋めることができないからである。例えば、ここに手術で簡単に治ると言われた初期ガンの患者がいるとしよう。その生存率はかなり高いと言われたとすれば、病気と健康（現実と理想）のギャップはそれほど大きくないので、それだけ不安感も少ないだろう。ところが手術ができないほど進行している末期ガンであると言われたら、現実と理想のギャップが大きすぎて絶望の淵に突き落とされるだろう。

ティムはまさにこうした不安→絶対に失敗するという心の罠に陥ってしまった。不安は失望となり、さらに絶望となった。心のなかのひとりのティムがトレードしているとき、もうひとりのティムは客観的な自分に目を向けるのを拒否していた。人格が分裂してしまったのである。このように、**人格が分裂してはプロの技術を習得するフロー状態を作り出すことはできない。**

一次能力と二次能力

すでに述べたように、そのパフォーマーの能力とその分野で要求される技術が完全にマッチしたときにフロー体験が起こる。この最適の興奮状態は退屈による物足りなさや不安によるプレッシャーのどちらとも無縁である。ましてや、現実と理想のギャップによる人格の分裂もない。ただし、こうしたフロー状態を体験するのは、何か重要な仕事を達成できるであろうという自覚はあるが、絶対にできるという保証はないようなときである（いわゆる「価値あるチャレンジ」のとき）。チクセントミハイによれば、フロー状態にあるパフォーマーの集中力は最高に高まり、時間を忘れるほど自己没頭する**高揚した学習の状態**となる。こうした一心不乱に精神が集中したときは、普通のときよりも情報を深く効率的に理解することができる。

　例えば、教室で先生がいつも同じような繰り返しの授業をしていれば生徒たちはすぐに退屈するし、かといって彼らの理解力をはるかに超えた教材を使って授業したら、今度はやる気をなくしてしまうだろう。生徒たちの集中力は急低下し、授業内容を理解する能力も大きくダウンする。もしも学習者にまったく無関係の情報を聞かせるなど、その集中力をそらすようなことをすると、あとでその内容を聞いてもさっぱり答えられない。これと同じように退屈・不安・心配なども学習の集中力を大きく妨げるし、自信過剰による楽観的な気分もやはり気を散らす大きな要因となる。学習者の能力を向上させるには、自分には能力があると思わせなければならない。**こうした自覚が集中的な学習を伴うフロー体験を引き起こす。**

　ティムのケースについて見ると、彼にはトレーダーとして成功できるモチベーションと能力もあった。かつてはトレーディングで成功していたことを見てもそれは分かる。マーケットのニッチを見つけ、それと彼の能力もうまくマッチしていた。しかし、変質した株式市場はそうしたバランスの取れた絆を無惨にも打ち砕いてしまった。かつての成功を取り戻すことはできず、またトレーダーとして過去を清算して新しく出直すこともできなかった彼は、欲求不満と失望、そして絶望感に襲われた。こうして人格が分裂したティムは、従来のモメンタム手法で新しい株式市場に太刀打ちすることができなかった。マーケットのニッチを見つけ、いわゆるフロー状態にあったかつての彼は何をやってもうまくいった。しかし、そうしたニッチが変質してしまった現在、彼はかつてのフロー状態を取り戻すことはできなかった。ティムは一般的な努力と練習で能力を向上させることができた普通の生徒だったのである。

「パフォーマーの成功を妨げる大きな要因のひとつは、集中力の低下である」

これはトレーディングについても当てはまる。例えば、仮にプロボウラー協会にレーンの長さ・幅・表面などを大きく変更させたとしよう。そうした新しいレーンでプレーするプロボウラーはボールの速さやピンの動きなどがまったく読めず、トップのプロボウラーでさえも欲求不満と不安を募らせるだろう。ティムと同じように、闘争心が強く成功に慣れてきたトッププレーヤーであれば、なおさら大きな失望感を味わうはずだ。ディープブルー（ＩＢＭが開発したチェス専用のスーパーコンピューター）と対戦して破れたチェスチャンピオンのギャリー・カスパロフがまさにそうだった。彼は人間相手ではだれにも負けなかったが、この電子チェスプレーヤーはまったく予想のつかない手を打ってくる。まもなくカスパロフの集中力はズダズダに崩れ、まったく彼らしくないミスを連発して墓穴を掘ってしまった。

株式相場も常に変化していく。一九七〇年代初めから半ばまでの大きなボラティリティを伴った下降相場は、一九九〇年代初めから半ばの小さなボラティリティの上昇相場とはまったく違う。寄り付きの動きは日中や午後の相場付きとは大きく異なるし、ティムのようにマーケットの環境が大きく変われば、それについていけないトレーダーも続々と現れる。しかし、**プロのトレーダーであれば、変化していくどんなマーケットにも対応できなければならない。**一般にスキルの上達は直線的に進むと考えられているが（能力を磨けばプロの技術になる）、トレーディングのスキルに限って言えば、それは連続した学習ループという循環的なプロセスをたどる。トレーダーはいつでもマーケットについて学び、また再学習していかなければならない。

能力を一次と二次の能力に分けるとすれば、**一次能力のパフォーマーはある分野のスキルを持つ人、二次能力のパフォーマーとは将来的にはどの分野のスキルでもマスターできる人**と定義されるだろう。これをトレーダーに当てはめてみると、一次能力のトレーダーとはあるときのマーケットで利益を上げられる人、二次能力のトレーダーとはどのようなマーケットでも成功できる人である。換言すれば、一次能力のパフォーマーとは何かひとつのことができる人、二次能力のパフォーマーとは何にでも対処できる能力を持っている人である。例えば、一次能力の人はニューヨークだと自由に歩けるが、ロンドンに行けば道に迷う人、二次能力の人とはどんな都市でも自由に歩き回れる人である。

マーケットで成功するには最低でも一次能力は持たなければならないが（ティムのように）、プロのトレーダーともなればそれでは不十分である。一次能力のトレーダーはボラティリティの大きい相場には自信があるかもしれないが、あまり動きのないゆっくりとした相場にはうまく対処できないだろう。マーケットの環境が変化すれば、それまでの高揚した学習状態（いわゆるフロー状態）を維持することができないからである。ところが二次能力のトレーダーはマーケットが変質しても、それは対抗できない脅威ではなく、むしろやりがいのある挑戦になる。変質したマーケットは自分の能力やスキルの真価を問う価値あるチャレンジであり、そのためのフロー状態を作り出すことにも何ら問題はない。客観的な自己認識に弱く、状況が変化すればすぐに集中力が途切れる一次能力者。一方、現実と理想のギャップに気づいても恐怖心や集中力の低下もなく、その解決に取り組める二次能力者という大きな能力の違いが、並みのトレーダーとプロのトレーダーを分けるのである。

弾力性と能力

私はどのようなマーケットの環境にも有効に対処できる、利益が上がるトレード手法はないと思う。ベストのトレーディングシステムにもドローダウン（資金の減少）の期間があり、環境の変化に応じてパラメータを調整していく必要がある。私は幸運にもかなり成功したトレーダーたちと個人的に接するチャンスを持つことができた。彼ら・彼女らのだれにとっても、かなり大きな利益が得られる期間とそうでない期間があった。トップトレーダーでさえも今の成功がもっと続いてくれたらなぁと祈ることがよくあるそうだ。ジョエル・グリーンブラットはその著**『株デビューする前に知っておくべき「魔法の公式」――ハラハラドキドキが嫌いな**

『小心者のための投資入門』（パンローリング）のなかで、単純であるがかなり有効な有望株の発掘法を紹介している。それは、資本収益率と益回りが平均以上の企業を探すというもので、彼のウエブサイトでもそうした有望株を紹介している（http://www.magicformulainvesting.com/）。

グリーンブラットはこうした自らのトレード手法を公開することに何のためらいもないが、それはこの手法が利益を出すのはかなり先のことであるからだ。彼によれば、数カ月から数年の時間枠で見た場合、彼の投資基準をクリアした有望株がそうでない銘柄よりも上がらないこともよくある。こうした期間中はいわゆるバリュー投資家は苦い思いをする。ティムのように欲求不満と不安を募らせて、最後には自分のトレード手法や規律を放棄してしまうトレーダーもいる。心に弾力性を持たない、つまり、逆境を価値あるチャレンジに変える二次能力を持たない投資家は、彼のこの投資法の恩恵を受けることはできない。

メカニカル・トレーディングシステムのベンダーもユーザーに対してこれと同じことを言う。そうしたシステムに一定のドローダウンは付き物であり、この期間中にユーザーはパラメータをあれこれと変えたり、システムそのものを放棄してしまうケースも少なくない。平均的な投資家にとって、現実と理想のギャップによる損失は耐え難いのである。例えば、単純に投資期間の六〇％では利益となり、残りの四〇％の期間では損失となるシステムがあるとしよう。このシステムを長期間にわたって使っていくとかなりの利益になると思われるが、四回連続して損失となる確率は二・五％である。一年間に何百回もトレードするアクティブなトレーダーにとって、この程度の損失率は気にするほどのものではないと思われるだろう。しかし、一週間に一回のペースでトレードしても、一年間のある時点で四回連続して損失を出す可能性は残っている。マネーマネジメントをきちんとしていないと、それが数カ月分の利益、さらには全資金を吹き飛ばす可能性もある。

それ以上に重要なことは、そうした事態が何年間にもわたって積み上げてきたトレーダーの自信を喪失させることである。プロのアスリートにとってもスランプは避けられないが、恐いのはスランプに陥ったアスリートが客観的に自己認識した結果、それまでのフロー状態を取り戻せなくなることである。そうなると負けなくてもいいような試合にも勝てず、さらにスランプは大きくなり、その結果自信喪失と連敗がいっそうひどくなる。これと同じように、**変化してやまないマーケットと平均の法則に照らせば、どのようなトレーダーにもスランプはある。**歴史を振り返ると、高い利益を上げているヘッジファンドにもかなり長期のドローダウンを経験している。しかし、自らの資金運用能力に自信を持つ弾力性のあるヘッジファンドマネジャーは、そうしたドローダウン期を脅威というよりは必要悪と考える。こうした弾力性を持たない多くの一般投資家は、そうした損失を耐え抜くことができない。

一般にはトップパフォーマーというのはいつでも成功していると考えられるが、これは真実ではない。ディーン・キース・サイモントンの調査結果によれば、一流の科学者、芸術家、そして学者でもキャリア全期間を通しての成功と失敗の比率はそれほど変わらないという。あの発明家のエジソンにも失敗作はかなりあるし、シェークスピアにも少なからぬ凡作がある。こうした超一流のパフォーマーでも成功と失敗の比率は比較的一定している。換言すれば、成功から失敗を差し引いた残りがそのパフォーマーの生産性であるとも言える。トップパフォーマーは普通のパフォーマーよりも多くの仕事をするが、そうした生産性を生み出すにはかなりの弾力性（挫折や失敗にもめげずにやり続ける能力）が求められる。有望な企業にいわば命を賭けた投資家は、グリーンブラットの投資法から大きな恩恵を受けるだろう。その反対にあの投資法、この投資法とわたり歩く投資家は損失と大きな失望を味わうだろう。**弾力性を持つパフォーマーとは、避けることのできない不遇な期間中に堪え忍ぶ二次能力を養っている。**

そうした弾力性のあるパフォーマーの好例がランス・アームストロングである。彼の著書『ただマイヨ・ジョーヌのためでなく』（講談社）によれば、脳に転移しつつある睾丸ガンと診断された彼は、吐き気を催しながら化学療法というつらい治療法を受け続けた。そのときのランスはガンをサイクリングの競争相手と見立て、何が何でも勝つという闘志を燃やした。「俺みたいなしつこい男に取りついたお前は本当に運が悪いよ」とガンに言いながら、看護婦が運んできた肺機能検査器に思いっきり息を吐き出したあと、もうその機器を持ってくる必要はないと言った。彼の肺は健康状態を取り戻しつつあった。彼は病院のフロアを車イスではなく自分の足で歩いたし、弱った体でも治療の合間には自転車のペダルをこいだ。

彼が末期ガンを克服した大きな秘訣は、ガンがサイクリングに取って代わる「新しい目標（存在理由）」を与えてくれたことである。退院したらガン基金を創設し、この病気に苦しんでいるほかの人々の役に立とうと心に決めた。自分はサイクリストではなく、ほかのガン患者の生還を支援する者と定義づけた。彼のすごいところは、こう決意したのはガンという病気が治って健康体になったときではなく、化学療法に苦しんでいたときである。自分を再定義したこの新しい目標が、ガン克服の大きな原動力になったのは間違いない。

ランス・アームストロングのこの経験から学ぶべき教訓は、プロの技術というものは単なるスキルの向上ではないということである。それはパフォーマーとその専門分野の特有な関係を深化させるものである。彼はいつでも競技者であり、その怒りとエネルギーを闘志に変えるのが彼の大きなエッジである。そして、**彼の最大の能力はその弾力性であり、それは逆境をチャレンジに変える才能である。**ガン（マーケット）がどれほど彼を苦しめても、（ティムのように）意気消沈することはなかった。自分にはそうした挑戦を克服できる能力があると生きる目標（自自らのアイデンティティー）を再定義した。彼はコーチに「俺は逆境が大好きだよ。克服すべき目標がまたできるからね」と言っていたが、これこそ二次能力の本質をずばり言い表している。

パフォーマーとその専門分野との関係からプロの技術を定義すると、まず第一にパフォーマーの能力がその分野で要求される技術レベルとマッチしていなければならない。そうした条件が整ってはじめて、能力は高度なプロの技術として開花する。これをもっと広い観点から見ると、変化するどのような状況にも対処できる優れたパフォーマーの能力とは、普通のパフォーマーでは押しつぶされてしまうような逆境にも耐えうる弾力性を意味する。ランス・アームストロングに象徴される強靱な弾力性は、そうした挑戦を再定義する新しいアイデンティティーを確立することによって身につくのであろう。ゾーハル・シャロンも単にゴルフのスキルを磨いただけではその盲目のつらさを克服できなかったであろう。彼がそのハンディを乗り越えられたのは、盲目の人以上の存在になったこと、すなわちゴルファーになったからである。

駆け出しのトレーダーに正しい仕掛けと手仕舞いの方法、チャートや各種指標の読み方、リスクマネジメント、有望銘柄の見つけ方などを教えるのはもちろん大切ではあるが、それだけではプロのトレード技術を教えたことにはならない。一〇〇冊もの専門書を読み、投資セミナーに一〇〇回参加すれば、豊富な知識を持つアマチュアのトレーダーにはなれるかもしれないが、プロのトレーダーにはなれない。プロとアマチュアのトレーダーを分けるのはトレードの仕方ではなく、またランス・アームストロングのようなトップサイクリストと普通のサイクリストを分けるのも単なる自転車の乗り方ではない。プロとアマチュアの基本的な違いは、自分という存在を根本的に変えられるかどうかという能力である。ロバート・パーシグも『禅とオートバイ修理技術』（めるくまーる）のなかで、「自分が乗っている本当のオートバイは私自身だ」と語っている。

「トレーダーの目標は単にトレードの仕方を学ぶのではなく、トレーダーになることである」

能力とモデリング

プロのトレーダーの考え方を学ぶには、実際に彼ら・彼女らの話を聞くのが一番である（じかに会えないときは、オンラインや読書でもよい）。彼らの弾力性を直接見ることによって、自分の弾力性の程度も分かるだろう。また彼らの話を聞けば、目と耳の両方でその深い意味を理解し、新しい視点で物事を見ることができるだろう。そのひとつの方法として、私はビクター・ニーダーホッファーとローレル・ケナーが共同で運営する「デイリー・スペキュレーションズ（Daily Speculations）」というウエブサイトにアクセスすることをお勧めする（http://www.dailyspeculations.com/）。その「投機家リスト（Speculators List）」（科学的なトレーダー向けのオンラインフォーラム）にアクセスすると、新しい観点からマーケットを見るユニークなコメントが数多く掲載されている。私はそのリストにトレーダーとして寄稿した日付、そこに掲載された有益な記事などをすべて記録している。

その投機家リストの一貫しているテーマは、マーケットを生態系として見ていることである（これはニーダーホッファー著『ザ・エデュケーション・オブ・ア・スペキュレーター［The

Education of a Speculator]』とケナーとの共著『実践的スペキュレーション』[現代書林]でも論じられている)。

生態系には食物連鎖があり、それぞれの種(しゅ)はいずれも重要な役割を果たしている。また生態系は常に変化し、それに適応できない種は消滅する。生態系を構成する捕食者と被食者というコンセプトは、マーケットの主要なプレーヤーの行動とそれに基づくトレード手法を開発するうえでとても参考になった。いろいろなリサーチによってトレーディングアイデアを更新していくとき、最も強い種によって支配されるというこの生態系の基本的な考え方は、マーケットの九〇%の動きをろ過し、捕食者の食べ残した残りの一〇%から利益を得るという私のマーケット論のベースとなっている。

ニーダーホッファーは最近このサイトのなかで、トレーダー仲間と一日当たり一〇〇件の仮説について検証したと述べている。それによる相乗効果とトレンドなどに関する情報は有益であり、また市場参加者は規律ある投機家のように考え、行動しているというモデリング効果などもおもしろい。それならば、一般のトレーダーでも変化してやまないマーケットやリスクにうまく対処できる能力、いわゆる二次能力を身につけることができるのだろうか。その答えは「イエス」である

第4章 能力を磨く戦略

「真実の山を着実に登ろうというのは無駄な試みだ。山頂に一歩近づくのは今日かもしれないし、または力を蓄えて一歩だけ登れるのは明日かもしれないからだ」

――フリードリッヒ・ニーチェ

オーストリアの精神科医でユダヤ人のヴィクトール・フランクルは、一九四〇年に『ザ・ドクター・アンド・ザ・ソウル（The Doctor and the Soul）』を書き始めた。一九四二年に結婚したが、その後、妻と離れ離れにナチス・ドイツの強制収容所に連行された。コートに縫い込んであったその原稿はアウシュビッツのナチス軍に発見され、破棄された。飢えと病気、不安のなかで多くのユダヤ人が死んでいくのを見て過ごした強制収容所での三年間に、彼を生き抜かせたのは、①紙の断片に書きつづった原稿の続き、②再び妻と一緒に暮らせるという一縷（いちる）の望み――だった。フランクルによれば、こうした極限状況のなかで死んでいったのは希望も目的も持てない人々である。彼にはこの逆境を乗り越えなければならない理由があったし、また、ニーチェの言葉を借りれば、その生きる理由が彼に生き抜く勇気と方法を与えた。

ナチスの強制収容所から解放されたフランクルは、妻がそこで死亡したという知らせを聞いてがく然とした。しかし、自らの目的を断固として貫いた彼はその本を執筆し終えた。それからわずか九日間でのちに世界的なベストセラーとなる『夜と霧』（みすず書房）を書き終えた。これほどまでに内容の濃い本をどのようにして九日間で執筆することができたのか。これについてフランクルは、「強制収容所の三年間にこの本を書いた」と述べている。そのすべてを記憶していることはできなかったが、そのときの体験があまりにも強烈だったので、解放された途端にペンから文字が滝のように流れ出たという。明らかにフランクルはその極限状態のなかでフロー体験をしていた。彼は強制収容所にあっても精神科医であり続け、そうした人間の極限状況を何年間も医者として観察していた。そしてこの試練が終わるときまでに、人間の生きる意味を追究する新しい精神科医として生まれ変わった。

ランス・アームストロングが末期ガンに直面して自分という存在を新しく定義し直したように、ヴィクトール・フランクルも捕虜生活と飢え、腸チフスの苦しみのなかで自分のアイデンティティーを塗り替えていった。この二人にとってそうした逆境は価値ある挑戦であり、不屈の二次能力で逆境を乗り越えていった。末期ガンや強制収容所でさえも人間の精神をねじ伏せられないとすれば、克服しなければならないという理由があるかぎり、トレーディングやその他の分野でも乗り越えられない挑戦はないだろう。

「目的のない成果はあり得ない」

自分のエッジを見つけ、能力を磨く

これまでトレーディングのニッチを見つけることの重要性を繰り返し指摘してきた。自分の性格と能力にフィットしたトレーディングスタイルやマーケットが見つからなければ、それに向かって努力するフロー体験もできない。そうなれば、今後直面するであろういろいろな困難を乗り切るための二次能力を磨くこともできない。このように、自分のエッジ（強み）を見つけるというのはトレードでお金を儲けることよりもはるかに大切である。それは自分という存在を活性化し、生きる意味という人間の最も深い存在理由を確認する価値ある挑戦を見つけることであるからだ。

そうした状況に直面したとき、われわれは何を見いだすのだろうか。おそらく自分には高いモチベーションがあり、またそれなりの能力はあっても、まだトレーディングの初心者であるという自覚であろう。初歩的な多くのトレードミスを犯すだろうし、取引コストもカバーできない今のレベルではプロの技術はおろか、トレーディングの一次能力にもほど遠いだろう。そうした状況の下でどのようにしてトレーディングの基礎を学び、フロー状態を作り出す能力を身につけるのだろうか。これこそがトレーディングの上達における最大の挑戦である。お金を儲けようという願望だけではトレーディングで上達することはできない。トレード技術を習得するにはそれを自分にとって価値ある挑戦としなければならず、利益とは単にその結果にすぎない。それならば、どのような学習によればトレーディングが価値ある挑戦になるのだろうか。

その一例としてラルフという駆け出しのトレーダーのケースを考えてみよう。彼は私のいるキングズトリー・トレーディング社に入社してから、トレーディングソフトの使い方や売買注文の出し方などの基礎教育を受けた。そしてトレーディングシステムのスクリーンでマーケットの動きをフォローしながら、模擬トレードをするよう命じられた。毎日そうした模擬トレードを終了したあとにメンター（教育担当者）にその結果を報告していた。予想どおり、彼は毎日損失を出していた。メンターは彼に損失の回避法や価格帯の意味などについて一般的なアドバイスをしていたが、ラルフはそうしたアドバイスを模擬トレードに生かすことができなかった。また、メンターや先輩などがお手本として見せてくれたトレードのやり方も理解できなかった。彼は次第に欲求不満を募らせ、模擬トレードの結果もさらに悪化していった。ついにメンターはこの男は見込みなしと判断して、ラルフを解雇した。

一見すると彼にはトレーダーとして成功する条件があった。トレーディングに対するモチベーションや関心は高かったし、実際のマーケットで模擬トレードによる練習を重ね、メンターのアドバイスも適切だった。しかし、こうした訓練でもラルフのトレード技術は向上しなかった。つまり、そうした学習経験は彼にとってトレーディングで成功するようには構成されなかったのである。

学習の構成――ミラーを作る

成功するための学習を構成するとはどういう意味なのだろうか。ミハイ・チクセントミハイはその著『クリエイティビティ（Creativity）』のなかで、フロー体験が起こる条件として次の点を挙げている。

●学習プロセスの各段階に明確な目標がある
●学習者の活動について素早いフィードバックがある
●チャレンジする目標と学習者の能力のレベルはバランスが取れている

チクセントミハイのこの前提条件に照らせば、なぜラルフがトレード技術を向上させることができず、またその目標に向けてフロー体験もできなかったのかは明らかであろう。彼の受けた訓練には明確な目標も素早いフィードバックもなかったし、トレーディングという挑戦と彼の能力のレベルは大きくかけ離れていた。その結果、プロのトレーダーたちが支配する複雑なマーケットを理解することができず、自暴自棄になっていったのである。

ここで第3章で紹介した（イスラエルの盲目のゴルファーである）ゾーハル・シャロンに話を戻そう。コーチのリカード・コルドバ・コアはシャロンに対して、実際のコースに出る前に何カ月もスイングを練習するよう求めた。筋肉の協調運動をさせ、ショットを視覚化する能力を取り戻そうとしたのである。練習のひとつに、ポールの近くに立ってクラブをスイングするというものがあった。スイングが外れると、クラブがポールに当たって金属音がする。何と素晴らしいフィードバックではないか。また初めてコースに出たとき、シャロンは大いに戸惑った。そんなことは今まで経験したことがなかったからである。しかし、これまでやってきた筋肉の協調運動、スイングの視覚化の練習などによって、ゴルフの基礎技術はマスターしていたし、それなりの自信と才能もあった。コーチは生徒（シャロン）が勝者であると思えるように指導し、生徒もその期待に応えていた。

ゴルフコースの最後の練習ではキャディーを務めた親友のレビが、ホールからホールへとシャロンを案内した。レビがホールの近くに立って手をパンパンとたたくと、シャロンはそちらのほうにショットを打つ。その後、こうした視覚化の練習は聴覚化のトレーニングに移行していった。音とスイングの距離を正確に判断する能力を磨くことによって、シャロンは目が見える普通のゴルファーと対等にプレーすることができるようになった。各ショットに対するレビのフィードバックとコルドバのスキル向上に向けた適切な指導のおかげで、シャロンはプロゴルファーの技術を自分のものにしていった。その練習はフロー状態を作り出し、運を引き寄せるように構成されていた。これをトレーダーの訓練に当てはめると次のようになるだろう。すなわち、そのトレーダーのマーケットの経験はフロー状態を作り出したり、運を引き寄せるようなものなのか。

駆け出しトレーダーのマーケットの経験が自己没頭を伴うものだったり、自分もやればできるという前向きのものか、それとも退屈でやる気をなくすようなものなのか。トレーディングの各練習の結果を鏡に映したとき、それはデュバルとウィックランドの言う客観的な自分を認識させるものなのか。もしもそのマーケットの経験が自分でも嫌になるようなものであれば、それはフロー体験や運も引き寄せることはできない。その反対に自分のしていることに満足し、勇気づけられるようなものであれば、それはスキルが向上している証拠である。**練習の結果とはわれわれが自分の姿を映すミラー（鏡）のようなものである。**

われわれが対人関係を通して自分を見ているように、仕事を通して自分の能力を経験している。アブラハム・リンカーンはかつて、「われわれ人間はほかの人を見る目で自分自身をも見ている」と言った。優れたミラーとはそのようなものなのだろう。ワシントン大学のジョン・ゴットマン教授（心理学）は、過去二〇年間に二〇〇〇組以上の夫婦を観察してきたが、成功した結婚によって長続きしている夫婦には共通するいくつかの特徴が認められるという。そのひとつは夫婦の双方がパートナーに対して思いやりのある態度で接していることである。これに対し、うまくいっていない夫婦は自分やパートナーの言動のなかにしょっちゅうあら探しをしているという。このように結婚生活とは夫婦双方の姿を映す鏡のようなものである。

私は最近、駆け出しのトレーダーに損失の限定法を教えているというプロップファーム（自己売買専門会社）があることを知った。そこではトレーダーの一日当たり損失限度額を二〇〇ドルに抑えているという。例えば、ミニS&P五〇〇先物一枚につき二ポイント（八ティック）の損失を出したトレーダーは、その時点でその日のトレードを終了する。トレーダーたちはスキャルピング（小さな利ザヤを稼ぐトレード）を指導されているため、一日のある時点で損失が八ティックに達することは珍しくない。トレードを継続できないトレーダーは、アクティブなトレーダーやマーケットのプレーヤーにはなれないと責められる。何とかトレードを継続しようとしても損失がかさむとトレードができなくなり、失敗の経験だけを引きずってしまう。そうしたトレーダーはトレードするのが恐くなり、大きなポジションを取ることも、また自分のエッジに賭けてトレードする自信もなくしてしまう。最悪のことばかりが起こるのではないかと恐れていては、とてもフロー体験をするどころの話ではない。そうしたトレーダーのひとりが私に語ったところによれば、三日間連勝したので誇らしげにその結果をメンターに報告したところ、彼は特に驚いた様子もなく、その程度の利益では取引コストもカバーできないと言われたという。

そのトレーダーが言ったことのミラー効果について少し考えてみよう。その若いトレーダーはベストを尽くして努力したものの、それでも取引コストさえもカバーできないことを思い知らされた。彼のモチベーションは大きく低下し、これまでの損失を取り戻そうとして大きなリスクを取り始める。その結果、損失はさらに膨らみ、ついに会社から解雇を言い渡された。マイナスのミラー効果が墓穴を掘ってしまったのである。このように、自分がどのような学習経験をしたのかは自分のミラーにはっきりと映し出される。そこには成長した自分、または欠点だらけの負け犬の自分が映っている。多くのトレーダーはミラーに後者の自分を見ている。このトレーディングの世界では老練なプロトレーダーという強豪たちを相手にしなければならないからである。それならばこうした状況の下で、どのようにしてトレード技術を磨くのだろうか。これまでの練習でフロー状態を作り出せなかったとすれば、どこに突破口を見つけたらよいのか。

「ベストの学習経験とは、スキルの向上とフロー状態を映し出すものである」

一連の訓練プロセスを個別のスキル段階に分解する学習法

ここで盲目のゴルファーであるゾーハル・シャロンの練習法について少し考えてみよう。コルドバ・コーチはゴルフの複雑なトレーニングプロセスを、それぞれに明確な目標とフィードバックから成る個別のスキル段階に分解した。こうすれば各スキル段階で集中的なトレーニングが可能となる。各段階のトレーニングメニューを楽にこなせるようになれば、プラスのミラーが形成されて大きくレベルアップする。こうした練習法はプロスポーツの世界では特に珍しいものではない。ダン・ゲーブルが書いた『コーチング・レスリング・サクセスフリー（Coaching Wrestling Successfully）』によれば、彼もトレーニングプロセスをいくつかの段階に分け、それぞれの段階で選手たちに明確な説明をしながら実演して見せた。こうした実演は選手たちが自分からそのスキルをマスターしようという気になるまで、いろいろな角度と方法を変えて何回も行われた。例えば、まず初めてコーチがひとりで実演したあと、次はコーチと練習相手による実演といった具合である。こうした実演を何回も繰り返すことによって、選手たちは自主練習する前にそのやり方を模擬体験できる。

世界的なトッププレーヤーを数多く育てた名テニスコーチのニック・ボロテリーも、トレーニングプロセスの各段階で明確な目標と習得すべきスキルを設定した「目的のあるトレーニング」を実践した。彼はまず選手たちに、各段階のトレーニングの目的と重要性を説明したあと、コーチ自らがその手本として実演して見せた。こうすることによって、選手たちは良いプレーと悪いプレーを含めて多様なプレーを観察・経験できる。そのときに大切なことはトレーニングのペースであり、選手たちが理解できないほど速いペースで進めてはならない。ボロテリーはこのようにして、選手たちのチャンレンジ精神と練習のレベルがほどよくマッチするようなフロー状態を作り出したという。

こうしたトレーニング法にはどのようなメリットがあるのだろうか。それは「初心者のプレーヤーにとって気の遠くなるようなスキルプロセスをいくつかの段階に分けることによって、一歩ずつ達成できるようにすることである」。コーチが何回も説明しながら実演してみせれば、選手たちがそのスキルを練習するときに生きたフィードバックとなる。こうした練習法の大きなメリットは、選手たちにプラスのミラー経験をさせることであり、こうすれば目標に向けて着実に進むことができるだろう。一方、もしも自分ひとりでトレード技術を磨こうとすれば、そのトレーダーはコーチと生徒の二役を果たすことになる。つまり、学習経験を映すミラーを自分で作り、自分のトレーディングのニッチに見合ったスキル段階も自分で設定しなければならない。その具体的な内容は次のようなものである。

●コンピューターのハードに習熟する　操作環境を最適化し、オンラインの接続や証券会社の口座残高をチェックするほか、ハードの故障や接続不良などに備えた代理機能を整える

●ソフトに習熟する　チャートや分析・注文執行ソフトの使い方をマスターし、いろいろなマーケットとタイムフレームで利用できるようにする

●マーケットの基礎をマスターする　いろいろなマーケットとタイムフレームのパターンのほ

か、短期的な需給動向やリアルタイムなマーケットの動きを読めるようにする

以下ではトレーダーの具体的なカリキュラムについて言及するが、ここではこうした各段階のスキル習得の必要性だけを強調しておこう。こうした練習を完璧にこなしていけばスキルの向上はもとより、集中力や自信もついてさらに高度な学習のステップに進むことができるだろう。

多様な状況の練習法

キャリアトランジション（アスリートの現役引退後のキャリア転換）分野の第一人者であるデビッド・ラバリー博士（心理学）たちは最近、アスリートたちがスポーツ技術を習得するプロセスに関する調査結果を公表した。その主な内容は**図表4.1**のようなものである。

この調査結果の最も重要なポイントのひとつは、多様な状況における練習はひとつの状況下での練習よりも効果的であるという結論だった。これをテニスコーチのニック・ボロテリーのトレーニングについて具体的に説明しよう。例えば、正しいバックハンドの打ち方を練習するとき、ひとつの場所だけにボールを出すのではなく、選手たちがボールの来る場所を予想し、またフットワークを鍛えられるようにコートのいろいろな場所にボールを出す。さらに選手

図表 4.1　スポーツ技術の習得に関するラバリー博士の調査結果（2004 年）

- ひとつのスキルの集中練習よりも、多様なスキルの同時練習のほうが効果的である。
- 時間を区切った整然とした練習よりは、いろいろな技術が要求されるランダムな形式の練習のほうが効果的である。
- 初心者には質的なフィードバック、上級者には具体的な数字を示したフィードバックのほうが効果的である。
- 初心者には頻繁なフィードバックが効果的だが、上級者にはむしろ逆効果である。
- 顕在学習よりも潜在学習のほうが（不安や貪欲さなどの）心の干渉の影響をあまり受けない。

たちが実際のゲーム感覚を養えるように、ときにフォアハンドのボールも出す。一見するとこうしたトレーニングは一カ所にボールを出してバックハンドだけを練習する方法よりも効率が悪いように見えるが、どのようなボールでも打てるように練習していれば、実践的なゲーム感覚が自然に身についていくという。また時間を区切って別々のスキル練習をするよりは、同時に多様なスキルを練習するほうが効果的である。これを研修医について言えば、ある時間帯ではリラックスする能力、別の時間帯では認識能力の習得といった訓練を受けるよりは、同時に多様な能力を総合的に身につける訓練のほうが効果的である。これはストレスの大きい現実の医療現場のなかで仕事をするときには、同時にいろいろな能力が要求されるからである。

ラバリー博士たちの調査結果によれば、確かにいろいろなスキルを同時に習得しようとする練習は最初はあまり効果が上がらないが、選手が多様な状況下に置かれるとその成果が次第に顕在化してくる。逆に言えば、同時にいろいろなスキルの練習をしても、選手たちは一度身についたスキルを忘れることはない。例えば、テニス選手がボールマシンの前に立ってバックハンドだけを練習していれば、どこにボールが来るのか分からない実際の試合ではとっさに予想してボールの場所に向かうことはできなくなる。医療の世界でもこれとまったく同じであり、個別の技術を単に積み上げただけの訓練では多様な技術が同時に要求される実際の医療現場では有効に対処できない。

こうした訓練ではフィードバックもかなり重要である。ラバリー博士の調査結果によれば、初心者には回数の多い質的なフィードバックのほか（例えば、駆け出しのトレーダーに対しては、「不利な値段で約定しないように出来高の少ないときはポジションを小さくしなさい」といったアドバイス）、具体的な数字を示したフィードバックも効果的である（空売りしているときに、「負けポジションの保有期間が勝ちポジションの保有期間よりも三〇％も長いよ」など）。しかし、上級者に対しても初心者と同じようなフィードバックを与えると、自分で判断する代わりにどうしてもメンターを頼るようになる。このため頻繁なフィードバックは控えて、むしろ集中力を振り向けるべき点を指摘するようなアドバイスのほうが望ましい（例えば、「ある価格帯で買いポジションを手仕舞うには、相応の買い注文がなければならない」など）。

「効果的な訓練とは多様なスキルの練習が盛り込まれ、しかも学習者のレベルに見合った建設的なフィードバックが与えられるものである」

一方、練習を効果的なものにするには、「潜在学習（人から教えられずに自然と身につき、それに気づかない学習）」と「顕在学習（人から教えられて身につき、学んでいることが自覚できる学習）」をうまく使い分ける必要がある。顕在学習とは言葉で教える学習であり、トレーディングで言えば「ポジションが一ポイント以上逆行したら直ちに手仕舞いなさい」といったようなアドバイスである。これに対し、潜在学習とはいわばその人のフィーリングによる学習であり、「ポジションが順行する方向の出来高が増えていかないときは、ポジションを手仕舞いなさい」といった一般的なガイドラインを示すような教えである。値動きの速い局面ではこうした一般的なアドバイスでは対処できないかもしれないが、経験を重ねるにしたがって、学習者は出来高と値動きの関係を感じで分かるようになる。つまり、「潜在学習は顕在学習よりも心の干渉の影響を受けにくい」。換言すれば、顕在学習では不安や貪欲さなどの心の干渉は認識プロセスをかく乱するが、潜在学習ではそれが直観的な学習プロセスの大きな妨げとはならない。スワット（ＳＷＡＴ＝米特別機動隊）などでも、顕在学習による分析や心の干渉が入り込む余地のない危険な状況下では、体が自動的に反応するような訓練（いわゆる「体で覚える訓練」）が求められる。

こうした訓練をトレーディングに当てはめると、単にスクリーンの前に座っていたり、つもり売買を繰り返しているよりは、トレード技術の向上という点でははるかに効果的である。以上のポイントをトレーダーのカリキュラムとしてまとめると次のようになるだろう。

●現実的な状況下でトレード技術を磨く　チャートの読み方と注文の出し方をばらばらに学ぶのではなく、チャートが示唆するものを踏まえて注文を出せるように練習する。メジャートレンドが発生している、またはトレンドがないなどのいかなる局面にも対処できるように、いろいろなタイムフレームのマーケットを経験する。

●各練習では明確な目標を設定し、また素早いフィードバックを得られるようにする　前回の練習結果を踏まえた目標を定め、それを上回る成果を出せるようにする。

●潜在学習を促進させる　繰り返し練習・集中的な学習・心の干渉の排除などによって、反射的に体が動くようなスキルを磨く。

以上のように、訓練とは単に活動することではなく、医者やアスリートの育成と同じように、できるだけ効果の大きいカリキュラムを盛り込んだ学習プログラムの実践である。以下では自分でトレーディングのカリキュラムを作る手順について説明しよう。

「スキルの向上には効果的なカリキュラムが不可欠であり、それが系統的な学習のアプローチである」

模擬練習によるスキルの向上

各段階のスキルをマスターしたら、次はそれらを総合した全体的な模擬練習に移る。トレーディングにおけるその目的は、（トレードミスによる）損失を出さないで現実のマーケットについて学ぶことにある。ゾーハル・シャロンが部屋のなかで行っていたほうきによるスイングの練習を、今度は実際のゴルフコースでその成果を試すようなものである。このように、現実のプレー環境に一歩ずつ近づくことが効果的な学習法と言えるだろう。例えば、ダン・ゲーブルはレスリングの個別スキルについて説明したあと、今度は練習相手と実演して見せることで選手たちにそのスキルの有効性を実際に証明した。もちろん、こうした練習ではコーチの指導・監督とフィードバックが不可欠であり、また間違いがあったときは直ちに修正する。練習相手との実演プレーは安全であるが、現実的な試合環境のなかで選手たちが実践的なスキルを習得していくという大きなメリットがある。一方、スワット（米特別機動隊）の急襲トレーニングもバスケットボールチームが新しいプレーを学ぶときのような方法で行われている（最初はゆっくり、次はやや速く、最後には全速力で襲撃する)。こうした段階を踏んだトレーニングを重ねていけば、パフォーマーたちの自信と慣れも向上し、またメンターも現実の状況で直面するいろいろな問題を事前に把握することができる。

ここでトレーディングツールやソフトについて学んでいる駆け出しのトレーダーについて考えてみよう。まず最初に目標とフィードバックを伴ってそれらを総合的に学習したあと、今度はヒストリカルデータを使った模擬トレードに移る。これによって個別のトレード技術をヒストリカルなマーケットで復習し、その都度フィードバックを受ける。この段階をクリアすれば、次はいよいよリアルタイムなデータによる模擬トレードと実際のトレードに進んでいく。

「模擬練習は知識と実際の行動のギャップを埋めるためのものである」

これまでに学習してきたスキルを次第に現実の状況で検証したあとは、今度はコーチがそれら一連のスキルを徹底的に使いこなせるように指導していく。例えば、ランス・アームストロングとそのコーチのクリス・カーマイケルは、家の塗装法に模した詳細なサイクリスト育成プログラムを作成した。ひとつの部屋の壁を塗装したあと、今度は別の部屋の天井、次に玄関の塗装などをしていれば、最初にひとつの部屋の塗装を仕上げて次の部屋の塗装に移っていく方法よりもかなり効率が悪い。これと同じように、トレーダーも一連のスキル(タイムリーな仕掛け・素早い注文の出し方など）を習得したあと、次の一連のスキル（保有ポジションの増減など）に移っていったほうが効果的であろう。アームストロングとカーマイケルはひとつのスキル習得時間単位を四週間として、スプリント（全力疾走）のトレーニングを四週間続けたあとに、今度は登坂トレーニングを四週間というメニューを組んだ。こうすることによって、個別のスキルを徐々に実際の状況に適用していくことができる。また初心者のサイクリストはエクササイズバイク（エアロバイク）でトレーニングしたあと、あまり難しくない地形での短距離走、その後に徐々に距離を伸ばした高度な練習に移っていく。

トレーディングのベテランメンターもこうしたスポーツのコーチと同じ役割を果たしている。両者の違いは模擬練習でヒストリカルなデータを使うか、またはエクササイズバイクやサンドバッグ（パンチバッグ）を使うかの違いだけである。トレーダーの模擬トレードはフットボール選手のフィールド練習、ボディビルダーのウエートトレーニングなどに相当する。またトレーディングの知識学習から実践的な模擬トレードへの移行は、黒板によるパスプレーの解説から実際のフットボールゲームでのフィールドプレーへの移行に似ている。模擬的な練習から実践的な練習への段階を踏んだ移行は、個別のスキルをひとつずつ習得していくプロセスである。

ひとりでこうしたプロセスを歩もうとするならば、個別のスキル練習を時間単位で区切った模擬練習に徐々に移行する総合的なカリキュラムを作成しなければならない（**図表4.2**を参照）。例えば、アスリートのカリキュラムを見ると、筋力トレーニングや体の調整に始まり、徐々に戦術的なスキルの練習に移行していく。また軍隊の訓練プログラムでも基礎訓練から次第に射撃や落下傘による降下などの特殊技術の訓練に移行していく。電子トレーディングの世界ではトレーディングシステムやツールの使い方に始まり、マーケットの読み方、売買注文の出し方、ポジションのマネジメントなどに移っていく。軍隊、医療、（テニスなどの）スポーツを問わず、どの分野の正規のトレーニングプログラムを見ても、そこにはスケジュール、メニュー、各段階の目標などが明記されている。もしもあなたがトレーディングのメンターと学習者の二役を兼ねているのであれば、自分のペースに応じて基礎から実践段階に進む独自の訓練カリキュラムを作成すべきである。

ここでもう一度繰り返すと、そうしたカリキュラムのメニューはそのトレーダー自身のエッジに見合ったものでなければならない。例えば、裁定取引のトレーダーとシステムトレーダーのメニューは異なっているのが当然であり、それぞれのトレーダーのエッジはそのスキルをベースとしているからである。個別のスキルを一連のトレーニングメニューにまとめるうえで、初期のころにはほかのメンターの指導を仰ぐのも効果的であろう。大切なことは、**そうしたカリキュラムでは学習者の能力とマスターしようとする技術のレベルがマッチしていなければならない。**そうでないと明確な目標を設定し、各段階の素早いフィードバックを伴ったフロー状態を作り出すことが難しくなる。その反対にそうしたトレーニングがうまくいけば、モチベーションと満足度も大きく向上して、トレーニングそれ自体に自己没頭している自分を発見する

図表 4.2　トレーニングプログラムのポイント

- マスターしようとするスキル全体を個別の構成要素に分ける（有利なチャンスを見つけるためのマーケットの読み方、トレーディングアイデアのリサーチと確認、ポジションの仕掛け・手仕舞い、リスクマネジメントなど）。
- 基礎技術から専門技術に移行する期間単位別のカリキュラムを作成する。
- 各期間では個別スキルを学習し、それを実践的な状況で使えるように訓練する。
- 各期間では簡単でゆっくりしたスキルから、迅速さが求められる高度なスキルに移行する。
- 訓練の各段階（期間）では達成可能なチャレンジ目標を設定し、それに向けた練習ではそのつどフィードバックを確保する。
- そのフィードバックを次の段階の目標達成に活用する。
- またカリキュラムの達成ペースの変更、上達が遅いときの期間の延長、上達が早いときの目標の繰り上げ――などにもフィードバックを活用する。

だろう。

「どのように練習するのかは、何を練習するのかと同じく重要である」

プロとアマチュアの違い

これまでの説明でプロとアマチュアの学習法は大きく異なることがお分かりであろう。アマチュアのゴルファーは友達としゃべりながらコースを回り、アマチュアのテニスプレーヤーはコートで同じような練習を繰り返している。このようにアマチュアのプレーヤーは体系的なカリキュラムもフィードバックもなく、同じ練習を何回も繰り返すだけである。一方、プロのプレーヤーはメンターの指導ときちっとしたフィードバックの下で、体系的なカリキュラムのメニューにしたがって練習している。

アマチュアトレーダーの典型例は、いきなり実際のトレードで上達しようとすることであろう。これは絶対にやってはならない。新米のパイロットがいきなりジャンボジェット機のコックピット（操縦席）に座って飛行するだろうか。また若手外科医がいきなりメスを握って患者の手術をするだろうか。いきなり実際のトレードをしようとするトレーダーとは、これらのパイロットや外科医と同じである。私が観察してきたすべての分野のプロは、まず最初に基礎知識を学習し、そのあとにスキルの習得、模擬練習、実践的なトレーニングという手順を踏んで実践に臨む。**こうしたことは当たり前のことであると思われるが、ことトレーディングについてはどうもそうではない。アマチュアトレーダーの多くはいきなり実際にトレードして投資資金を失っている。**

しかし、私は何もスクリーンの前に長時間座ってマーケットの動きをフォローしてもトレーディングが上達しないと言っているのではない。これについてはあとで述べるが、実はそうした学習法もかなり効果的なのである。私は最近、（キングストリー・トレーディング社の設立当初から素晴らしい成績を上げてきた）パブロ・メルガレホとこのことについて話したが、彼は「ストップロス（逆指値注文）を入れて帰宅してしまうようなトレーダーは感心しませんね。僕は毎日、寄り付きと終値は必ずチェックしています。そうした時間帯に必ずトレードするわけではありませんが、大引けのときは必ずスクリーンの前にいます」と語っていた。彼は朝はだれよりも早く出社してトレーディングシステムにログインし、ログアウトするのはいつも最後である。彼は実際にトレードしなくてもスクリーンを見ているが、それは楽しみや興奮を味わうためではなく、常にマーケットの動向を観察するためである。

パブロにトレーダーとして長期にわたって成功している秘訣を聞いたところ、一日の損失上限を決めて、それに達したらその日のトレードはやめてしまうのだそうだ。「明日には明日の風が吹く」というのが彼の口癖だが、だからといって損失を出した今日のマーケットのことをきれいさっぱりと忘れてしまうわけではない。そんな日でも大引けまでスクリーンの前に座ってマーケットの動きを見ているのである。これこそがまさにプロのやり方ではないか。パブロによれば、トレード技術とは結局のところマーケットのパターン認識に尽きるので、しょっちゅう相場の動きから目を離しているトレーダーよりも、スクリーンの前に座ってそうしたパターンを探しているトレーダーのほうが成功する確率は高いという。

プロのトレーニング法については、ボクサーであるマーク・ハットメーカーが書いた『ボクシング・マスタリー（Boxing Mastery）』が参考になるだろう。それによれば、プロのボクサーはまず（等身大の鏡の前で行う）シャドーボクシングに始まり、フットワーク、上半身のトレーニング、パンチとディフェンスの練習などのメニューをこなしたあと、次はコーチの指導によるマシントレーニング（サンドバッグ、スピードバッグ、縄跳びなど）に移る。こうして基礎トレーニングをこなしたあとは、（実際の試合局面を模した）模擬スパーリング（試合形式の練習）、実際のスパーリングに入る。ほとんどのトレーダーにとってこんなことは想像もできないが、だからと言ってトレーディングがボクシングやその他のスポーツよりも簡単であるというわけではない。いきなりトレードするトレーダーは、そうした経験こそがトレーディング上達の道なのだという思い違いをしているのである。新米のボクサーがいきなりチャンピオンと試合をしても簡単にノックアウトされるだけである。

投資心理を学ぶトレーニング

トレーダーが独学でトレーディングに上達しようとすれば、学習者とメンター（指導者）という二役を担いつつ、まず最初に投資のモチベーションと規律について学習しなければならない。『ＳＡＳメンタル・エンデュアランス・ハンドブック（SAS Mental Endurance Handbook）』（ＳＡＳ＝英特殊部隊に代表される精鋭特殊部隊の精神的耐久性などを解説したもの）の著者であるクリス・マクナブは『孫子の兵法』を引用しながら、「正規の訓練を受けていない士官は、戦場で不安と混乱に陥ってしまう。さらに軍司令官の訓練が完璧でないと、敵軍と遭遇したその部隊は精神的なパニック状態となる」と述べている。兵法の第一人者である孫子によれば、実戦に際して精神的なパニック状態に陥るのは主に訓練不足によるものである。トレーディングにおける不安・退屈・欲求不満なども単にトレードをめぐる問題が原因ではなく、チクセントミハイの言ういわゆるフロー状態（あることに熱中して自己没頭している状態）になっていないためである。**正しい訓練によって投資心理を養えば、トレーダーの心構えやスキルレベルも向上する。**

マクナブの著書に述べられているのは、一般兵士を徹底的に訓練して一人前のエリート部隊員に育てる軍事訓練戦略であり、そのベースとなっているのは冷徹なリアリズムである。例えば、兵士がいきなり実際の戦場に放り出されれば、爆破や大砲の音にさらされて精神的なパニック状態に陥るだろう。マクナブが引用する興味ある調査結果によれば、第二次世界大戦のとき実際に武器を持って戦場で戦った連合国軍の兵士は全体のわずか一五％にすぎなかった。事前に緊迫した実戦経験の訓練を受けない兵士は、実際の戦場では尻込みしてしまうだろう。これはトレーディングについても同じであり、実際に利益と損失が出るマーケットがトレーダーにとっての戦場である。

「行動が心についていかないというのは訓練不足の証拠である。それには心理的な訓練も効果的であるが、実践的な訓練に勝るものはない」

マクナブは兵士を戦場のストレスにさらすことを「実戦耐久力（Battle proofing）」「実戦予防接種（Battle Inoculation）」などと呼んでいる。例えば、ＳＡＳ（英特殊部隊）の隊員は敵の捕虜になったときの処置法は指示されず、実戦形式のロールプレー（役割演習）でその対処法を訓練する。また、レーンジャー（米陸軍特殊部隊）では実戦での迅速な決断が要求される厳しい模擬訓練が繰り返されているし、スワット（米特別機動隊）でも実際さながらの火災現場の救出訓練が行われている。これと同じように、トレーディングのスキルを向上しようと思うならば、（仕掛け・手仕舞い、リスクマネジメントなどを含む）基礎的な模擬トレードに始まり、（ポジション増減などの）ポジションマネジメント、リアルタイムな実践的模擬トレードなどの段階へと進むべきである。こうしたトレーニングを何度も経験すれば、ストレスの多い実際のマーケットでも冷静にトレードできるようになるだろう。そのときのメンターの役割とは、**トレーダーの意欲を削ぐのではなく、その自信を深めるような訓練のメニューを考えることである。**

一般に軍隊の訓練教官とは新兵をいびるような人と思われがちだが、実際には主役を育てる脇役のような存在である。（第二次世界大戦のときの米軍人で、大戦車軍団長としても有名な）ジョージ・パットン将軍は、「真の勇気とはほかの人よりもちょっとだけ踏ん張ろうとする恐怖心である」と言ったが、そうした勇気を育成するのが訓練である。**もしもあなたが自分自身を育成しようとするならば、あなたは自分のリーダーとなる。**その主な仕事は意欲を削ぐのではなく、自分を鍛えるような訓練環境を整備することである。それができずに実戦耐久力が身につかないと、戦場でのストレスに押しつぶされてしまうだろう。またあまりにもメニューがきつすぎると、スキルの向上どころの話ではなく、モチベーションや意欲もダウンしてしまうだろう。自分のメンターであるあなたは、次々とチャレンジできる目標を掲げる自信あるリーダーでなければならず、またそれをクリアしようというパフォーマーでもあるあなたは、自信を持ってマーケットに立ち向かうべきである。それができるようになれば、戦闘能力を身につけた実戦耐久力のある兵士のようなものである。

メンターの役割

これまでの内容をおさらいすると、アスリート、音楽家、セラピスト、兵士（隊員）、チェスプレーヤーなどの訓練にはいずれも次の三つのポイントがある。

一．全体のスキルプロセスを個別のスキル段階に分解する。
二．各スキル段階ではそのレベルに応じた模擬練習を取り入れる。
三．スキルが上達するにつれて、より実践形式の模擬練習に移行する。

当初の基礎訓練から次第に高度なトレーニングに移行していくが、その目的はパフォーマーのスキル育成とそれに伴う自信の向上にある。自信を深めたパフォーマーはより高いモチベーションを持ち、またその努力によって内的報酬（達成感などの精神的な満足感）を得るという相乗効果を引き起こす。そうしたフロー体験はスキルの習得にとって不可欠の条件である。初級段階のメンターの役割は、基礎教育や生徒の激励・サポートなど多岐にわたる。初級のピアノ教師はピアノ、ゴルフ初心者のインストラクターはゴルフに関する知識が不可欠であるが、必ずしも高度な技術を持っている必要はない。大切なことは生徒の意欲を失わせずに興味を持続させ、そのエッジを見つけてやることである。

しかし、中級のメンターになると基礎教育と生徒のサポートだけでは十分ではない。生徒が目指す分野の相応の技術を身につけていることがその条件となる。すなわち、外科医、エリート部隊、バスケットボールなどのコーチは、それぞれの分野の専門知識と技術を持ち合わせていなければならない。とは言っても、トップパフォーマーである必要はなく、カレッジバスケットボールの名コーチたち（ディーン・スミス、マイク・シャシェフスキー、ジム・ボーハイム、ボブ・ナイトなど）も優れたプレーヤーではあったが、世界的なトッププレーヤーではなかった。それでも攻守の基本プレーなどは知り尽くしており、そうした知識と技術がなければ個別のスキルを積み上げて総合的な技術にまとめたり、また各スキル段階の目標を設定し、詳細なフィードバックを与えるというコーチの役割は果たせないだろう。私がサイコセラピスト（心理療法医）の研修生の教育を受け持ったとしたらそれなりのことはできるだろうが、眼科医の研修ともなればお手上げである。

「駆け出しのトレーダーのエッジを見つけることに熱心なメンターを探すべきだ。そのトレーダーが目指すトレーディングの方向の豊富な経験を持つメンターがベストである」

実際のトレード経験はないが、トレーダーのメンタルトレーニングを専門にしているというメンターがいるが、これまで詳しく述べてきたように、トレーディングでも実践と心理を切り離すことは不可能である。戦術をどれほど詳しく説明しても砲声がとどろく戦場で使える兵士を育てることはできないし、また実際に豪雨のなかや山道を走ってみなければロードレースに出場できるサイクリストを育成することはできない。これと同じように、トレーディングのメンターも実地の経験を持つべきである。例えば、ファンダメンタルズやマクロ経済をベースとした（第1章で言及したシェリーのような）通貨トレーダーを目指すのであれば、通貨トレードを専門に行う銀行の訓練プログラムを受けるのがベストである。また株式のスキャルピング（小さな利ザヤを稼ぐトレード）をしたいのであれば、証券取引所と常時つながっているキングズトリー社のようなプロップファーム（自己売買専門会社）で訓練を受けることである。こうした会社にはトレーダーの指導・育成を専門とするメンターが必ずいるからである。

その一方で、実務経験だけでは優れたメンターにはなれないという見方もあるが、自分は教育者であると考えている名コーチはすべて、実際の経験に裏付けられた相応の技術を持っている。結局のところ、メンタリング（指導）とはトレーディングやキャッチボールと同じように実践的なスキルの教育なのである。優れたメンターとは本来的にそうした技術を教えるのが好きで、そこから内的報酬を得られる人（生徒と一緒にその専門分野に取りつかれた人）であると言えよう。具体的にはビデオでこれまでのゲームを詳しく分析し、そこから将来の勝機をつかもうとするなど、生徒のチャレンジ精神の奮起とサポートのバランスをうまく取れる人である。私は前著『精神科医が見た投資心理学』のなかで、セラピストの役割は「苦しんでいる人を慰め、自信過剰な人を苦しめる」ことだと書いたが、これは有能なメンターについても当てはまる。彼らは生徒たちに自信と激励、適切なサポートとフィードバックなどを与えるが、ときに厳しいムチも振るわなければならない。生徒たちが勇気と恐怖を分ける最後のひと踏ん張りを自分で学ぶことはあまりないからである。

「メンターは自分で習得した技術以上のものを生徒に教えることはできない」

トレーダーは独学でトレーディングを上達できるのか

トレーディングのスキルという問題について多くの読者は、「われわれは正規のメンタリングを受けないでトレード技術をマスターできるのだろうか」と自問する。つまり、プロの訓練プログラムなどを受けなくても、それと同じレベルのトレード技術を独学で習得できるのかということである。いろいろな分野の文献を調べると、独学でプロになった人も珍しくない。ボビー・フィッシャー（チェスプレーヤー）やルイ・アームストロング（トランペット奏者）などは正規のメンタリングをほとんど受けずに超一流のプロになったし、私も個人的にトレーディングのメンターから正式な指導はほとんど受けずに自分のエッジを見つけ、トレード技術を磨いて成功したトレーダーを何人も知っている。それにもかかわらず、いろいろな文献を調べてみると、プロの技術を身につけるにはやはり正規のメンタリングはかなり重要であるのが分かる。

例えば、プロのピアニスト、彫刻家、スイマー、テニスプレーヤー、数学者、神経科医などの能力開発に関するシカゴ大学のベンジャミン・ブルーム教授の調査結果を見ても、プロの技術を習得するにはメンタリングが不可欠であると指摘している。メンターとは生徒に単なる一般的なアドバイスではなく、高度な専門知識や技術を教えるからである。ピアニストの育成でもレベルが上がってくると練習時間も長くなり、また高度なテクニックを盛り込んだレッスンが中心となる。クリス・カーマイケル（ランス・アームストロングのコーチ）やニック・ボロテリー（テニスコーチ）、ダン・ゲーブル（レスラー）、特殊部隊などの訓練マニュアルを見ても、例えば、最も効率的な速度を出すためのペダルの踏み方、速く正確なサーブを打つためのラケットの振り方、不利な位置で対戦相手のホールドから逃れる方法、瞬時に武器を組み立て・分解する技術など、その指導はかなり高度で具体的なものである。そうした知識や技術をすべて独学で身につけるのはかなり難しい。また自分の能力と要求される技術のレベルをマッチさせ、適切なフィードバックを確保して高度な技術をマスターするフロー状態を作り出すのはさらに困難である。

ディーキンとコブリーによるスポーツ心理学に関する調査結果によれば、トップアスリートでさえも自分で満足のいく練習メニューを作成するのはかなり難しいと言われるが、これは新しい技術をマスターするのがどれほど困難なのかということを如実に物語っている。コーチの重要な仕事のひとつは、最も効率的に練習時間を割り振ることである。例えば、フェンシング選手の勝敗を決定する大きな要因は、コーチング（コーチによる訓練・指導）と自主練習の時間をどのようにうまくバランスさせるのかであるという。新しい技術を習得するには、コーチによるテクニックの指導と選手の自主練習の時間をうまく配分しなければならない。また、ジャネット・スタークス教授たちの調査結果によれば、プロのスケーターやレスラーたちは試合で勝つにはコーチングが不可欠であると考えており、これは選手自身のモチベーションと強い願望に次いで重要な要因である。とりわけキャリア初期のトレーニングにおいてはコーチの存在はその後の命運を左右するほど重要であり、多くのスポーツ種目においてコーチがいなければ高度な技術を身につけることはできない。

一方、チェスやトランプのブリッジなどの分野では技術を教えるコーチはあまり存在しない。

フロリダ州立大学のニール・チャーネス教授は正規のメンタリングを受けないで独学するこうした技術を「起業家的な技術」と呼んでいる。同教授はチェス名人の正規の指導と成績の間には多少の相関関係があるとしているが、将来の成績を占ううえでコーチによる指導はほとんど予測変数には入らない。将来の勝敗を決めるのはむしろプレーヤーの累積的な練習時間と読破するチェス専門書の冊数であるという。

しかし、こうした自主学習が難しかったり、またはほとんど不可能な分野ではコーチングはやはり重要である。例えば、レスリングではチーム練習が行われ、フィギュアスケートの選手にとっては設備の整った練習場と有能な振り付け人が不可欠である。また独学で外科や心理療法の専門家にはなれず、正規のプロ教育を受けないと開業許可証も得られない。一方、チェスのような起業家的な技術の分野では独学できる教材などが簡単に入手できるので、メンターの訓練を受けなくても技術の習得は可能である。プロの技を解説した本もたくさん出回り、また高度な技術を練習できるパソコンソフトも簡単に入手できる。ボビー・フィッシャーのような才能があってモチベーションの高い人であれば、こうした市販の教材を利用すればプロ並みの技術をマスターできるだろう。

トレーディングもチェスのような起業家的な技術分野のひとつである。プロップファームの優秀なトレーダーの多くは先輩たちから指導を受けたであろうが、長期の正式なトレーダー育成プログラムには参加していない人もかなりいる。チャーネス教授によれば、トレーディングのような起業家的な技術分野では目標とフィードバック（利益と損失）、模擬トレードによる能力とスキルのマッチ度などが直ちに明らかになる。トレーディングと同じ起業家的な技術分野のポーカーでも、プレーヤーはトランプの経験を通してその技術と戦略などのフィードバックを得ている。ポーカーに関する書籍や教材、パソコンソフトなども数多くあるが、やはり何といっても直接経験を積むことが上達のカギとなる。

だからといって、トレーダーが正規の訓練を受けても何らメリットはないと言っているのではない。例えば、ロシアでは子供のときから将来のチェスプレーヤーを集中的な訓練によって育成し、多くの名人を輩出している。体操選手なども小さいときからコーチの下で練習に取り組み、またボートレース、サッカー、フットボール、ラグビーなどのスポーツ分野でもメンターの存在は不可欠である。これに対し、一般にある程度年をとってから始めるトレーディングやポーカーなどでは、独学でレベルアップすることが多くなる。また音楽の分野でもクラシック音楽では先生について学ぶのが普通であるが、ジャズミュージシャンのような起業家的な技術分野では独学でプロになるケースがほとんどである。

「自分で練習やフィードバックができる分野では、独学でレベルアップすることができる」

スキル習得の場

第１章では非公式な投資フォーラムのサイトやオンライン・トレーディンググルームなどをいくつか紹介したが、投資の初心者にとっては前者で十分であるが、少しレベルの高い投資家にとってはメンターが実際にトレードしてその技術を披露する後者のような場が有効であろう。既述したように、リンダ・ブラッドフォード・ラシュキ女史は短期のテクニカル手法を使って実際にトレードしてみせる投資家育成サイトを運営しているし、またウッディーズＣＣＩクラブでは指標をベースとしたテクニカルトレードを無料で公開している。『**フルタイムトレーダー完全マニュアル**』（パンローリング）の著者のジョン・カーターも「トレード・ザ・マーケッツ（Trade the Markets）」サイトでリアルタイムな短期トレードを公開しているし、ドン・ミラーは「トレーディング・マーケッツ（Trading Markets）」サイトを通じてトレーダー訓練ビデオや実際の訓練コースなどを提供している。インターネットを検索すればこうしたオンライン投資サービスは数多く見つかるが、自分の希望に合うものを選別して利用すべきであろう。

電子トレーディンググルームのウエブサイトなどは単に専門家のトレーディングアイデアが得られるというだけでなく、その独自のトレーディングスタイルを実際に見られるというのが大きなメリットである。ブルーム教授によれば、中級クラスの投資家はメンター（プロのトレーダー）のやり方を模倣するだけでよいが、さらにハイレベルになれば何人かのメンターのやり方をベースに自己流のトレード手法を作り上げていくべきである。この段階になるとトレード手法とその理由を説明してくれるメンターの存在は大きく、ケン・ウッドが主催するウッディーズCCIクラブなどはそうした役割を果たしている。そのやり方は特別な指標などは使わずに、CCI（コモディティ・チャネル・インデックス）でマーケットパターンを認識するというかなり単純なものである。このサイトにアクセスした投資家はいろいろな相場局面でそれらのパターンを確認し、自分とメンターのトレーディングアイデアを比較することができる。

一方、トレーダーの育成を目的とした公式な機関も増えている。トレーディングルームで現実に近いトレードを模擬体験できるカリキュラムを設けている大学には、ケント州立大学、マサチューセッツ工科大学（MIT）、イリノイ工科大学などがある。そうしたコースでは学生たちに高度な専門知識とスキル（プログラミングや計量分析など）を教えており、システムトレードや複雑なマーケット商品のトレードにとって不可欠のそうした技術は非公式なウエブサイトでは学ぶことができない。

このほか、シカゴ・マーカンタイル取引所（CME）のグローベックス・ラーニング・センター（GLC）では、一般・会員企業トレーダー向けにトレーディング訓練を提供している。トレーダーは専門家の指導・監督の下に模擬トレードを行うほか、電子トレーディングコースではプロトレーダーと同じ最先端のトレーディングツールを使っていろいろなトレード戦略を試すことができる。またCMEとシカゴ商品取引所（CBOT）では証券会社の専門家によるオンラインのセミナーを無料で開催している。こうしたセミナーを利用すれば、プロトレーダーのリアルタイムなトレードを直接経験できる。ジョン・コノリーの「ティーチ・ミー・フューチャーズ（Teach Me Futures）」サイトでもこうしたサービスを提供しているほか、CQG社の模擬トレーディングソフトの無料体験もできる。

「こうしたサービスを利用するときは、自分が目指すマーケットやトレーディングスタイルについて学習できるメンターを見つけるべきだ」

これらのサービスはトレーディングに関する包括的な知識やスキルを提供するものではないが、トレーダーとしてレベルアップするうえで必要なものはかなり得られるだろう（トレード技術の実演、模擬トレード、目標の設定とメンターからのフィードバックの入手――など）。学習意欲が旺盛で新たなチャレンジに対するモチベーションが高い投資家にとって、こうしたオンラインサービスはかなり効果的である。とりわけこの種の訓練が自分の能力レベルとマッチしていれば、かなりのレベルアップが可能になるだろう。現在では独学している投資家もひとりで悪戦苦闘している必要はない。こうした広範なトレーディングサービスをうまく活用すれば、自分でカリキュラムのメニューを選択・作成することができるからである。

最も大切な模擬トレード

独学を目指す多くの投資家にとって、ベストの上達法は実践的な模擬トレードである。ニール・チャーネス教授の調査結果によれば、チェスのような起業家的な技術分野では自主練習の累積時間と読破した専門書の冊数が上達のカギであった。それ以外の多くの分野では専門知識はコーチやメンターから直接教えられ、それを実践で応用することによってスキルが向上していく。私が調べたほとんどのプロ育成プログラム（スポーツ、チェス、ヘルスケア、軍隊など）では、体系的なカリキュラムに基づく訓練によってスキルの向上を目指している。

各種の調査結果や経験の教えるところによれば、トレーディングのニッチを見つけ、スキルを向上させるには、優れたトレーディングソフトを活用するのがベストの方法である。もっとも、自分のエッジを見つけるだけならばつもり売買の機能が搭載されているトレーディングソフトを入手すれば十分であるが、さらにレベルアップを目指すには迅速なフィードバックが得られる模擬トレード機能が必要である。理想的にはヒストリカルなマーケットを追体験したあと、リアルタイムなマーケットで模擬トレードできるものがよい。こうしたソフトを使えば、一時的にトレードを中断して再考したり、もう一度トレードをし直すこともできる。テニスやレスリング、ボクシングなどと同じように、最初は基礎技術を学び、徐々に実践形式の模擬練習に移っていくのが一般的な練習法である。

ここで私のトレーディングの自主学習法を紹介しよう。既述したように、私は売りと買いのタイミングを計るためにニューヨーク証券取引所（ＮＹＳＥ）のＴＩＣＫ指標を長期にわたってフォローしているが、これは直近の価格よりも高い銘柄数と安い銘柄数を累計した指標である。株価が上昇するというのは、株式を購入または所有したい買い方が増えているということを意味する。その反対に株価が下落するというのは、売り方が急いで保有株を売却したり、安値でもポジションを手仕舞いたいということの表れである。ＴＩＣＫはそうしたマーケットのセンチメントをリアルタイムに反映する指標である。

ただし、そうしたＴＩＣＫにもいくつかの問題点があり、そのひとつがスキャルパーのような超短期のトレーダーにとってはやや遅行的に思われることである。ＮＹＳＥのすべての株式が活発に取引されているわけではなく、そうした銘柄の動きはＴＩＣＫには反映されない。つまり、ＴＩＣＫはＮＹＳＥ全体の動きを映しているが、それによって必ずしも自分のトレードする株式の動きをフォローできるわけではない。例えば、小型株などに大量の買いまたは売り注文が出たときにＴＩＣＫは大きく動くが、そうした動きはＳ＆Ｐ五〇〇先物を売買しているトレーダーなどにとってはかく乱要因となる。

こうした問題に対する私の対処法は、Ｓ＆Ｐ五〇〇の構成五〇〇銘柄の騰落数を累計したＴＩＣＫの改訂指数を使うことである。ティッククエスト（Tickquest）社が開発し、ネオティッカー（NeoTicker）ソフトに搭載されているこの「ティック一六インデックス（Tick16

Index)」は、実際のＴＩＣＫ指標よりも素早く動き、ミニＳ＆Ｐ五〇〇先物の動きも忠実に反映している（しかし、この指標と実際のＴＩＣＫには高値・安値に若干のズレが生じるのでそれを調整する必要がある）。私はネオティッカーソフトを使うとき、同先物の価格と出来高を映すチャートの下にティック一六インデックスを表示してこの二つを同時にフォローしている。またマーケット・デルタ（Market Delta）ソフトを併用することで、同先物の売りと買いの動きをモニターしている。

こうした指標を併用する私の目的は、大量の売り物や継続的な買いが枯れたときにマーケットがどちらの方向に向かうのかを察知することにある。というのは、ミニＳ＆Ｐ五〇〇先物のマーケットでは大きなレバレッジをかけて頻繁にトレードするローカルズがその動きを支配しているからである。マーケット・デルタを見るとマーケットがどちらの方向に傾いているのかが分かり（買い方にはもう相場を押し上げる勢いはないようだ、売り方にはこれ以上売り込んでくる力はないようだ――など）、またティック一六をフォローすることでそうしたセンチメントを反映した先導株の動きも読み取れる。こうした動きはポジションを拡大しすぎたローカルズが反対売買に動くことを示唆しており、逆張りのポジションを取る絶好のチャンスとなる。

その模擬トレード機能を使って私が最初にしたことは、ヒストリカルなマーケットを追体験し、売り・買いが尽きる価格帯を見つけることである。この機能の便利なところは、トレードミスをしたときにその原因を明らかにできることである。次にマーケット・デルタの模擬トレード機能を使って実際のマーケットで模擬トレードし、ポジションの過剰拡大による相場の転換点を見つけようとする。

どのマーケットでどのようなトレーディングスタイルを取ろうとも、成功に至るトレーディングの訓練プロセスにはそれほど大差はない。ＴＩＣＫのような指標を読み取る能力とマーケットに関する一般的な知識があり、それに私のようにティック一六インデックスやマーケット・デルタを使用することで意思決定のサポートやマーケットパターンの認識ができるようになるだろう。そのあとに模擬トレード機能を使ってそうしたスキルが自動的に行えるようにする。**模擬トレードに多くの時間をかければ、徐々にトレード技術が身につき、実際のマーケットでもトレードできるようになるだろう。**それが実戦耐久力というものである。

「模擬トレードの当初の目的は、利益を上げることではなく、一貫したトレードができるようになることである」

最初は売り・買いが転換する価格帯を見つけられるかどうかは別として、マーケット自体のフィードバックを入手する。そのあとに模擬トレードによる損益、ポジションの保有期間などに関する詳細なフィードバックを入手する。私はそうした機能を搭載した優れたトレーディングソフトとして「ニンジャ・トレーダー（Ninja Trader）」をお勧めする。このソフトの開発者であるレイモンド・ドゥ氏が私に語ったところによると、トレーダーのキャリアを少しでも長くすることがこのソフトを開発した理由である。多くのトレーダーがトレード技術を習得し、コンスタントに利益を出せないうちにマーケットからの退場を余儀なくされるからである。ニンジャ・トレーダーの模擬トレード機能を使えば、取引時間やそれ以外の時間帯でもトレードが練習できる。

もうひとつの優れた模擬トレーディングソフトは「ティーチ・ミー・フューチャーズ」サイトを通してCQG社が販売しているもので、それは実際のマーケットでつもり売買ができるほか、パターン認識をサポートする訓練機能も搭載されている。このため、システムトレーダーなどは実際に資金をリスクにさらさないでリアルタイムな模擬トレードを体験できる。私が特に注目するもうひとつの優れた機能は、仕掛けと手仕舞いの価格帯が出来高チャートとして表示されるもので、これによって有利な価格をビジュアルにとらえられる。

トレード技術を磨くときのポイント

すべてのトレード技術に言及することはできないが、私自身のトレーディングのキャリアを振り返って重要であると思われるいくつかのポイントを挙げておこう。

●トレーディングソフトを最大限に活用する　平均的な投資家はおそらくトレーディングソフトに搭載されている機能の四分の一も使っていないと思う。また自分のニーズに合うように表示機能などをカスタマイズしないで、単に標準装備のスクリーンを使っているだけであろう。大切なことは短期トレードでは多くのモニターを一緒に使うことではなく、できるだけ少ないスクリーン上に多くの情報を表示することである。またスピーカーなどによって情報を聴覚的にとらえれば、視覚的な手段だけよりもかなり多くの情報を入手できる。ほかの情報に目が移ると、別の情報を見落とすこともあるからだ。トレーディングソフトをうまく使いこなせるようになると、あまり努力をしなくても素早く重要な情報にアクセスすることができるだろう。

●テープリーディング（証券取引所から電子ティッカーテープで流される株価や出来高の情報に基づいてトレードすること）を取り入れる　これは短期トレーダーだけでなく、数週間から数カ月にわたってトレードするポジショントレーダーにとっても利益のチャンスを増やせるトレード手法である。テープリーディングにとって株価と出来高を表示する従来のトレーディングソフトはあまり役に立たない。特定の価格帯でどれだけの出来高があったのかを示すアプリケーションソフトがないと、できるだけ有利な価格帯でトレードするチャンスを見つけることはできない。やや長期のトレーダーにとっては、いろいろなタイムフレームで株価と出来高の動向をモニターできる「WINdoTRADEr」ソフトがお勧めである。一方、短期トレーダーにとっては活発に売買される特定の価格帯が表示される「マーケット・デルタ」などが便利であろう。超短期のスキャルパーにとっては、潜在的な売りと買いが表示される「トレーディング・テクノロジーズ（Trading Technologies）」の板情報が便利である。

●ヒストリカルなマーケットパターンを分析する　このスキルは定量分析に基づくシステムトレーダーにとっては不可欠のものだが、裁量トレーダーにとっても重要なスキルである。その目的は特定のパターンが現れたとき、その後の株価がどのような動きをするのかを予測することにあり、ヒストリカルなデータベースとしては「ティック・データ（Tick Data）」や「ピナクル・データ（Pinnacle Data）」、リアルタイムなデータベンダーやソフトにはCQG社や「リアルティック（RealTick）」などがある。これらのデータをパソコンのスプレッドシートに取り込めば、簡単にマーケットパターンを検索できる。

こう書いてくると多くの投資家は「自分にはとても無理だ」と思われるだろうが、もちろん私自身を含めて、こうしたスキルを習得するにはそれなりのサポートが必要である。これまで述べてきたのはそのスタートであり、本書の巻末に掲載した資料なども参考にしてください。今では独学でトレード技術を磨こうとする投資家にとっても、上達するチャンスと手段はいくらでも存在する。大切なことはそうした場所を探してサポートを請うことである（オンライン・トレーディングルーム、投資セミナー、トレーディングソフトのユーザーグループ、電子

図表 4.3　トレード技術を磨くときのポイント

- ●いろいろなタイムフレームのマーケットや指標などをフォローできるように、トレーディングソフトのデータ表示機能をカスタマイズする。
- ●トレーディングアイデアを明確にするため、株式とそのほかのトレード商品をスクリーンに並行表示する。
- ●マーケットパターンのヒストリカルな分析を行う（例えば、大出来高のうちに直近 20 日間の安値を付けたとき、そのあとでどのような動きになるのか――など）。
- ●特定のトレーディングアイデアのバックテストを行う。
- ●マーケットの需給動向を読む。
- ●マーケットのいろいろなセクターの売りと買いの状況をフォローする。
- ●いろいろな注文の出し方やポジションの増減法などを研究する。

フォーラム、インターネットの掲示板など）。このほか自分が目指すトレーディングスタイルに関する専門書なども数多くあるので、そこから有益な情報を取り入れてもよい。

「トレード技術を独学で習得しようとする投資家にとって、最も大切なものはネットワークである。現在では投資家をサポートしてくれるそうしたネットワークやベテラン投資家は数多く存在する」

投資の初心者に対する私からのアドバイス

トレーディングの基本技術のひとつは、マーケットのパターン認識である。これは短期または長期、メカニカルまたは裁量のトレーディングスタイルなどを問わず、すべてのトレーダーに当てはまる。将来のマーケットの動きを予測するには、まずは売りと買いのパターンを見つけることである。しかし、トレード技術が上達してくれば、自分の理解できないパターンについてあれこれと思い悩む必要はない。これについて私は数年前に、リンダ・ブラッドフォード・ラシュキ女史からとても素晴らしいアドバイスを受けた。それは「いろいろなマーケットパターンを研究する前に、まずはひとつのパターンをマスターしなさい」というもので、私は今でも彼女のこのアドバイスを忠実に守っている。リンダ・ブラッドフォード・ラシュキ女史によれば、トレーダーがマーケットパターンをとらえるには、マーケットを「組み立てる（frame）」方法を持たなければならず、それはテクニカルまたはファンダメンタルズ分析、ヒストリカルなパターン分析など何でもかまわない。それは意思決定や判断の善し悪しを決めるベースとなるもので、トレード技術が上達するにつれていろいろな修正が加えられても、コンパス（羅針盤）として役割は変わらない。

トレード技術を上達させるには、まず最初に自分に合った一つか二つのトレーディングパターンを選び、ヒストリカルなデータやリアルタイムのデータによる模擬トレードによってその有効性を確認する。気をつけなければならないのは、最初はそのパターンに基づいてトレードするのではなく、単にその形に注目するだけでよい。例えば、自分の得意のパターンが保ち合い圏からのブレイクアウトだとすれば、そうしたパターンが出現する局面を見つけることである。そうしたマーケットの局面をうまく見つけられるようになったら、そのパターンのチャンスをとらえる有利な仕掛け値を研究する。次に模擬トレードによって自分の判断の善し悪しとその理由などを確認する。こうしたプロセスを繰り返していけば、そうしたブレイクアウトは長期トレンドの途上でよく出現することなどが分かってくるだろう。こうした情報は将来に同じようなマーケットパターンの出現を予測する大きな手掛かりとなる。物事は単純に考え、ひとつのマーケットパターンのトレードをマスターするまで繰り返すこと。トレード技術を上達したいのであれば、どうかこうしたポイントを忘れないでほしい。

第5章 単なる能力からプロの技術へ――大きく成功するトレーダーになるには

「プロの技術とは、多くの優れた人々が競い合っているという制約のなかで、ごく一握りの人々が最高の技術レベルに到達するために最大限の努力をしているという、いわば自然実験の結果であると考えられる」

――アンダース・エリクソン著『ザ・ロード・ツー・エクセレンス』

偉大さ、プロの技術、または超一流のパフォーマンスを生み出すこの「自然実験（Natural Experiment）」とは何なのか。それはいろいろな変数を特定の状況に投入し、その結果を観察するプロセスであると言えよう。大きな成功を手にするパフォーマーは生まれながらの才能を持ち、生涯を通じてそれに磨きをかけることによってトッププロのレベルに到達したのである。例えば、カナダ・ホッケー界の大スターであるウエイン・グレツキーは単にパック（球技のボールに相当）の動きに素早く反応するというよりも、その動きを予測する能力を身につけていた。プロのトレーダーとは単にトレンドやブレイクアウトにうまく乗るというよりも、ほかの多くのトレーダーがそれに乗ろうとしているときにはすでに乗ってしまっているような人々である。それならば、この自然実験の結果を決定する変数とは何か。パフォーマーが単なる能力からプロの技術に飛躍したとき、彼らのなかで何が起こったのか。そして最も重要なことは、一般のトレーダーでも自分のなかでそうした自然実験を引き起こし、トレーディングの成功を手にすることができるのか。

この章のテーマは単なる能力からプロの技術への飛躍ということであるが、結論から言えば、それは単なる程度の問題ではないということである。偉大さというのは単なるレベルの高い能力（またはスキル）をいうのではなく、**プロの技術を生み出した自然実験は、そのパフォーマーを肉体的、精神的および認識的にも一変させた**のである。いわば色彩革命を目指して何カ月間も線を描き続けた芸術家のロバート・アーウィンは、ついに環境に対する自らの認識能力をすっかり塗り替えた。サイクリストのランス・アームストロングは心肺機能の効率化を目指した何年にもわたる厳しいトレーニングの結果、ペダルを踏むテクニックが飛躍的に向上したばかりでなく、風の抵抗を少なくし、自転車ロードレースに対する闘争心を高め、アマチュアサイクリストとはまったく異なる感じで周りの山々が通り過ぎるのを経験した。ほかのトッププロと同じように、彼の認識能力と経験もそれまでとは打って変わって、いわば創造的に変化した。こうした大きな変化がエリクソンの言う自然実験であり、個人レベルの進化のプロセスである。

プロの技術に向けた進化

進化とは自然実験の最も基本的な現象である。例えば、気温や降水量が急激に低下・減少する環境の変化を考えてみよう。そうした環境の変化が起こると植物はすぐに枯れ始め、再生産することもできずに絶滅していく。その結果、植物を食べて生きている動物も絶滅の危機に瀕し、冷血の捕食動物は食糧不足から体温を維持することもできなくなる。しかし、体内環境を調節できる哺乳動物はそうした捕食者からの脅威を受けなくなり、特に食物を確保できる哺乳動物の数は増えていく。やがてその種（しゅ）は道具を作り、新しい環境に適応し、その生殖率も上昇していく。こうして新しい環境に最も適応した種だけが繁栄して、多くの子孫を増やしていく。このような進化の過程では、環境の変化がそれに適応できる特定の種を選別していく。その結果として誕生したのが恐竜の世界から変遷してきたわれわれ人類である。

一方、人類の自然実験のプロセスも常に進展している。新しい変化が毎日押し寄せ、多くの個人はこうした環境の変化に適応できずにこの自然実験から脱落していく。そして自然実験に生き残った人々だけが環境の変化を乗り越える弾力性を身につけ、来る環境の変化にも耐えられる強靱さと適応力を磨いていく。こうした長期にわたる淘汰のプロセスを経て、一握りのトップパフォーマーだけがこの自然淘汰のゲームの勝者となる。プロの技術への到達とは、まさにこうした進化のプロセスにほかならない。小さいときに多くの子供たちがリトルリーグ（少年・少女野球リーグ）で野球を楽しんでも、高校や大学では熱心に野球をやる者はかなり少なくなる。そうした学校で活躍したスタープレーヤーたちも、マイナーリーグからさらにメジャーリーグにまで進む選手は数えるほどである。

私は最近、大手証券会社の幹部と話す機会があったが、一般投資家の口座開設から解約までの平均期間はわずか六カ月ほどであるという。その理由は株式投資に対する情熱がなくなったからではなく、投資資金が尽きたからである。これこそが進化の過程、まさに自然実験からの脱落にほかならない。しかし、人間のこうした自然淘汰が動植物の進化と大きく異なるのは、**われわれは生き残るための多くの変数を自分でコントロールできる**ことである。もしも恐竜が体内環境を調整し、新しい環境の変化にも耐えうる訓練プログラムを持っていたとしたら、そのなかの一部のエリート恐竜は今でも生き残っていただろう。われわれ人間の世界にはどのような分野（スポーツ、ゲーム、戦争、証券投資など）でも、優れた適応者が生き残っていける訓練プログラムが存在する。**プロの技術を目指すこうした訓練こそが、まさにわれわれ人間の進化のプロセスである。**そうした訓練プログラムを勝ち抜いた人々こそが、恐竜と人間の先祖を分けた新しい種なのである。

「パフォーマーを進化させる環境作りが訓練であり、それによる進化の結果がプロの技術である」

単なる能力からプロの技術へ

ここでトレーディングにおける能力とプロの技術というものをもう一度思い出してみよう。トレーディングの能力とは取引コストをカバーできるスキル、これに対して、プロの技術とはトレーディングで飯を食っていけるスキルである。多くの投資家の口座がわずか半年ほどでなくなるという現状から見て、トレーディングという常に進化している世界ではこのどちらのスキルも少数派のものである。自然界と同じように、そうした投資家が突然変異を引き起こせば、この世界でも生き残っていけるだろうが、トレーディングを含めて音楽やスポーツなどの分野でも、それで飯を食っていけるのはごく一握りのプロだけである。ロック音楽やＮＢＡ（全米バスケットボール協会）のスタープレーヤーの陰には無名のプレーヤーがたくさんいるし、コンサートホールや球技場でのプレーを夢見ながら、それを果たせないままに夢を捨てたプレーヤーはさらに多い。

既述したように、能力とは生まれながらの才能から始まり、それが訓練とメンタリングによって高いモチベーションと集中力を伴うフロー体験に発展していく。この段階になるとスキルは飛躍的に向上し、継続的な相乗効果によって進化していく。有能なパフォーマーがプロの技術を目指すとき、その訓練プロセスのある段階で大きな変化が起こる。スポーツを含むどのような分野のスキル習得プロセスでも、最初は模擬練習から始まって次第に実践形式の練習に移っていく。俳優も最初は台本読みから始まり、舞台練習を経て本番に向けた本稽古へと進む。このようにパフォーマーが直面する実践でのプレッシャーを経験するには、いろいろな形の模擬練習が最も効果的である。

しかし、こうした模擬練習もプロの技術を目指すときにはまったく違う内容となる。すなわち、**プロの技術に向けた模擬練習は、一般のスキル習得のときよりもチャレンジ的なものでなければならない。**これは極めて重要なポイントである。毎週三ラウンドの試合をするレスラーであれば、毎日数ラウンドの練習はこなさなければならない。敵の陣地でも生き残る特殊部隊の隊員は、最悪の状況下で数カ月間の厳しい訓練にも耐える。実戦耐久力を身につけるには、現実で直面する状況よりも過酷な環境下で訓練されなければならない。特殊部隊の訓練で脱落する隊員は三分の二に達すると言われるが、そうした厳しい訓練を耐え抜いた少数者が強靱なエリート部隊の仲間入りをする。**こうした過酷な訓練が厳しい自然淘汰を引き起こし、プロの技術が培われていく。**シール（米海軍特殊部隊）の教官によれば、訓練中に多くの汗を流した隊員ほど実戦ではあまり血を流さない。

タイガー・ウッズの父であるアール・ウッズは、息子のゴルフ技術を磨くために残酷とも思える練習を行った。タイガーがボールを打つときにわざと気を散らすような騒音を立て、そうした劣悪な状況下でも集中力が途切れないタフな精神力を養おうとした。親と子、メンターと生徒との強い絆があったからこそ、そうしたチャレンジ的な訓練でもゴルフ技術の上達を妨げることはなかった。一方、シールの教官もわざと新兵に訓練プログラムを放棄させるようなことをするという（食事や睡眠、娯楽などを厳しく制限したあとに、温かい食事や快適なベッドなどを差し出す）。厳しい訓練に耐えきれず、またはそうした誘惑に負けた隊員は脱落していくが、その試練に打ち勝った隊員はどのような状況でも耐え抜く自信を身につけて一人前のエリート部隊員となっていく。

「厳しいチャレンジを乗り越えると、それが大きな自信となっていく」

大きな成功をつかむには、その前に立ちふさがる大きな試練を乗り越えなければならない。チェスを習いたいと申し出た伝記作家に対し、「チェスの定石本に書いてある定石を何回もやることだね」と言ったボビー・フィッシャーを思い出してほしい。登坂をマスターしたいサイクリストは、平地や緩い坂道で練習してはならない。急勾配の道を登ることによって、サイクリストの筋肉と心肺機能が強化されるからである。俳優は小道具のない場所で納得のいくまで身振りで表現することによって、本番さながらの表現力を磨いていく。ボディビルダーは通常のときよりも重いウエートを持ち上げることで筋肉に大きな負荷をかけ、実際の試合で勝利を手にする。

プロトレーダーのオフィスで

私はキングズトリー・トレーディング社に入って、次の二つの点でラッキーだった。そのひとつは、毎日株式ディーリングで生計を立てているプロのトレーダーに出会えたこと、もうひとつはプロのトレード技術を習得するためのサポート業務に従事していることである。私が入社した最初の日、この会社の設立者兼オーナーのチャック・マッケルビーン氏は私に、「当社の仕事はスケールの大きいトレーダーを育てることですよ」と語った。このため、同社はほかのプロップファーム（自己売買専門会社）よりも多くのお金と時間をトレーダーの育成に投入している。その投資が報われないこともあるが、うまくいけばその何倍にもなって返ってくる。彼は「トレーダーの行動をあれこれと束縛しては、大きく成功するトレーダーは育たないですよ」と言った。かつてトレーダーをしていた彼は、マーケットに没頭することによってトレードの仕方を覚えていくことをだれよりもよく知っていた。トレーダーは自分の器を大きくしないかぎり、大きなポジションを取ることはできない。したがって、駆け出しのトレーダーは自分で決めた目標とマーケットが突き付けてくるチャレンジを乗り越えることはできない。

ここでプロのトレーダーの現実を紹介する前に、プロップファームにおけるプロの技術とは何かについて少し説明しておこう。こうしたディーリング会社のトレーダーは終日活発にトレードする。一日に五〇回以上、累計で数千枚（先物）に達することも珍しくない。プロップファームなどに対しては割引手数料が適用されているとは言っても、その取引コストはかなりの金額に達する。また五〇回以上ものトレードに伴うスリッページ（発注価格と実際の約定価格との差額）、快適なトレード環境を維持するための設備費、専用コンピューター・ネットワークのサポート料、証券取引所との専用回線使用料、最新のトレーディングソフト料など、こうした諸経費を支払って収支トントンとするにもかなりのトレード技術が求められる。一方、腕の良いトレーダーが毎年稼ぐ利益は六～七ケタにも達するので、こうしたビジネスが成り立っている。

二〇代後半のマーク・グリーンスプーンははっきりと物を言う元気のよい青年で、その行動も話し方もエネルギッシュである。トレード中の彼はそわそわして落ち着かず、しょっちゅう椅子に座り直し、ときに大声でどなったりする。しかし、彼の目はトレーディングシステムのスクリーンから離れることはなく、手術中の外科医と同じようにトレードに対する集中力が途切れることはない。知らない人がこうしたマークを見ると、「生意気なやつ」「頭が少しおかしいんじゃないの」などと言うかもしれないが、私の見方はまったく違う。八つのスクリーンの前に座っているマークは、刻々と変化するマーケットの動きを一心に見つめ、次のトレードの準備ができているときでも、「ここはどうしたらいいんでしょうね」などと聞いてくる。そんな彼を見ていると、前年に何百万ドルも稼いだのに、さらに新年の大きな目標額を電話で伝えてきたときの彼を思い出す。トレードであれ、社会生活や休暇の過ごし方、さらには何を話すときでも彼のテンションはかなり高い。こうした彼を一言で言うならば、「何かに打ち込んでいる」とでも言おうか。とにかくマークはすべてのことに没頭する。

この日の朝、彼は数万ドルの損失を出した。この損失額は彼とリスクマネジャーがその日のトレードを中止することで合意したギリギリの水準で、これを超えるというのはホームランを何本も打たれたピッチャーのようなものである。ついにコーチ（リスクマネジャー）がベンチから立ち上がり、ブルペンにサインを送り、このピッチャー（トレーダー）はマウンドを降りることになる。

多くのトレーダーにとって、トレードができないというのは限度額の損失を出したということよりもつらいことである。例えば、リングで対戦相手からパンチを浴びせられているボクサーは、もはやグローブで顔をガードすることもできない。この時点でレフェリーは試合をストップするが、このボクサーはどんな行動を取るだろうか。彼はレフェリーに試合を続行させてくれと抗議する。ダウンしないうちはまだ勝つチャンスが残されているからだ。パンチを浴び続けても彼はもっと試合をしたいのだ。プロのトレーダーもこれとまったく同じである。大きな利益を稼いでいるトレーダーが、すぐにあきらめてトレーディングという試合の中止をすんなりと受け入れることはまずない。トレードを続行するためにリスクマネジャーに甘言などを弄して、損失限度額の変更などを求めるだろう。

この日のマークはこうしてマウンド（トレーディング）に戻ったトレーダーだった。彼がその後に立ち直ったかどうかを確認するためそのオフィスを訪ねたところ、案の定、彼はイライラしていた。私がオフィスに入るやいなや、彼は「こうしたマーケットを信じられますか。こんなマーケットを見たことがありますか」と話しかけてきた。彼は私の返事を待たずに、「何千枚もトレードしているのに、相場がちっとも動かないんですよ」と言った。一心にスクリーンを見つめたまま少し間を置いて、「それほど悪いトレードはしていないんだけどなぁ。損を取り戻すまではじっと我慢の子だな」とつぶやいた。「そうだよ、マーク。損は少しずつ取り戻せばいいんだ。何も急いで全部を取り戻そうとしなくてもいいじゃないか」と私は言った。私は彼が念頭の誓いに書いたことを繰り返したが、彼もそのことは分かっていた。彼は一攫千金を狙うトレーダーではなく、こつこつと利益を積み上げていくタイプである。

私は自分のオフィスに戻り、スクリーンでマークとほかのトレーダーのトレードをウオッチしていた。リスクマネジメントソフトによってトレーダーたちの、①ポジションの変化、②売買注文の残高推移、③刻々と変化するポジションのリアルタイムな損益――などが手に取るように分かる。こうした情報によってトレーダーたちの調子の善し悪しが判断できるので、損失額がその日の限度額に達する前に損失をもたらした原因を突き止め、そのサポートに当たるのが私の仕事である。

マークが言っていたように、確かにこの日の相場（ミニS&P五〇〇先物）は狭いレンジで揉み合っていた。大出来高を伴ってこの日の高値に進んだかと思えばすぐに反落し、再び安値に落ち込んだかと思うとすぐに買いが入る。会社の多くのトレーダーが高きを買い・安きを売って損失を出しながら、ブレイクアウトの到来を今か今かと待っていた。もう何回か相場にちゃぶつかれると、この日のゲームを終了せざるを得ないトレーダーも少なくなかった。価格が再びこの日の高値圏に進んだとき、また売りが出始めたが、今度はそれをこなして数ティック上げ、そこで高止まった。私はトレーダーの状況を映したスクリーンとマーケットの動向を映すスクリーンを交互にじっと見ながら、トレーダーたちの次の動きを待っていた。少し売り気味になったところで、マークは間髪を入れずに六〇〇枚の買いを入れた。それに続いて別の買いが入って相場を押し上げた。そこで出来高が増えて大量の買いが入り、この日の新高値を付けた。一部のトレーダーが素早く利食ったところでわずかに押したが、マークはポジションを手仕舞わなかった。彼が最後に六〇〇枚のポジションを手仕舞ったときは二ポイント（一〇〇ドル）を取って六万ドルの利益となり、ようやく収支は当初の赤字から黒字に転じた。彼はさらに二ポイント以上を取って、締めて六ケタの利益でこの日のトレードを終えた。

私は大引け後にマークを祝福したが、これに対する彼の返事は「もっと取るべきだったかな。大きくやられたときは本当に気が気でなかったですよ。自分で墓穴を掘って死ぬところだった」といったものだった。こんな彼の感想を聞くと、普通の人は大損をしたと思うだろう。これが彼の真骨頂であり、翌朝には「今日は負けないぞ」と意気込んで出社してくる。彼にとって損失限度額まで追い込まれた記憶は大きく挽回した記憶よりも鮮明で、これが翌日の闘争心を燃え立たせる。そして再びトレードに没頭するのである。

プロのトレード技術はどこから生まれるのか

まず最初に、マークのプロトレーダーとしてのトレード技術はどこから生まれるのかを考えてみよう。大きな利益を上げるのは相場を読む能力なのか、それとも確信を持って大きなポジションのリスクと利益のチャンスを受け入れる度胸か、さらには成功を重ねるたびにポジションを大きくする激しい闘争心なのか。確かにこうしたものは成功をもたらす要因のひとつであるかもしれないが、この日の彼の逆転劇を見るかぎり、それらとは別の重要な要因があると思われる。もっと具体的に言うと、損失限度額のギリギリまで追い込まれながらも、彼のトレードは自動的だったことである。それまで私が何回も見てきたところ、彼はいつでも同じトレードをしている。つまり、相場の特定の動き、重要な価格帯、トレーディングレンジ（揉み合い圏）などに対する彼の対処の仕方は、数え切れないほどのトレード経験や一心不乱のスクリーンの凝視によって、いつやっても変わらないほど慣れ親しんだものになっている。マークはそうしたことを「マーケットの感じ」と呼んでいるが、まさにそうしたものである。彼よりもＳ＆Ｐ五〇〇の株価指数に詳しいトレーダーはたくさんいるし、またテクニカル分析・ファンダメンタルズ分析やマクロ経済の知識にかけてはマークなど足元にも及ばないトレーダーも数多くいるが、彼らの多くはマークが一日で上げる利益を一年かけても稼ぐことはできない。彼らはマーケットについて多くのことを知っているが、マークは**マーケットを知っている**。そのトレーディングパターンが骨の髄まで染み込んでいるので、その日の損失限度額まで追い込まれてイライラしているときでも、何のためらいもなく同じトレードをする。マーケットのことを深く知っているという自信がそうしたことを可能にするのであろう。

マークは何年間もマーケットをフォローしてきたが、正規のトレードの訓練は受けていない。友達でトレーダー仲間のパブロ・メルガレホが彼をキングズトリー社に紹介し、最初のメンター役を果たした。しかし、パブロはほかのトレーダーに「このようにトレードしなさい」と指示するようなタイプではなく、マークに対してもアドバイスと励ましを与えるだけだった。マークがトレーディングの多くのことを学んだのは、マーケットの動きを映すスクリーンからである。実際、私がこの会社で最初にトレーディングの指導に当たったとき、パブロが駆け出しのトレーダーに一日に何百回も模擬トレードをさせているのを見てびっくりした。「そんなことを繰り返していると、やがてオーバートレードをするトレーダーになってしまうぞ」というのが私の率直な感想だったが、少し経験を積んだ今になって思うと、パブロのそうした指導の素晴らしさに感嘆せざるを得ない。自動的にトレードできるようになるには、単純にそれができるようになるまでトレードを繰り返すことである。いくら水中でつま先で立っても泳ぎを覚えることはできない。マークもパブロのアドバイスに従ってひたすら模擬トレードを繰り返し、マーケットの動きをフォローすることに没頭した結果、トレードのやり方を体で覚えたのに違いない。たとえ高熱が出て倒れそうになっても、彼は健康であるときと同じようにトレードするだろう。

プロの技術とは単にあることを上手にするスキルではなく、**いつでもどのような状況下でもそのことがきちんとできる能力である。**多くのホームランを打った野球選手はたくさんいるが、ベーブ・ルースのようにホームランで彩られたキャリアを持つ野球選手は果たして何人いるだろうか。またモーツァルト、シェークスピア、アインシュタインのように生涯にわたって偉大な作品を残した天才はどれくらいいるのか。ディーン・キース・サイモントンがその著『グレイトネス（Greatness）』のなかで指摘しているように、超一流のパフォーマーというのはその生産性が普通のパフォーマーとはまったく違う。マークとあまり成功していない多くのトレーダーの勝率は、それほど変わらないと私は思う。しかし、マークが成功するトレーダーになったのは、ここぞというときを知っていることと、切羽詰まったときでも同じトレードを自動的にできるからである。

「プロの技術というのは、自分のなかで習慣レベルにまでなったスキルである」

それならば、そうしたスキルを自動的に実行することによってプロの技術とするにはどうすればよいのか。そのヒントは第1章で言及した「意図的な練習」と「学習ループ」にある。

意図的な練習――プロの技術に共通する特徴

ジャネールとヒルマンはスポーツ分野のプロの技術に関する調査報告のなかで、その共通の特徴について述べている。また、エリクソンは異なる技術レベルのバイオリニストの三つのグループについて調査し、いずれも同じくらいの時間を練習に費やしているが、最も秀でたバイオリニストは自主練習の時間が最も長かったと報告している。それによると、トップバイオリニストの練習時間は一万時間以上、平均的なバイオリニストは七五〇〇時間、最下位のグループの練習時間は五〇〇〇時間だったという。その他の芸術やチェス、スポーツの分野でもほぼ同じような傾向が認められる。意図的な学習（具体的で明確な目的を意図した練習）とは、プロの技術を生み出す質・量両方の条件を備えた練習である。自分の専門分野について単に漫然と練習しているだけでは、いつまでたってもプロの技術レベルには到達しない。**図表5.1**はエリクソンの調査結果に基づく練習の比較ポイントで、この二つの練習は質・量の両面で根本的な違いがある。

ここで意図的な練習と一般的な練習の違いを具体的に示すため、二人の駆け出しのトレーダー（クリスとピート）を比較してみよう。クリスは主に寄り付きのマーケットをトレードし、

図表5.1　意図的な練習と一般的な練習の違い（エリクソンの1996年の調査結果）

	意図的な練習	一般的な練習
練習の内容	はっきりしている	はっきりしていない
練習のレベル	そのパフォーマーに合わせたもの	特に決まっていない
目的	はっきりしている	はっきりしていない
フィードバック	素早く詳しい	遅く一般的なもの
繰り返し練習	重視する	重視しない
目標	レベルアップ	楽しみ

いずれはトレーディングで生計を立てようと思っている。自分のトレード結果の善し悪しを見るのが楽しく、実際のマーケットで練習していることに満足している。したがって、トレーディングは楽しく、また有意義であると思っている。トレードミスがあればその日の大引け後に日誌に書き留め、翌朝にそれを見直している。こうした日誌の内容を復習していれば、トレードをしていないときでもトレーディングの学習は継続できる。

一方、ピートはトレード技術のレベルアップを目指して模擬トレードを繰り返すという意図的な学習をしている。相関する動きを見せる二つのマーケットを利用したトレードなど、メンターが勧める特定のスキルも習得しようとしている。彼は定期的に模擬トレードを中断し、タイミングが合わなかったときのマーケットの動きなどもチェックする。自分のトレードミスの原因が明らかになると模擬トレードを再開する。彼はこうした練習を一定期間繰り返したあと、次の新しい練習に移る。クリスはトレードの練習を楽しんでいるが、ピートの目的はトレード技術の習得にある。時がたつにつれて、クリスはトレードの結果に照らした練習の修正をあまりしなくなった。一方、ピートの計画的な（意図的な）練習はクリスの練習ほど楽しくはないが、その効果は次第に大きくなっていく。

エリクソンの調査結果によれば、意図的な練習の最も大きな条件は集中力であり、また練習から遊びの要素を取り除くことも大切な要件となる。具体的には効果的な練習をしたあとは、次の練習に向けて集中力を再び取り戻すために一定時間の休息を取る。トップパフォーマーはその練習の濃度に応じて、適当な休息や仮眠を取っているという。こうした集中力の回復に向けた休息のほか、具体的な目標や素早いフィードバックなども意図的な学習の重要な条件である。

ジャネールとヒルマンによれば、意図的な練習には実践形式の練習も含まれる。多くのスポーツでは戦略と目標、素早いフィードバック、繰り返し練習なども不可欠であるが、意図的な練習には必ずしも正式なメンタリングは含まれない。例えば、独学のジャズミュージシャンは毎晩クラブで演奏し、その即興演奏に対する観客からの反応をフィードバックとして受け取り、それを次の演奏会場で生かしている。チェスの名人も対局のときの駒の動きを記録し、それを復習して次の対局に備える。そうした努力はメンターなどから指示されたものではなく、いわば自発的な学習である。

ここでプロトレーダーのマーク・グリーンスプーンにもう一度話を戻すと、トレード中の彼の特徴は次のようなものである。

- ●トレードに集中し、スクリーンから目を離すことはほとんどない。
- ●マーケットの動きを詳しくフォローし、活発にトレードする。
- ●午後のトレードに対する集中力を取り戻すため、昼食時には休息を取る。
- ●トレード日誌にトレードの結果（損益）を記録し、それに関するコメントを書いて翌日のトレードの参考とする。
- ●日中の損益を常にチェックし、それに基づいて各トレードの成功についてを考える。
- ●マーケットの動きやトレード結果に応じて、新しいトレード手法に挑戦していく。

マークはメンターの正規の訓練は受けていないが、彼のこうしたやり方は明らかに意図的な練習のプロセスである。**実際のトレード自体が学習のプロセスである。マークには明確な目的と目標、素早く詳しいフィードバック、常にチャレンジする気持ちなどがあるからだ。**フロー体験（あることに寝食も忘れるほど自己没頭している状態）を伴う意図的な練習の条件のひとつは、そのパフォーマーのスキルレベルと目標がマッチしていることである。その結果が証明しているように、マークは高度なスキルを持つトレーダーであり、そうした実績を作ったのは明確な目標である。そうした大きな目標を掲げるというのは、大きな自信に裏付けられた旺盛なチャレンジ精神を持っていることの証しである。

私が最初にマークに会ったとき、午前中にＤＡＸ（ドイツの代表的な株価指数）、午後にミニＳ＆Ｐ五〇〇先物をトレードしていた。しかし、まもなくＤＡＸのパターンが変化し、午前中でもミニＳ＆Ｐ五〇〇のほうが有利になったので、終日同先物をトレードするようになった（その結果、この一年間に大きな利益を上げた）。彼はある試みで相応の実績を上げないうちは、次の新しいことにチャレンジすることはけっしてしない。プロの技術というのは単なる能力、すなわち何かを上手にするということ以上のスキルレベルを意味する。

快感帯を超えたレベル

エリクソンはスキルの向上についてうまいことを言っている。われわれが最初に何らかのスキルを学ぶとき、そのプロセスは大きな努力を伴い、また大きな集中力や思考力も必要となる。しかし、練習を繰り返すにつれてそのスキルは違和感なく、自動的に使えるようになる。普通の状況ではもうそのスキル（車の運転など）に神経を集中することはなくなり、楽しんでそれができるようになる。しかし、そうなるともはやそれ以上のレベルアップは望めない。**自動的**

にできるというのは意図的な学習の結果であるが、それは逆に新たな学習意欲の妨げとなる。トップパフォーマーは自動的にできること、つまり自分の快感帯を乗り越えようと常にチャレンジしている。それには自分に今の能力以上のことを要求しなければならない。

「進化とは自分に重い負荷をかけ、それに適応しようと努力するときに起こる。プロとは常にそうしたことにチャレンジしている人々である」

エリート部隊の訓練ほどそれが端的に表れているところはない。例えば、レーンジャー（米陸軍特殊部隊）では一日に一回の食事とわずか数時間の睡眠だけという厳しい条件下で訓練が行われている。その結果、隊員たちは六一日間の訓練が終わると三〇ポンド（約一四キロ）も体重が減っているという。またシール（米海軍特殊部隊）のＢＵＳ－Ｓ（基礎水中破壊工作訓練）では、隊員たちは砂地などで一三二時間（五日と半日）もぶっ続けで厳しい訓練（走行・水泳・重いボートの運搬・砂地の行進・水中でのジャンプなど）を行う。その結果、隊員たちは睡眠不足から幻覚状態に陥り、眠っているときでも訓練態勢になっているという。これがこの訓練の目的である。つまり、繰り返し練習することでかなりつらい訓練でも体が自動的に動くようになる。こうした訓練を受けたエリート部隊の隊員たちは、戦場での飢えや疲労のなかでもきちんと規律を維持して行動できるようになる。どのような状態のときでも自動的に同じトレードができるマーク・グリーンスプーンのようにである。あらゆる分野のトップパフォーマーは、簡単にできること以上の負荷（チャレンジ）を自分にかけて、単なる能力からプロの技術レベルに到達した。すなわち、自分の快感帯を乗り越えたところに新しい環境を求め、それに適応しようと努力することで進化していくのである。

プロの技術と潜在学習

マークやその他のプロトレーダーを見ていると、**プロの技術とはかなりチャレンジ的な状況下での潜在学習（人から教えられずに自然と身につく学習）の結果である**ことがよく分かる。一般にスキルとは一連の上達ステップの最後に到達するものであると考えられているが、プロの技術とはそうしたものとは別の次元にある。戦闘経験の豊富な兵士は前進・退却するとき、発砲をやめるとき、そして敵の行動を監視するときなどが感じで分かる。これと同じように、プロのトレーダーも投資マニュアルなどではなく、トレードのタイミングを感じでつかんでいる。私はキングズトリー社のプロトレーダーたちに、仕掛けやドテンのタイミングをどのように計るのかと尋ねたところ、「なかなか下がらないので買いを入れました」「先週と同じように、みんなが買ったときに相場は下がると思いました」などの答えが返ってきた。これらのプロトレーダーたちは多くの場数を踏んでいるので、直観的に次の相場の動きが分かるのであろう。つまり、これまでに何回もそうしたことが起きたので、今回もまた起こるだろうといった確信のようなものである。アレックス・クリールマンとルイ・ヒメネスの調査結果もこのことを裏付けている。この調査は「系列学習（順番に沿ってあるものを覚えたり、思い出したりすること）」に関するもので、こうした学習法は相手の行動を事前に予測しなければならないスポーツやトレーディングなどあらゆる分野に当てはまる。その調査結果では「潜在学習によって対象となる一連の出来事が深く理解できる」と結論づけている。

一方、カランが行った「系列反応時間（ＳＲＴ）」に関する実験では、被験者にスクリーン上に現れるカーソルの位置を示してもらい（被験者はカーソルが見える場所を示すボタンを押す）、二つの状況の下でその反応時間を測定した。具体的には、①カーソルが現れる場所には一定のパターンがある、②カーソルがランダムに現れる――という二つのケースについて実験を行った。この実験によって分かったのは、カーソルの現れ方に一定のパターンがあるときには被験者の反応時間が短くなるが、それはカーソルの現れる場所を事前に予測できるようになるからである。次にカーソルがランダムに現れると、学習効果が得られないので反応時間はまったく短縮しない。もっとも、①のケースの被験者はカーソルの出現パターンを予測できるが、そのパターンがどのようなものなのかを言葉で表現することはできなかった。これこそがまさに潜在学習である。

カランは潜在学習と顕在学習（人から教えられて身につく学習）のときに活性化する脳の領

域を神経画像診断によって調べたところ、SRT実験では大脳の運動皮質が活発に働いていたという。これはパターンの認識とそれに対する素早い反応との間に深い相関関係があることを示している。一方、クリールマンとヒメネスが（一定のパターンにランダムな要因を交えた）やや騒々しい状況下では潜在学習がどのような影響を受けるのかについて実験したところ、被験者は一連のデータの流れからあるパターンを引き出した（これは短期トレーダーの行動に顕著に見られる特徴である）。SRT実験の被験者は（カーソルの出現場所という）データの統計的な規則性に敏感になり、時間がたつにつれてある場所でのカーソルの出現率が高くなることを学習していく。つまり、被験者たちは一種のニューラルネットワーク（神経回路網）として働き、新しいデータを次々と取り入れてカーソルの出現場所の予測精度を高めていく。

このように、**潜在学習では多くの試行錯誤を繰り返したあとにその結果が表れる。**SRT実験は一種の集中トレーニングであり、被験者は何回も試行錯誤を繰り返したあとに、（キングズトリー社のトレーダーと同じように）言葉ではうまく説明できないカーソルの出現パターンを学習する。こうした学習は学校の教室で行われる授業のようなものではない。それは認識と体の反応を関連づけたいわば体で覚えた技術のようなもので、大きく成功しているトレーダーのトレード技術も書物などから学んだものではない。彼らがマーケットの「感じ」と言うとき、それは文字どおりそうとしか表現できないものである。

「プロの技術とはすでに知られているものではなく、新しい知識と行動を関連づけたものである」

いろいろな分野における潜在学習と顕在学習

野球史上最も偉大なバッターのひとりに数えられているテッド・ウィリアムズは、室内と屋外を問わず、どこでも完全なスイングを目指して長時間にわたる練習を続けた。『テッド・ウィリアムズのバッティングの科学』（ベースボール・マガジン社）によると、彼はストライクゾーンを七七のボール大の領域に分け、ホームランを打つためにベストの領域のボールしかスイングしなかった。両足を約七〇センチに開き、バットに正しく体重をかけるようにスイングするなど、ピッチャーの投げるボールの位置にはかなり敏感だった。四割打者という素晴らしい記録もさることながら、さらに特筆すべきことは生涯に七七〇六回の打数のうち三振はわずか七〇九回、四球を選んだのは二〇〇〇個以上を数える。そうした彼の偉大なバッターとしての秘訣は、「自分の打ちやすいボールだけを打つ」というものだった。

しかし、自分の打ちやすいボールだけを打つという技術は時速一六〇キロ以上で向かってくるボールをとらえるという点で、けっして顕在学習だけで身につくものではない。自分の打ちやすいボールとそうでないボールを見分けるというのは、既述したSRT実験で立証された被験者のスキルと同じようにいわば体で覚えたものである。ピッチャーの腕の動きから投球とボールの回転具合に至るまで、ウィリアムズのようなバッターは素早くその動きを予測して最も打ちやすいポジションを取る。何千回にも及ぶ試行錯誤の練習を繰り返さないかぎり、そうした技術を身につけるのは不可能である。

ボクシング史上に残る最も偉大なチャンピオンのひとりであるモハメッド・アリの初期の試合をビデオで見ると、そのスピーディーな体運びと素早いフットワークに驚かされる。対戦相手のパンチを予想してサッと上体を反らすので、相手のパンチやジャブはことごとく空を切ってしまう。私はプロのトレーダーが一連の大口注文を突然キャンセルするのをよく見かけたが、それは不利な価格で注文が成約するのを避けるためであった。そうした技術はアリのボクシングのやり方とよく似ている。

短期トレードのメリットは、毎日何百回も試行錯誤の練習ができることである。そうしたトレーダーは先に言及したSRT実験をひたすら繰り返しているようなものである。潜在学習の効果はそうしたときに突然開花する。トレーダーのそうした現象について私は当初びっくりしたが、キングズストリー社で大きく成功している多くのトレーダーは二〇～三〇代であり、トレーディングで飯を食えるようになってわずか数年しかたっていない。第1章で専門的なプロの技術を身につけるには意図的な練習を一〇年続ける必要があるという一〇年ルールについて説明したが、それらの優れたトレーダーのだれも一〇年のトレーディングキャリアは持っていないということには本当に驚かされる。

この疑問を解くカギは、**プロの技術を習得できるかどうかは年数ではなく、試行錯誤の学習の質と量によって決まる**ということである。短期トレーダーは毎日何百回ものトレードを繰り返し、数千ものマーケットパターンを観察している。またプロ野球の選手も毎日、それと同じくらいのボールを打っている。しかし、外科医がこれと同じ数の試行錯誤の学習をするには何年もかかるだろう。外科医にとって試行錯誤の学習は一定の期間を置いて実行しなければならないので、それも仕方のないことである。

こうした理由から、スキャルパー（小さな利ザヤを稼ぐトレーダー）と比較的長期のトレーダーの学習曲線はどうしても違ってくる（**図表5.2**を参照）。一日に一回しかトレードしないトレーダーは一年にわずか数百のマーケットパターンしか見ることができないが、スキャルパーは数日でそれと同じ数のパターンを経験する。このように長期と短期トレーダーの潜在学習には大きな格差が生じる。したがって、「トレーディングプランを立て、それに従ってトレードする」ということはポジショントレーダー（数週間から数カ月にわたってポジションを保有するトレーダー）にとっては大きな意味があるかもしれないが、スキャルパーにとっては何の意味もない。スキャルピングは顕在学習によって身につくのではなく、ＳＲＴ実験の被験者のようにいわば体で覚えるものである。ヤンキース史上最高のキャッチャーのひとりであるヨギ・

図表5.2　短期トレーダーと長期トレーダーのスキルの相違点

	短期トレーダー	長期トレーダー
思考プロセス	潜在的	顕在的
学習プロセス	試行錯誤の繰り返し	マーケットリサーチ
トレーディングスタイル	直観的な感じ	分析に基づくルール
トレーディングエッジの源泉	潜在学習による経験	顕在学習による知識
学習曲線の上昇トレンド	加速的	緩やか

ベラは、「プレートでは何を考えているのですか」という質問に対し、「バッターが立っているとき、ほかのことを考える余裕なんかないよ」と答えたというが、短期トレーダーもこれとまったく同じである。

一方、比較的長期のトレーダーは顕在学習による仕掛けと手仕舞いのタイミングを計っている。それは数分または数時間にわたって出現するマーケットパターンかもしれないし、またはヒストリカルな統計分析によって確認されたパターンかもしれない。そうしたパターンがトレーディングプランやトレード手法のベースとなる。そうしたトレーダーは一定のルールに基づいて行動し、そのルールを順守することで利益を上げる。(メジャーを代表する剛速球投手の)ノーラン・ライアンもそうしたタイプであり、彼はバッター一人ひとりについて詳しく分析し、この選手は速球(または鈍球)、あの選手は高め(または低め)、別の選手はインサイド(またはアウトサイド)が得意だというのをすべて知っていた。『ノーラン・ライアンのピッチャーズバイブル』（ベースボール・マガジン社）によれば、ヤンキースのスティーブ・サックスは高めの速球が好きなことを知っていたので、彼に対しては徹底的に低めのカーブを投げたという。これと同じように、保ち合い圏からのブレイクアウトに乗るのが得意なトレーダーは、上放れや下放れなどに特化して利益を上げる。

チェスプレーヤーや医者などのように主に顕在学習によってスキルアップする人たちの学習曲線は、上昇するまでにかなりの時間がかかる。システムトレードとは何年にもわたるマーケットデータをトレーディングパターンとして検証し、そうした経験から引き出されたルールを実際のトレードで実行する。仕掛けや手仕舞いがルールに基づいて行われるという意味で、スキルアップに向けた試行錯誤の学習はかなり節約できるだろう。一方、長期の裁量トレーダーは模擬トレードをしなければ、上昇・下降・横ばいという一通りの相場局面を経験するには何年もかかってしまう。**長期トレーダーにとって模擬トレードのメリットは、実際にトレードするよりもはるかに多くの試行錯誤の学習を経験できることである。**

多くのプロの技術とは、そうした潜在学習と顕在学習がミックスされたところから生まれる。ライアンは登板を待つ控えのベンチにいては、その日にどのように投球するのか分からなくなることを知っていた。彼にとって大切なことは、バッターとその日の自分の投球に関する感触である。ライアンはその日にどのようなボールを投げるのかを顕在的な情報に照らして決めるが、実際の投球法は潜在学習とトレーニングによって磨きをかけた。『ピッチャーズバイブル』

によれば、ライアンはメジャーリーグに入ったときは剛速球ながらコントロールは悪かったが、正確な投球を集中的に練習した結果、のちにはボールの速さを抑えながら変化に富むボールを投げられるようになったという。これと同じように、外科医の手術の技術は顕在学習によって学ぶが、メスなどの手術用具の使い方は潜在学習によって覚えていく。ランス・アームストロングのようなサイクリストも、当初は顕在学習によってレースプランを立てコースの知識を収集するが、どこでスパートをかけて先頭集団から抜け出すかなどのレース運びは潜在学習による感じでつかんでいく。

従来のトレーダー育成法の最大の欠点は、顕在学習に偏りすぎていることである。投資セミナー、ウエブサイトの情報、書籍・雑誌などはいずれも顕在学習であり、それによってマーケットやトレーディングの知識は得られるかもしれないが、プロトレーダーの言うマーケットの感じをつかむことはできない。多くのトレーダーに欠けているのは、潜在学習によるトレーニングである。

プロとアマチュアトレーダーを分けるもの――認識力

図表5.3は、意図的な練習（具体的で明確な目的を意図した練習）と潜在学習によってプロトレーダーとなった人々の特徴を示したもので、集中的な学習が彼らの認識と行動の仕方を変

図表 5.3　プロトレーダーの認識と行動

●認識　いろいろな情報をまとめて効率的に記憶する
●推理　前向きかつフレキシブルにいろいろな情報を更新していく
●知識　緻密なメンタルマップで知識を吸収していく
●行動　物事に対する反応と行動は素早い

化させていったことがよく分かる。これこそがリアルタイムな進化というものであろう。プロのトレーダーに限らず、あらゆる分野のトップパフォーマーも認識・思考・行動のあらゆる面でアマチュアとは大きく異なっている。トレーダーのスキルが上達していくと、彼らの見るマーケットはアマチュアの見ているマーケットとはまったく違うものとなる。

ここでチェースとサイモンが行ったチェスの実験について紹介しよう。プロとアマチュアのチェスプレーヤーである被験者を二つのグループに分け、中盤のチェス戦局をそれぞれのグループにわずかな時間だけ見せた。その目的は各グループが駒の位置をどれだけ正確に記憶しているかを見ることにあった。案の定、プロのグループはアマのグループよりもかなり正確に駒全体の位置を覚えていた。次に駒をランダムに並べたボードをそれぞれのグループにちょっとだけ見せてその記憶力を比較した。その結果は両グループともに駒の位置をほとんど覚えておらず、記憶力にそれほど大きな差はなかった。

以上の実験結果から言えることは、単なる記憶力という点ではプロとアマチュアにはそれほど大きな違いはないということである。しかし、チェスのプロはアマチュアよりも戦局に関する情報の処理能力がかなり優れている。例えば、ルーク（将棋の飛車）でキング（王将）を守るという戦局を考えたとき、そこではルークとキング、それにポーン（歩）などの役割に緊密な関係が存在する。プロはこうしたいろいろな駒の役割をひとつの情報として頭に入れる。一方、アマチュアは各駒のそうした役割の関係を知らないので、単に駒がばらばらにあるとしか認識できない。一定の基準に基づいて各駒の相互関係の情報をひとつのものとして取り込むという能力によって、プロはアマチュアよりもチェス戦局の多くの情報を正確に記憶している。これがランダムに並べられた駒の情報になると、プロといえどもこうした能力を発揮することはできず、双方の記憶力には優劣がなくなる。

もっとも、（いくつかの情報をひとつのものとして記憶する）こうしたチェスのプロの能力は、何も意識的に働かせているのではない。プロはキング、ルーク、ポーンというそれぞれの駒を見ているのではなく、ルークでキングを守るという状況を見ているのである。私のところにも睡眠不足・意気消沈・集中力の低下などの症状を訴える患者がやって来るが、私はそうした症状をばらばらにとらえるのではなく、それらはうつ病の潜在的な症状として診断し、そのほかの症状（アルコール・薬物依存症、その他の病気など）とは区別している。またアメリカンフットボールでボールを投げるためにポケット（クオーターバックがパスを繰り出すエリア）に下がってきたクオーターバックは、ラインバッカー、ラインマン、セーフティーマンなどをばらばらに見ているのではなく、相手チームのゾーンディフェンスの陣営とそのゾーンの継ぎ目を見ている。クオーターバックが見ているこうしたゾーンディフェンスの陣形や精神科医が診断するうつ病などは、チェスの「ルークでキングを守る」ことに相当し、いわゆるばらばらな情報をひとつのものとしてとらえている。

プロのトレーダーもマーケットの動きに素早く対応するときは、こうしたチャンキング（Chunking＝いくつかの情報をひとつのものとして記憶すること）を無意識にしている。例えば、チャートで三本の足が次のような動きを見せたときは（①一日目には大出来高を伴って下落した、②二日目には前日よりも少ない出来高でさらに少しだけ下げたあと、そこから戻して高引けした、③三日目にはさらに薄商いのうちに直近二日間の安値よりも高く推移した）、プロのトレーダーはそれをけっしてばらばらな三本の足の動きとはとらえない。そうしたフォーメーションはいわゆる売り物が枯れてきたことを示唆しており、それぞれの足の安値がほぼ同じ水準であれば、そこは売り物が尽きる支持圏であろう。プロのトレーダーは三本の足の動きをこうしたことを意味するものとしてとらえ、そこにトレードのチャンスを見つける。

以上の調査・実験結果が示すところによれば、トップパフォーマーは平均的なパフォーマーよりも特別に優れた視力や記憶力、反射神経などを持っているわけではないが、多くの潜在学習を繰り返してきたプロは、そうでない人よりもいろいろな情報を効率的に処理・記憶することができる。つまり、潜在学習というトレーニングを積んできた結果、ばらばらな情報をひとつのものとしてとらえる能力を身につけたのである。

「意図的な練習と潜在学習は新しい効率的な認識能力を育むので、いろいろな出来事に対して素早く創造的に対処できるようになる」

プロとアマチュアを分けるもの――推理力

プロはこの世界をアマチュアとは違う視点で見ており、その考え方もアマチュアとはまったく異なる。これは両者の認識能力が違うので当然のことである。パテルとフルーンによる内科医に関する調査結果によれば、ベテランと若手内科医の知識にそれほど差はないが、正しく診断する能力に大きな差があるのは推理力の違いによるものである。プロの内科医はいわゆる「前向き推論（事実から特定の仮説を結論として導き出す方法）」によって患者を診断するが、アマチュアは「後ろ向き推論（ある仮説が成り立つ条件を調べていくことによって、その仮説の正しさを検証すること）」という思考形式となる。これはプロとアマのトレーダーについても当てはまる。

一方、ここにジグソーパズルを組み立てようとする二人がいるとしよう。そのひとりはピッタリ合うものや真ん中に位置するピースに注目し、次に色別のピースを選り分けていく。次第にこれは風景のジグソーパズルであることが分かるので、木・空・山などのピースを組み合わせていく。これが前向き推論のプロセスである。最初に意味のある情報を探し、そこから全体の結論を推理していく。もうひとりはこれとはまったく異なるアプローチを取り、まず最初にこのジグソーパズルはジャングルを表すものではないかと推理する。それに従ってジャングルの動物や住人、熱帯植物などのピースを探していく。同じ色やぴったり合うピースを意味のあるカテゴリーに組み合わせていくのではなく、最初から茶色のピースは木、緑のピースは植物であると考え、そこからこのジグソーパズルがジャングルの風景であることを確かめていく。

経験豊富なベテラン内科医は患者が訴える痛みや吐き気の情報を収集し、次に体温を測るなどの処置に移っていく。つまり、患者の病状に関するデータに基づいてさらに質問を続け、それとは相反するようなデータを除外しながら最終的な診断を下す。一方、研修医などは患者の痛み・吐き気・高熱などに関するいろいろな質問によるデータに基づいて最終的な診断を下すのではなく、最初からこの患者はインフルエンザにかかっているという推論に基づいてその処置を行っていく。結論から後ろ向きに推理していくこの方法は、情報の収集という点でもかなり視野が狭くなる。インフルエンザとは関係のない情報が得られたときは、もう一度最初から別の仮説に関する情報を収集し直さなければならないからである。

駆け出しのトレーダーもこうした後ろ向きの推論をする傾向がある。マーケットの動きを読んでそこからトレーディングアイデアを引き出すのではなく、最初から自分の考えを裏付ける情報を探すからである。プロのトレーダーはよく「マーケットを自分のほうに引き寄せる」と言うが、これは医者の正しい診断と同じように、正しいトレードをするにはまず最初に正しいデータを収集しなければならないという意味である。こうしたことができるには、情報を収集してそこから最終結論を導き出すというプロセスのベースとなる「決定木（意思決定のための枝分かれ図）」を自分のなかに持っていることがその条件となる。

ベテラン内科医は患者の訴える症状の情報をひとつにまとめて、そこから正しい診断を下す。しかし、患者の病状に関する情報が支離滅裂でまったくランダムであれば、ベテラン医師でも研修生と同じレベルの診断しか下すことはできないだろう。情報の整合性は研修生にとってはそれほど大きな意味はないが、ベテラン医師にとっては決定的な重要性を持つ。これは前向き推論における正しい情報の大切さを表しており、とりわけ緊急治療室で働くベテラン外科医にとってこうした思考法は患者の生死を分ける重要な条件となる。

「正しい行動は正しい思考と整合性のある情報から生まれる」

内科医が患者からの情報をひとつにまとめて判断し、正しい診断を下すように、チェスの名人もいろいろな駒の情報をまとめてとらえる。私がこの原稿を書いているとき、欧州とアジアの株式相場は企業業績の悪化のニュースを受けて急落し、日本市場でも著名なインターネット企業の法律違反の発表でパニック売りが出ている。アメリカのS&P五〇〇も大きく下げたが、債券相場は堅調で原油価格も上昇している。ベテラントレーダーであれば、こうした各種マーケットの相関関係を正しく読んで、資金を投機的なリスク資産からより安全な資産にシフトするだろう。一方、こうしたロードマップを持たない投資の初心者は資金を投じているマーケットの動きだけに惑わされて、各種マーケットの相関的な動きなどはまったく理解できない。

こうしたメンタルマップ（心の地図）を持つプロのトレーダーは、アマチュアよりも柔軟に思考することができる。上記のように株式市場がパニック状態になったとき、プロのトレーダーは各種マーケットの相関関係に目を向けるが、初心者は安全な債券市場（ドイツ国債など）に資金を逃避することなど思いもよらない。景気後退のニュースで株式が暴落、債券が急上昇しても、投資の初心者は金利の低下は株式にとって好材料だと考えて保有株をそのままにしておく。このように、**アマチュアは事実だけを見ているが、プロはその前後関係を推理する。**プロは単純にAがBを引き起こすと考える代わりに、XとYの条件がそろったときにAはBを引き起こすが、条件が変わればCという状況にもなると考える。

ポール・フェルトビッチによれば、**フレキシブルなスキルを磨くには、できるだけ多くのバリエーションのなかでスキルを試すことである。**それによって、パフォーマーはどのような状況にも対処できるフレキシブルなメンタルマップを持つことができる。第二次世界大戦のとき、実際に銃を発砲した経験のある連合軍の兵士は全体のわずか一五％しかいなかったというクリス・マクナブの指摘を思い出してほしい。実戦を想定した訓練を受けていない兵士は、実際の危険な状況下で適切に行動できるメンタルマップを持っていない。トレーダーもこれとまったく同じである。ある局面で大きな利益を上げても、マーケットの環境が変わればそのすべてを失うトレーダーも少なくない。ヒストリカルなデータでいろいろな局面の模擬トレードをしないというのはまさにそうしたことを避けるためである。ハイリスク・ハイリターンのマーケットで迅速に正しい投資決定を下すには、フレキシブルなメンタルマップと効率的なトレード戦略がなければならない。

プロとアマチュアを分けるもの――反応と行動力

ミニS&P五〇〇先物を活発にトレードして一年間に一〇〇万ドルの利益を上げるトレーダーがいるとき、われわれはそうしたトレーダーは大きなエッジを持っていると考える。平均して一日に二〇〇枚を五〇回トレードしているトレーダーが、その枚数を一日当たり一万枚、または一年間に約二五〇万枚に増やせば、一枚当たり一〇分の一ティック（ミニS&P五〇〇先物の一ティック＝一二・五ドルなので、一〇分の一ティックは一・二五ドル）取っても大変な利益となる。マスコミなどはよくそうした計算をするが、そうしたトレーダーのエッジとは絶対に儲かるチャートパターン、有利なモメンタムオシレーター、または売買ポイントが分かる数占いなどではない。**プロトレーダーが有利な価格で仕掛け・手仕舞うことができるのは、優**

れた実行力によるものである。もちろん、優れたトレーディングツールや証券取引所と常時つながっている専用回線などもそうした実行力を支えるひとつの要因になっているが、とりわけ注目されるのはその素早い反応と行動力である。彼らは買いや売り圧力が弱まってきたと見ると、ほかのトレーダーがまねのできないようなスピードで仕掛けたり、保有ポジションを手仕舞ったりする。彼らが稼ぐ大きな利益とは、毎日繰り返されるそうした素早い行動の結果が積み上がったものである。

プロのトレーダーは意図的な練習を繰り返してきた結果、チェスの名人にも見られる優れた認識力を身につけた。それはマーケットのいろいろな動きをひとつの意味ある情報としてとらえるメンタルマップであり、緊急治療室の医師が瞬時に傷病者を優先順位付けて、この患者は手術室へ、あの患者にはＣＰＲ（心肺機能蘇生）処置を、別の患者には痛み止めの投与を指示するといった能力と同じである。そうした医師の頭には通常・緊急・大至急などといった優先順位の処置システムが組み込まれており、それは多くの患者を診察してきた豊富な経験がベースになっている。

一方、いろいろなスポーツ分野のアスリートの認識能力を研究してきたウィリアムズとスタークスの調査結果によれば、トッププレーヤーはそうでない選手よりも次の動きを予測する能力がかなり優れている。実験室でスポーツ選手のある行動の映像を見せると、トッププレーヤーは素早くその選手の次の動きを予測した。例えば、トップテニスプレーヤーは対戦相手の肩やラケットの位置や動きからサーブの来る場所を瞬時に判断し、素早くその場所に移動して適切なリターンを返す。また一流のバッターもピッチャーの投げるボールを瞬時に予測するし、アメフトのクオーターバックも敵チームのディフェンスの動きを素早く読み取る。こうした認識能力が反応行動と結び付いて、そのときの状況に迅速に対処できるようになる。

研究者のこうした調査結果とこれまで述べてきた潜在学習の効果を総合的に判断すると、プロとはそのときの状況のいろいろな可能性を素早く判断し、次の行動に移ることができる人々である。プロのテニス選手は対戦相手のサーブが来るであろう位置を瞬時に判断するが、これはサーブの位置を正確に予測する判断力はもちろん、自分のそうした能力に対する大きな自信もそのベースとなっている。

これをトレーディングに当てはめてみると、こうしたトレーダーのひとりが先に紹介したキングズトリー社のスコット・プルチーニである。ミニS&P五〇〇先物の超短期トレーダーである彼は、一日に何千枚、何百回ものトレードを目まぐるしく繰り返す。最近では特に変動の大きいマーケットでのトレードが目立っており、大量の情報を素早く正確に処理してわずか数秒ごとに売ったり買ったりしている。彼のトレードを見せてもらい、またトレーディングに対する彼の考え方を聞くと、プロのトレーダーとはどのような人なのかについてその一面を垣間見ることができる。

スコットはマーケットについて彼特有の詳細な知識を持っている。大口トレーダーとそのトレーディングスタイルについてよく知っており、ほかの人が見たらランダムとしか思われないそうした情報から大きなチャンスを引き出す（例えば、今のマーケットを支配しているのはローカルズであり、彼らはまだ売っている――など）。彼は売買注文の推移も詳しくフォローし、その規模と平均価格から次のトレードチャンスの手掛かりを見つける。私のスクリーンで彼のトレードを見ていると、ポジションを取ったあと、予測もつかない行動に出ることにはよく驚かされた。例えば、私がその仕掛けは失敗だと思い、ちょっとスクリーンから目を離したすきに、スコットはすでにそのポジションを手仕舞い・ドテンし、数ティックを取っているのである。さらに私の相場観に照らして彼のポジションの行方を考えているわずかの間に、彼はもうそのポジションを手仕舞って、新しい情報に基づくトレードを始めているといった具合である。

そうしたスピーディーなトレードはすべて自動的に行われている。つまり、Xという状況が出現したときはYという行動を取るということが、彼の頭のなかではひとつのパターンとなっていた。XとYとの関係がいろいろなバリエーションのなかで繰り返し検証されてきたので、もはやそれは彼の本能の一部となっている。私の「顕在的思考」プロセスは、彼のそうした自動的な「潜在的思考」プロセスにはとてもついていけない。もちろん、多くのプロトレーダーはスコットほど目まぐるしくトレードすることはないが、それでも多くの専門知識を持ち、膨大な情報をリアルタイムに処理して素早く正確な判断を下している。彼らのそうした優れた判断力も、いろいろなマーケットの状況に何度もさらされたことによって高度な認識力になったのであろう。

「練習がわれわれを完全に近づける。チャレンジ的な経験を繰り返すことによって、われわれの認識・推理・行動力は大きく変化する」

プロの技術とメンタリングの役割

既述したように、ベンジャミン・ブルーム教授の研究によれば、アスリートはいくつかのスキル段階を踏んでプロの技術に到達する。初期の段階ではメンターはサポートの役割を果たし、基礎技術を教えたり、生徒のモチベーションを高めることが主な仕事になる。生徒の能力がはっきりしてくるとメンターの指導は第二（中期）段階に入る。練習は規則正しく体系的になり、スキルの向上がメーンとなる。初期段階のメンターがリトルリーグのコーチであるとすれば、中期段階ではハイスクールのコーチのようなものである。この段階になるとその才能が次第に顕在化し、いろいろな状況にも素早く適応できる生徒も出てくるので、コーチはそうした有望な選手を選抜し、プロの技術を目指す第三段階の指導に移る。この段階のコーチはカレッジバスケットボールの名コーチであるディーン・スミス、世界的なテニスプレーヤーを数多く育てたニック・ボロテリー、世界的なレスラーのダン・ゲーブルなどオリンピッククラスのプロトレーナーとなり、選手はさらに高度な訓練メニューをこなすことが要求される。一日の練習は何時間にもおよび、その内容も高い集中力が求められるハイレベルのものである。もはや単なるスキルの向上ではなく、国際的にも通用するプロの技術を目指すトレーニングである。私が知っているプロのトレーダーはすべてこのレベルにあり、闘争心が強く、長期にわたり現状に甘んじていることはない。一日に五～六ケタの利益を上げるトレーダーも珍しくないが、それでも「今日の出来はあまり良くなかったな」などと言っている。それはけっして謙遜や完璧主義ではなく、トップトレーダーとしての自分に対する期待感の表れである。

ブルーム教授の研究メンバーであるローレン・ソスニアク研究員によれば、優れた才能をプロの技術に高めるときに決定的な役割を果たすのはインストラクターである。そうしたメンターはときに人間の限界にチャレンジするような要求を選手に突き付ける。プロのパフォーマーは常に今のスキルレベルを超えようとしており、それがさらなるレベルアップの原動力となる。シール（米海軍特殊部隊）の訓練でも隊員たちに単なる武器の組み立てを命じるのではなく、水中での限られた時間にそうしたことができるように指導する。そうしたプロのメンターは実戦耐久力のある人々であり、隊員たちにどのような状況にも対処できる能力を身につけさせたいと思っている。いわば彼らは隊員を進化させる役割を担っている。

先に指摘したように、そうした能力を身につけるには認識・推理・行動力のあらゆる面で大きく変化しなければならない。過酷な条件下で訓練されたエリート部隊の隊員たちは、普通の人が見たらゾッとするような状況にも自動的に対処できる能力を身につけている。トレーダー・マンスリー誌はこのほど、行動するヘッジファンドマネジャーであるボブ・チャップマン氏に関する記事を掲載したが、それによれば、彼はカンボジアのジャングルを探検中に凶暴な野生のサルの群れに遭遇した。彼を見たサルたちは歯をむき出しにして今にも襲いかかろうとしていたが、チャップマン氏はとっさにそうしたサルたちをジッとにらみ、自分も歯をむき出しにして大きなうなり声を上げた。これまで経験したことのないそうした人間のものすごい形相に（おそらく）度肝を抜いて、サルたちは逃げていったという。そうした状況下でサルたちをにらみつけるということにびっくりしたのは私だけではないだろう。彼がその記事のなかで言っているように、そうしたとっさの反応はいつも激しい闘争心を植え付けてくれたアグレッシブなメンターの教えが頭に入っていたからできたのだという。彼が並外れたトレーダーになれたのもそのメンターのおかげであると語っていた。

プロのメンターはその分野の技術はもとより、微妙なニュアンスについても精通していなければならない。これはその分野の高度なテクニックに関するもので、例えば、サイクリストであるランス・アームストロングのクリス・カーマイケル・コーチは、スプリント（全力疾走）のメニューを爆発的な加速、全力走行、リズミカルなペダルアクション、（坂道を猛スピードで走る）加速度走行の四つに細かく分けて練習させたという。こうしたそれぞれのトレーニングにはきめ細かなテクニックの指導が求められる。例えば、ニック・ボロテリーはプロのテニス選手と次のようなサーブのリターン練習を重点的に行った。対戦相手の選手が打ってきたファーストサーブを相手のコートの真ん中に返すと簡単に打ち返されてしまうので、相手の弱いところにリターンボールを打ち込めるように特別なテクニカルトレーニングを重ねたという。

スポーツ選手がメンターの適切な指導によってスキル面でレベルアップするまでに、試合で勝とうというモチベーションはほぼ確立される。ボブ・ナイト（カレッジバスケットボールの名コーチ）が強調しているように、それは単に試合で勝つという意志ではなく、試合で勝つためのそうした意志を作り上げるプロセスである。しかし、試合で勝つためにはそうした意志だけでは不十分であり、毎日の厳しいトレーニングをつらいとは思わなくなるようなフロー状態（寝食も忘れるほど自己没頭している状態）を作り出すことがカギとなる。

アスリートたちの心にそうした意識が芽生えたとき、メンターの役割はそれまでのモチベーター（動機付けをする人）からチューナー（選手をベストの状態に調整する人）に移行する。ダン・ゲーブルのようなレベルのレスラーを指導するコーチは、もはや高い集中力や規律を維持しなさいといったアドバイスをする必要はない。その仕事は次の試合の対戦相手の長所と短所を分析し、その弱点を徹底的に攻撃しながらこちらの強みを最大限に発揮できる戦略やプランを練ることである。これと同じように、私もプロのトレーダーたちには大きな利益を上げるように励ますことなどはせずに、株式市場と逆相関の関係にある原油などのマーケットが上昇してきたので、トレード戦略の変更が必要ではないかといったアドバイスをする。プロのトレーダーでもこれまで利益を上げてきた戦略をいきなり変更するのは難しいので、もっと有利な戦略やマーケットがあることに徐々に目を向けさせるようにしている。

それならば、メンターはどのようにしてプロのパフォーマーをサポートするのだろうか。そのひとつの方法は、高度な情報を処理するという役割モデルを担うことである。投資家のオンライン教育に注目しているノーザンケンタッキー大学のマット・フォード教授は、「教室の授業といった従来の教育では体系化されていない知識を教えられないので、投資家はプロのやり方を観察することによってトレーディングの潜在学習をすることができる」と述べている。具体的には、プロトレーダーのトレード手法やトレーディングアイデアをリアルタイムに観察することで、自らのトレード技術を磨くというものである。マスコミなどが盛んに言っているように、トレーディングのスキルとは単に株価指標やチャートパターンなどをうまく使って利益を上げる技術ではない。プロのトレーダーはアマチュアとはまったく違う基準でマーケットの情報を処理し、その高度なメンタルマップ（心の地図）によっていろいろなノイズが満ちあふれているマーケットから利益のチャンスを見つけだす。

次の各章ではトレーダーが自らのトレード手法と心のあり方を自己観察し、必要に応じてそれらを手直しすることによって、トレード能力の限界を乗り越えていく方法について検討する。

第6章 技術・戦術・戦略――トレーディングの成功に至る道

「観客は自分のプレーを見に来るのだから、ベストを尽くさなければならないね。われわれの人生はパッチワークで作ったキルトのようなものだよ。それとも、いろんなものがゴタゴタ入っているクローゼットや洗濯袋のようなものかもしれない。人生をかけてトレーニングしてきたのは、わずか一〇秒で走るためさ」

――ジェシー・オーエンス

オハイオ州立大学のスター、ジェシー・オーエンスはどう見ても走れそうになかった。この晴れの日の一週間前に階段から落ちて治療を受けてきたが、背中にはまだ痛みが残っていた。彼はコーチに「それでも一〇〇ヤード走をやらせてください」と頼み、驚くべきことにその当時の世界記録タイ（九・四秒）で優勝した。それから一五分後に出場した走り幅跳びでは、野球の神様とも言われたあのベーブ・ルースの大胆さと自信満々さを彷彿とさせるように、世界記録のところにハンカチを置き、それを約一五センチも上回る新世界記録を打ち立てた。さらにその直後には二二〇ヤード走と二二〇ヤードのハードル走に出場し、いずれも世界記録で優勝した。それから一年後の一九三六年にベルリンで開かれたオリンピックでは、アメリカ人のアスリートとしては初めて四個の金メダルを獲得した。

それまでのジェシー・オーエンスの才能はまだ未開発で、一〇〇メートル走で一〇秒を切るために必死にトレーニングを重ねていた。しかし、彼には体の痛みを乗り越えて走れる強靭さと、自分の実力に対する揺るぎない自信というメンタルエッジ（精神的な強さ）があった。こうしたタフな心は体が故障しても崩れなかった。ボクサーのモハメド・アリ、マイケル・ジョーダン、サイクリストのランス・アームストロング、レスラーのダン・ゲーブルなどは、人並み外れた自信と闘争心によってトップアスリートになったが、同じような体格を持つほかの選手に欠けていたのはまさにこうしたメンタルエッジである。それならば、これらのトップアスリートたちはどのようにしてそうしたメンタルエッジを身につけたのか。

パフォーマーの技術と成功

プロのパフォーマーとは機械的にプレーして成功する人、つまり、いつでも正しい方法で正しい行動ができる人である。例えば、自動車製造工場は毎日同じ方法で同じ信頼性の高い車を生産し、製品のばらつきは絶対に避けなければならない。マクドナルドのどのフランチャイズチェーンでも同じハンバーガーを販売するため、厳しい訓練プログラムと製造・接客マニュアルが実施されている。また優れた外科医はすべての患者に対して、いつでも同じように正確な手術を行う。優れた親も子供たちをえこひいきしないで、いつでも同じ態度で接するものである。

プロのアスリートもこれとまったく同じである。フィアンセがニューヨーク・シティ・バレエ団のスターバレリーナであるウエンディ・ウエーランの踊る姿を何度もカメラで撮ったところ、いつでもまったく同じ形で跳躍しているのにびっくりしたという。頭の回転や脚のアングルなど、すべてがいつでも同じだった。タイガー・ウッズの伝記作家であるビル・ガットマンによれば、ウッズもほぼ理想の角度でいつでも驚くほどの正確さで同じスイングをする。メジャーを代表する剛速球選手のノーラン・ライアンはいつでも同じように投球するため、自分の投球する姿をビデオに撮り、その動きをいくつかのチェクポイントに分けて詳細に分析した。例えば、①投球する直前に左足を肩の高さまでけり上げる、②けり上げた左足が地面に戻るまではボールを離さない――といったことをきちんと守れば、ワインドアップ（投球直前に腕を振り上げて回すこと）のときに体の動きがバッターの目によく見えなくなるので、どのような投球をするのかが読まれなくなる。

タイガー・ウッズやノーラン・ライアンと同じように、テッド・ウィリアムズ（二〇世紀最後の四割打者）も自分の動きを正確な機械のように統一していた。両足を約七〇センチに開き、バットを地面とほぼ垂直に構え、スイングするときは尻を少し後ろに引いた。バットもすべて同じ重さだった。『テッド・ウィリアムズのバッティングの科学』によれば、ルイビル・スラッガー社がテッドに六本のバットを進呈し、そのなかに一本だけ一四グラムほど重いバットを入れておいたところ、彼は目隠しでそれを言い当てたという。

何らかのエッジ（強み）を持っていながらも、ほとんど毎回違うトレードをしているトレーダーもいる。例えば、ポジションサイズがいつも違っていたり、仕掛けのタイミングがまちまちで数ティックを無駄にしているトレーダーなどである。ミニS＆P五〇〇先物の一ティックは一二・五ドルなので、わずか数ティックなどはたいした問題ではないと思われるかもしれないが、ちりも積もれば山となるように、一年間に二五〇日もトレードしていればその金額はけっしてバカにならない。一日に二枚を二回トレードしているとき、各トレードで一ティックを失えば、一年間では一万二五〇〇ドル、一〇万ドルのポートフォリオでは八％もの損失となる。

一方、ノーラン・ライアンのように一定のルールに基づいて一貫したトレードを実行しているトレーダーもいる。そのルールは単純で大ざっぱなものから（その日のトレンドに沿ってトレードする――など）、かなり詳細で具体的なものまで多岐にわたる（ストップロスを入れた価格帯の五分間の出来高が、直近五分間の出来高を上回ったらポジションを手仕舞う――など）。そうしたルールを設けることのメリットは、ライアンがビデオで自分の投球フォームを研究したように、自分のトレードがいつも一貫しているかどうかをチェックできることである。いわば、そうしたトレーディングルールとはマクドナルドのマニュアルと同じように、自分のトレード手法を順守するためのベースとなる。

裁量トレーダーのように、自分の相場観に基づいてトレードしているときは、そうした一貫したトレードをするのはかなり難しいが、まったく不可能というわけではない。私は社内でトレーダーがどのようにトレードしたり、どの価格帯で仕掛け・手仕舞うのかを観察しているが、彼らが利益を出すときのパターンはだいたい決まっている。それは彼らのトレーディンググループのようなもので、トレーダーたちのパフォーマンスを評価するときの基準となる。

例えば、プロトレーダーのマーク・グリーンスプーンは保ち合い圏からのブレイクアウト（上放れ・下放れ）で取るのが得意であり、ブレイクアウトのポイント近くで（または、ブレイクアウトが起きた直後に）仕掛けたときに大きな利益を上げている、一方、ブレイクアウトが起きるのを予想して、その価格帯からかなり離れたところに仕掛けたときはあまり成功していない。そうしたときに私は、彼が得意のパターンから逸脱したことを示す比喩的なミラー（鏡）を見せるようなアドバイスをする。

一方、スコット・プルチーニはマークとはまったく異なるタイプのトレーダーで、その仕掛けと手仕舞いはかなり素早く、方向らしきものもほとんどない。勝ち・負けポジションを素早く手仕舞って小さな利益を積み上げていくのが得意であり、マークのようにブレイクアウトで大きく取るということはほとんどしない。そして勝ち・負けを問わず、ポジションにしがみついているときはあまり成功していない。そうしたときは彼のトレード手法を少し調整する必要があり（例えば、仕掛けたときに少しきつめのストップロスを入れておく――など）、そうした微調整は時間がたつにつれて大きな効果を発揮する。テッド・ウィリアムズは自分の決めたストライクゾーンから少しでも外れたボールにはけっして手を出さなかったが、そうしたルールが平均的な二割五分バッターと偉大な四割打者を分けた。トレーダーも彼にならって、見送る時期や積極的にトレードするマーケット、仕掛け・手仕舞い・保有するときのルールを自分なりに決めるべきである。

「一貫した行動を順守する小さな努力の積み重ねが大きな成果を生む」

独学でトレーディングをマスターしようという人は自分で自分の行動を監視しなければならないが、これは口で言うほど簡単ではない。客観的で中立的な観点から自分の行動を見なければならないからだ。例えば、私がこの原稿を書いたあとに少し期間を置いて、もう一度この部分を読み返したとしよう。おそらく意味不明、まずい表現、説明不足などに気づくだろう。執筆している最中にはそうした欠点にも気づかないが、今度はそうした欠点がないようにと意識して書こうとすれば、筆は一歩も先に進まないだろう。**これと同じように、トレーダーもいわば無意識・自動的に実行しているトレードの最中に、自分のルールに忠実であるかどうかを客観的に確認することはできない。**私の場合と同じように、彼らもトレードをいったんやめて、今までとは違う中立的な観点から自分を見る必要がある。そしてありがたいことに、今ではこうしたことができるツールも簡単に入手できる。

トレード技術を向上させるためのトレーディングジム

トレード技術を向上させるにはビデオやトレード日誌なども効果的であり、またヒストリカルなデータや実際のマーケットでの模擬トレードを含めて、私が「トレーディングのジム」と呼ぶものは今では簡単に利用できる。ジムとはスポーツ選手がトレーニングを行う場所であり、いろいろなマシンが設置されているウエートトレーニング室では、基礎トレーニングから心肺機能の向上までその選手のニーズに合った練習ができる。あらゆるパフォーマンスの分野にはそれに応じたジムがあり、パフォーマーはそこで自分の技術に磨きをかける。プロのダンサーのジムはインストラクターや壁鏡などがあるけいこ場、チェスプレーヤーのジムは高度なコンピューターソフト、ジャズミュージシャンのジムは喜びや収入を得るとともに、曲のリズムや即興演奏の技術も磨けるジャズバーなどである。

ナスカー（NASCAR＝全米ストックカー協会）のウインストンカップに参加するピットクルーたちにとって、トラックはいろいろな技術が磨けるジムである。レースを目前にしたプレッシャーと大きなリスクのなかで、彼らは頻繁にレーシングカーのタイヤを交換し、燃料を補給する。チームのメンバーはそれぞれ異なる技術が求められる。ピット・インストラクション＆トレーニング社のブレオン・クロップ指導員によれば、タイヤ交換の作業員も高度な反射神経が要求される。ジャッキで素早く車体を持ち上げるには強靱な上半身が必要であり、チームのメンバーはストップウオッチで時間を計りながらテキパキと作業を進める訓練を行う。彼らはすべてそれぞれの分野のプロであり、ほかのメンバーに迷惑をかけないように自分の仕事を正確かつ効率的に進めなければならない。ジャッキの使い方やタイヤ交換などで少しもたついていると、一秒を争うレースの勝敗に大きく響いてくるからである。

駆け出しのトレーダーは、トレーディングとは単に株式などを買ったり、売ったりすることだと考え、トレード技術の優劣がその勝敗を決めるということに気づいていない。もしもトレーディングが株式の単なる売買行為にすぎないとすれば、ナスカーのレースもレーシングカーを走らせたり、ストップさせるだけのものになってしまうだろう。トレーディングのジムという問題を詳しく検討する前に、ここで少しトレーディングの技術について説明しておこう。トレーダーによってトレーディングのニッチが異なるので、トレード技術の重要性を一律に論じることはできないが、はっきりしているのはトレーディングとは単なるひとつのスキルではなく、アスリートや医者などが持つ一連の複雑な総合技術のようなものである（**図表6.1**を参照）。

駆け出しのトレーダーはチャートを見て、価格が上がりそうだと思えば、大きな利益を得ようといきなり大きなポジションで買っていくだろう。その思惑が当たればそうした利益を手にできるだろうが、価格が逆行すれば大きな損失を被る。そのトレードには何のルールも一貫性もない。そのやり方は「クイーン（将棋の飛車＋角行のような駒）を動かすのは今だ」と直観するチェスの名人の判断とはまったく違う。一方、プロのトレーダーは上手にトレードする

図表 6.1　トレード技術を構成する個別のスキル

- **トレーディングアイデアをまとめる**　有効な結論を得るために正しい方法で情報を収集し、マーケットの動きを特定のトレーディングアイデアにまとめる。
- **マーケットの局面を正しく評価する**　マーケットの局面を正しく評価し（トレンドのある・保ち合い・変動の大きい・動きの鈍いなど）、それに応じたトレーディングアイデアに基づいてトレードする。
- **正しく注文を出す**　少しでも有利な価格で約定できるように、マーケットの状況に適した注文を出す。
- **注文を出す価格**　損失を最小限に抑え、利益を最大限に伸ばすため、需給関係が変化する価格帯を見極めて注文を出す。
- **注文の出し方**　初期のリスクを小さく抑え、平均値が有利になるように仕掛ける。また順行している値動きから大きな利益を引き出すようにポジションを段階的に手仕舞う。
- **ポジションのサイズ**　不利な状況での損失を抑え、利益のチャンスを生かせるようにポジションサイズを調整する。
- **分散投資**　リスクを分散するために相関性の小さいマーケットに分散投資する。
- **手仕舞いのルール**　トレーディングアイデアが間違っていたときのルールを明確にし、適切なストップロス（逆指値注文）を入れてリスクをマネジメントする。
- **フレキシブルな手仕舞い**　ストップロスによって利益を確保・増大する。
- **スピーディーなトレード**　素早い意志決定とトレードを心掛ける。
- **正確なトレード**　正しい注文によってトレードミスをなくす。
- **効率的な情報処理**　リアルタイムな情報を効率的に処理し、正しいトレードに役立てる

ことと利益を上げることは別だと考えている。そうした考えはトレード技術というものを念頭に置いており、スコットやマークのようなプロのトレーダーが「上手にトレードできた」と言うとき、それは必ずしも大きな利益を稼いだという意味ではなく、トレードが基本的にうまくできたことを意味する。

彼らのトレード技術はそれほど派手ではないが、それでもコンスタントに利益を上げている。私は彼らのようなプロのトレーダーが

少しでも有利な価格でポジションを入れるために、そのときが来るまで辛抱強くじっと待っているのをよく目にする。買いのポジションを入れるのは今の価格よりも一ティック安いところであり、それよりも高いところはけっして買わない。また上手なトレーダーは自分のトレーディングアイデアに自信を持ったときに仕掛けるが、そのやり方は当初のリスクを小さくし、利益のチャンスを伸ばすために段階的にポジションを入れていく。ナスカーのウインストンカップに出場するピットクルーたちが一秒を競うように、こうしたちょっとした心掛けが時間の経緯とともに大きな損益の差となって表れる。このようにトレーディングの技術とは、トレードするときにどれだけの相乗効果を発揮させるかという技術にほかならない。

あるトレーダーのケース

トレード技術というものが理解できなければ、トレードで成功することはできない。トレーディングジムの利用法について説明する前に、あるトレーダーのケースを紹介しよう。カールはまさにそうしたトレーダーのひとりで、経験の浅い彼は一定期間の模擬トレードを経たあとに数枚で実際にトレードを始めた。私がそのオフィスを訪れたとき、彼はいつになく動きの鈍い日中のナスダック指数先物をトレードしていた。私の見るところ、相場は行き詰まっているように思われた。価格はトレンドにない小動きをしばらく続けたあとにちょっと上がったが、カールはそこですかさず三枚の買いを入れた。私はできるだけ穏やかに「どうしてそこで買いを入れたの」と尋ねたところ、彼は私を見上げながらかなりの確信を持って「これ以上下がらないと思ったので」と答えた。

価格はそこでしばらく保ち合ったあと、再び先の水準まで下げたので、カールのポジションは二ティックの損失となった。その後さらに一ティック下げたところで、彼はその三枚を損切りした。驚いたのは、彼は私に自分のそうした素早い行動をほめてもらいたがっていたことである。カールのトレード技術の未熟さを指摘すると次のようになる。

●**筋の通ったトレーディングアイデアがない**　「これ以上下がらないと思ったので」という判断には、大切な資金を合理的に投じるためのきちんとした根拠は何もない。出来高がかなり少ないうちは、相場はそれほど大きく動かないというのが現実である。合理的なトレーディングアイデアがなければ、マーケットのチャンスをとらえることはできない。

●**チャンスを見誤った**　動きのない相場では急いで仕掛ける必要はない。仕掛ける合理的な理由があったとしても、少し待って有利な価格で買いを入れるべきだった。彼が買ったその価格帯は、すでに買っていたトレーダーの絶好の利食い場だった。

●**衝動的に仕掛けた**　トレンドのあるマーケットでは保ち合い圏からのブレイクアウト（上放れ）はよく起こり、そうしたときに買っていけば大きく取れるだろう。価格がどちらに向かうのかが分からないときに、いきなり大きなポジションを取ってリスクにさらすのは賢明ではない。

●**衝動的にポジションを手仕舞った**　価格が明らかに反対方向に向かっていることを確認してからでも遅くないのに、少し逆行したという理由だけでポジションを手仕舞った。ブレイクアウトの動きや大量の買いが入ったことなどを確認しないで、単に損失という痛みに耐えることができなかった。

●**情報を正しく処理しなかった**　大量の買いが入った、または売りが出たという証拠をつかまなかった。価格が逆行する前に買い方が注文を引っ込めたのかもしれず、それを確認してから行動すべきだった。

カールは駆け出しのトレーダーで、そうしたレベルのトレーダーにトレード技術のことをうんぬんするのは少し酷かもしれない。しかし、かなりのベテラントレーダーでもトレード技術に大きな問題がある人もいる。あとで詳しく述べるように、そうした問題は主に心のあり方に起因している。例えば、利益の出ない月末に何が何でも儲けなければならないという大きなプレッシャーを感じているトレーダーは、マーケットのニッチを見極めたり、有利な価格になるまで辛抱強く待たないで衝動的にトレードをしてしまう。一方、トレード技術を習得するときに悪い癖がついてしまったケースもある。例えば、大きく変動する局面でもきつめのストップロスを入れるトレーダーは、機関投資家などがちょっと大きな注文を入れるとすぐにストップポイントにヒットして利益のチャンスを失うこともよくあるが、これなどは必ずしも基本的なトレーディングアイデアが間違っているわけではない。

カールを含めたそうしたトレーダーに対する私からのアドバイスは、自分のトレード技術をじっくりと見極めなさいということである。仕掛けと手仕舞いによって利益を上げることも大切であるが、それと同時に、ポジションサイズの増減から手仕舞いに至るまでのポジションのマネジメントにも目を向けるべきである。多くのトレーダーはトレーディングを利益・損失という基準だけで考えているが、トレード技術の本質とは損益に至るトレードのプロセスであろう。すなわち、**トレード技術というものを知り尽くしているプロのトレーダーにとって大切なことは、何をトレードするのかではなく、どのようにトレードするのかである。**

「利益とは単なる上手なトレードの結果ではなく、優れたトレード技術の成果である」

トレード技術のチェックリスト

トレード技術と言うとき、あなたは何を思い浮かべるだろうか。以下はカールの経験を踏まえてまとめたトレード技術のチェックリストである。

●**合理的なトレーディングアイデアを持っているか**　自分のトレーディングアイデアがトレードしているマーケットの環境、そのときの相関するマーケット、需給の状況、その日のトレード戦術などを含む総合的な戦略に合致しているか。

●**有利な価格でトレードしているか**　仕掛けるときのポジションは相場の流れに順行しているか、有利な価格で成約したか、リスクとリターンのバランスが取れたポジションになっているか、トレーディングアイデアを最大限に実現できるような価格で仕掛けられたか。

●**ポジションサイズとリスク許容度はバランスが取れているか**　当日・今週・今月のトレード収支を大きく崩すようなポジションサイズになっていないか、自ら墓穴を掘るようなリスクを取っていないか、初期リスクを最小限に抑えるようなトレードをしているか、マーケットの方向を見極めないうちにポジションを大きなリスクにさらしていないか。

●**リターンを極大化し、リスクを極小化するようなマーケットへの分散投資をしているか**　多様なマーケットや投資対象、タイムフレームなどによってリスクを分散しているか、相関の小さいマーケットに分散投資する代わりにひとつのマーケットや投資商品で大儲けしようと思っていないか、自分のトレーディングアイデアに合致したマーケットや投資商品を分析しているか、自分のトレーディングアイデアがマーケットのうわさなどに振り回されていないか。

●トレードミスに気づいたときの手仕舞いルールを明確に決めているか　ポジションの手仕舞いルールを事前に決めているか、それとも損失が大きくなりすぎたときにやっと手仕舞うのか。損失を確定する前に相場の方向をきちんと確認しているか、それとも損失を出して初めてそのことが分かるのか。ストップロスのポイントを移動して利益を確保しているか、それとも不注意に評価益を評価損にしていないか。ポジションを手仕舞ってきちんと利益を確保しているか、欲を張って評価益をリスクにさらしていないか。

●マーケットの動きを常にチェックして、仕掛けたときの需給環境が今も続いているのかを確認しているか　トレードしているときはもちろん、静観しているときもマーケットの環境をきちんとチェックしているか。そのときのマーケット環境に存在するチャンスを見つけようとしているか、行き当たりばったりのトレードをしていないか。トレードのリスクとリターンの可能性を常に再評価しているか、それとも当初の評価をそのままにしていないか。

こうしたトレーディングの技術とはボクシングのフットワークやスタンス、バスケットボールのパスやブロックのようなものである。そうした技術とは、いつ何をすべきかという戦術とは異なる（戦術とはもっと広範な戦略のひとつを構成する）。**どのような戦術をとろうとも、いつでも変わることなく実行する基本となるのが技術である。**例えば、バスケットボールでゾーンディフェンスまたはマンツーマンディフェンスのどちらを採用するのかというのが戦術であり、ドリブラーをガードするには常にボールの前にいる、ボールを持っていないときでも常に動いているというのはバスケットボールの基本技術である。つまり、**戦術と戦略は正しく実行すべきことに関するもので、それを正しい方法で実行するのが技術である。**

レーンジャー（米陸軍特殊部隊）のジムは演習場であり、そこでは隊員たちがいろいろな戦闘技術を体で覚えるまで基礎訓練と模擬戦闘が繰り返され、訓練教官は隊員一人ひとりとチーム全体の行動を厳しく監督して事後検討する。上記のトレード技術のチェックリストもこれと同じで、トレーダーは各項目に照らして自分のトレードを事後検討すべきである。**その目的はチェックリストの各項目を何回も繰り返して習慣化してしまうことにある。**優れたトレーディングの基礎とは、規律というよりも習慣によって作られる。つまり、皿に十分な野菜を盛りつけようと努力するのではなく、毎日歯を磨いたり体を洗ったりするように、習慣的に仕掛け・手仕舞いができるようになることである。

リスクマネジメントの大切さ

それならば、これまで述べてきたトレード技術を正しいリスクマネジメントと調和させるにはどうすればよいのだろうか。私が知っているトレーダーの多くが、自分の取っているリスクの大きさとリターンとの関係をきちんと理解していないことには本当に驚かされる。彼らは連敗によってではなく、わずか数回の損失で資金を大きく減らしている。さらに負けトレード日よりも勝ちトレード日のほうが多いのに、月末または年末で締めると結局は損失となっているトレーダーも少なくない。それは負けトレードの平均ポジションが勝ちトレードのサイズよりも大きいからである。

学問的な研究によれば、いろいろな投資商品からのリターンはけっして均一に得られるのではなく、大きく儲けられたり、その反対に大きな損失となる時期はかなり偏っている。一九八七年一〇月や一九九七年一〇月は後者であり、大強気相場がスタートした一九八二年八月や二〇〇三年三月は前者の典型である。上昇・下降相場がこのように一時期に偏って発生することを「系列相関」と呼ぶが、トレンドの大きい相場では急上昇したり大きく下降する日が何日も連続することを言う。したがって、正しいリスクマネジメントを実行しないでこうした相場で大きなポジションを取ると、あっという間に資金を失ってしまう。

ケニス・L・グラントはその著**『投資家のためのリスクマネジメント――収益率を上げるリスクトレーディングの真髄』**（パンローリング）のなかで、「トレーダーはリスクをポジションサイズの一定率以下に抑えるべきだ」と述べている。例えば、利益と損失の確率が六対四のトレーディングアプローチを取っているとき（売買手数料などは含めない）、四回連続して負ける確率は約二・五％（四回累乗したトレードの四〇％）となり、かなり頻繁にトレードしたときは一年間に一回以上起こる可能性がある。トレードの勝敗を決めるもうひとつの要因はポジションのサイズで、資金に余裕を持たせた適正なポジションでトレードしているかぎり、投資資金を大きく減らす確率はかなり低くなる。ビクター・ニーダーホッファーは『ザ・エデュケーション・オブ・ア・スペキュレーター（The Education of a Speculator）』のなかで、「一ドルの資金を一〇ドルまで増やそうと思えば、各トレードの勝率が六〇％であっても全資金を失う確率は六六・一％に達する」と述べている。これを逆に言うと、勝率が六〇％のときに一〇ドルまで資金を増やすには四ドル以上の初期投資資金が必要となる。正しいリスクマネジメントを実行し、さらに無理のないポジションでトレードしないと、とりわけ投資の初心者はすぐに資金を失ってしまうだろう。

もちろん、こうした仮説ではトレーダーの投資心理は考慮していない。数回大きく負けたトレーダーはそれまでのやり方を変更し、失った資金を取り戻そうとポジションを大きくしたり、トレードの頻度をさらに上げるだろう。そうすれば六対四という当初の利益と損失の確率は半々となり、負ける確率はさらに大きくなる。その結果、数カ月かかって稼いだ利益をたった一日で失うことになり、資金的にもまた心理的にもそうしたダメージから回復するのは容易なことではない。グラントの正しいアドバイスを聞き入れて損失リスクをポジションサイズの一定率以下に抑えるならば、損失が大きくなりそうなときはポジションを小さくし、逆にうまくトレンドに乗れて利益が増えているときはポジションを広げるといった柔軟なやり方も可能となる。それでもポジションの勝敗率は六対四で変わらないので十分な注意が必要である。

「トレードにおける心理的な問題の多くは、間違ったリスクマネジメントに起因している」

ここで私のトレーディンググルールについてちょっと述べてみよう。私は最大ドローダウン（資金の減少）が八日続いてもトレードが続けられる資金を確保することをルールとしている。具体的には、そうした連敗を喫しても資金の四分の三以上を残すには損失リスクをポジションサイズの三％以下に抑えなければならない。しかし、一日の最大ドローダウンをポジションサイズの五％まで許容すると、同じ連敗後の資金残高は三分の一だけ減ってしまう。その分を取り戻して収支トントンとするには、当初シナリオの三〇％を大きく上回る五〇％の利益を上げなければならない。自分のリスク許容度とメンタルヘルスを考えると、挽回するためにそれほど大きなリスクを取ることはとてもできない。したがって、ポジションをヘッジしないときの最大のリスク許容度は五％ではなく三％とする（リスクヘッジしていれば、それよりも大きなリスクを取ることもできる）。

正しいトレード技術のリスクマネジメントとは、トレード一回と一日当たりのリスクと最大リスク許容度を知ることである。そのためには注文を入れる適切な価格とポジション、ストップロスのポイントなどのルールを決めることである。機関投資家の多くがポジションをヘッジしているのはこうした理由による。ポジションを適切にヘッジすれば、マーケットの不測の動きや悪材料などによる損失リスクを最小限に食い止めることができる。またポートフォリオマネジャーは分散投資しているが、それは相関の小さいマーケットや投資商品にリスクを分散するためである。

こうしたポジションリスクということをあまり考えない個人投資家は、機関投資家よりもはるかに大きなポジションをマーケットのリスクにさらしている。これについてはポジションの保有時間（期間）を短くすることでリスクをコントロールできるという考えもあるが、それはあまり有効ではないだろう。というのは、保有時間を短縮しても薄商いの相場で大手トレーダーが大口の買いを入れると価格が大きく振れることもよくあるからだ。一方、きつめのストップロスを入れるという方法もあるが、これもストップを入れないでポジションを保有することと同じく、必ずしも有利なこととはいえない。価格が少し振れただけですぐにストップロスポイント（逆指値）にヒットしてしまうので、何回も注文を入れ直す必要があるからだ。

ヘッジファンドなどのプロトレーダーにリスクマネジメントをアドバイスしているケネス・グラント氏によれば、ほとんどの投資家はトレーディングキャリアのある時期に大きなドローダウンを経験しているはずである。既述したように、私のトレーディングの目標はとにかく相場の世界で生き残っていくことなので、ポジションをあまり大きくしないことを基本的なルールとしている。大きなポジションを取っているトレーダーから見るとじれったいと思われるかもしれないが、こうしたやり方は資金的にもまた心理的にも無理のないものである。ほかのトレード技術と同じように、ポジションサイズやストップロスの入れ方などを含めたリスクマネジメントもできるだけ自動的に実行しよう。タイガー・ウッズやテッド・ウィリアムズがいつも同じスイングをするように、トレーダーもいつでも同じトレード技術とリスクマネジメントを実行すべきである。

「心理的にも大きな負担にならず、また自分のリスク許容度に見合った（各トレード・一日・一週間当たりの）リスク許容度を決め、それを順守すべきである。心理的に安定しないと安定したトレードもできなくなる」

トレーディングの戦術と技術の調和した実行

戦術に大きな欠陥があれば、ベストのトレード技術を駆使しても利益を上げることはできない。上手なトレーダーが強い相場のときに売り注文をいくらうまく入れても、下手なトレーダほどの損失は出さないとしても、いずれ損失が膨らんでいくのは明らかである。優れたトレーディングアイデアを持っていてもトレード技術がまずければうまくいかず、また上手なトレード技術だけでも利益のチャンスを物にすることはできない。そのときの需給のアンバランスを正確に読めないと、いくらトレード技術が優れていても利益にはつながらない。

トレーダーも正しい戦術には適切なテクノロジーツールが必要であることに気づき始めた。証券ジャーナリズムで有望株発掘に手腕を発揮しているジョン・マークマン氏がまず最初にしたことは、テクニカル・ファンダメンタルズ指標と機関投資家の保有株数に照らして有望銘柄をスクリーニングする「MSNマネー・ストック・スカウター（MSN Money Stock Scouter）」ソフトを開発することだった。こうした高度なスクリーニングツールがなければ、マーケットを深く分析して将来の有望株を見つけだすことはできない。一方、「トレード・アイデアズ（Trade Ideas）」スクリーニングソフトのマネジングパートナーであるデビッド・アフェリアット氏がこのほど私に語ったところによれば、ベテランのトレーダーや大手機関投資家と五分五分に張り合うには高度なテクノロジーが不可欠である。そのひとつがリアルタイムにアップデートされるマルチスクリーンを持つスクリーニングソフトで、これはマーケットという深海を潜行する探査船のようなものである。こうしたツールがあれば、見通しの悪い深海（マーケット）でも安全に潜行して未知の生物（有望株）を発見できる。軍当局が有利な戦闘に備えて敵陣営の衛星写真や電子情報を収集するように、トレーダーもそうしたスクリーニングツールを駆使して分析能力を高めるべきだ。

プロのアスリートは対戦相手を徹底的に研究し、それに基づいて有利な戦術を練っていく。ダン・ゲーブルはビデオを使って相手の強みと弱点を研究したし、ノーラン・ライアンはバッターの癖を、またテッド・ウィリアムズはピッチャーがどんな球を投げてくるのかを徹底的に分析した。一方、チェスの名人は来る対局の駒運びをいろいろと考え、バスケットボールのコーチは相手チームの試合ビデオをじっくりと分析してその弱点を探す。偵察機を飛ばして戦闘情報を収集するレーンジャー（米陸軍特殊部隊）と同じく、プロのトレーダーもそのときのマーケット環境に見合った戦術を練るべきだ。

私は前著『精神科医が見た投資心理学』のなかで、素早い戦術転換の典型例としてモハメド・アリとジョージ・フォアマンのボクシング試合について言及した。ザイールの高温多湿の野外試合場でフォアマンと対戦したアリは、当初から得意の強力なパンチとフットワークを生かした「ランブル・イン・ザ・ジャングル（ジャングルのけんか）」に打って出た。しかし、第一ラウンドが終わらないうちに、彼はこのペースでは最後までもたず、フォアマンを倒すのは不可能であることに気づいた。そこで途中から急きょ作戦を変更し、フォアマンを挑発しながらひたすら打たせて消耗させる「ロープ・ア・ドープ」というディフェンス重視の戦術に切り替えた。ついにザイールの高温の下でばてたフォアマンはアリにノックアウトのチャンスを与えてしまった。アリのこうした作戦は、来るブレイクアウトの動きをじっと待っているトレーダーのやり方に似ている。出来高が徐々に増えて価格が保ち合い圏から上放れようとするとき、トレーダーはそれまでの戦術をブレイクアウトへの飛び乗りにさっと切り替える。

ここで私のトレード戦術を少し紹介しよう。私はまず最初にその日にトレードするかどうかを決め、次にトレードすると決まったときは慎重にするのか、それともアグレッシブにトレードするのかを決定する。そのためにはその日のボラティリティ（価格変動率）について事前に予測する。そうした予測のベースとなるのは前日のボラティリティ、夜間取引のボラティリティと出来高、米株式市場に先立つ欧州各地市場の動きと寄り付き時の出来高などである。そうした情報を分析してこの日のボラティリティは小さいと予想すれば、トレンドフォロー戦術は取らず、またあまり積極的にもトレードしないという結論を出す。ボラティリティの小さい日の戦術は、まず上放れや下放れが起こりそうもない価格帯を突き止め、価格が保ち合い圏から離れてそうした価格帯に達したあと、再びそこに戻る動きを狙うというものである。一方、ボラティリティが大きいと予想した日には、短期のトレンドフォロー戦術で上げ相場の押し目、下げ相場の戻りを狙う。

私のこうしたやり方はヒストリカルなマーケットの動きを分析することで導き出されたもので、①そのときにどのような特徴的な動きがあったのかを調べる、②過去にそうした類似の動きがあったあと、次に何が起こったのかを突き止める——という一貫したパターンとなっている。私のデータベースにはそうした特徴的な動きを引き起こしたいろいろな変数がストックされているので、一時間もあればその分析結果が出てくる。マーケットの局面は次の三つに大別される。

一．**マーケットにエッジがない**　一貫した特徴的な動きのない相場で、その日のマーケットパ

図表 6.2　トレーディングのエッジを見つけるためのヒストリカルな情報の活用法

- **今の相場の特徴的な動きを突き止める**　特定のタイムフレームに大きな値動きがあるのか、指標などからそうしたトレンドの有無を読み取る。そうした動きは１日で終わることもあれば、数日間続くこともある。
- **今の相場と類似する過去の動きを調べる**　今が強気（または低いボラティリティの）相場であれば、類似するヒストリカルな情報を収集して分析する。そこから過去に起きたような類似する今後の動きを予想する。
- **過去にこうした特徴的な動きが起きたとき、その後のマーケットがどちらの方向に進むのかを調べる**　①類似する動きが起こったとき、次の相場の動きはかなり大きくなるのか（それとも小さくなるのか）、②その後の動きが上昇または下降するとき、その大きさはどの程度になるのか――という２点について調べ、さらにどのセクターの株式（例えば、小型株など）がそうした動きをするのかが分かれば、次の戦術を考える手掛かりになるだろう。
- **時期別にヒストリカルなデータを分類する**　すべてのデータを時期別に分類してそこで出現したマーケットパターンを分析すれば、相場の変化していく様子が分かるだろう。ただし、一般的に遠い過去の出来事よりも直近のデータの内容を重視すべきである。
- **異なるタイムフレームの特徴的な動きを調べる**　異なるタイムフレームの特徴的な動きを比較分析すれば、類似する動きが過去にどのように出現したのかが分かり、今後のトレード戦術を練るときの参考になる。

ターンを見ながらトレードしない、または小さいポジションで慎重にトレードするのいずれかとなる。

二．**少しエッジがある**
少しトレンドはあるが、ばらつきも見られるので、ポジションを抑えてかなり有利な価格だけをトレードしたり、売りも慎重に行う。

三．**大きなエッジがある**
大きなトレンドがある相場で、積極的に利益のチャンスを追求する。

私のトレード戦術の大きな特徴のひとつは、トレードしない相場を見極めることである。十分な出来高とボラティリティのないときは、トレンドのある動きをとらえられないからである。そうした日にはトレードするタイムフレームを広げたり、頻繁にポジションを手仕舞う代わりにいっさいトレードはしない。ちょうど悪いカードが来たときに早々と降りるポーカープレーヤーのようなものである。私の知っている多くのプロトレーダーも、動きの鈍い日中にはトレードを休んでいる。そのメリットは、①頭が冷静になって集中力を取り戻せる、②チャンスのない相場でトレードしても骨折り損のくたびれもうけとなるだけだ、③来る大きなチャンスの到来に備えて資金をキープしておける――などである。

出来高とボラティリティを見ていれば、マーケットで何が起きるのかを予測することができる。それらのヒストリカルなデータを分析すれば、マーケットの次の動きを予測してどのようにその動きをとらえるかのヒントも得られるだろう。「ザ・ストック・トレーダーズ・アルマナック（The Stock Trader's Almanac）」の編集者であるジェフ・ハーシュ氏も、「マーケットの歴史のなかに利益のチャンスがある」と述べている。四割打者であるテッド・ウィリアムズのバットにもスイートスポット（ボールが最もよく飛ぶところ）があるように、トレーディングにもはっきりしたトレンドのある動きという相場のスイートスポットがある。その反対に、はっきりしたトレンドのない日とは見送るべき球である。**トレーディングにおける私の利益の源泉は、明らかなエッジが存在しないマーケットや時期は単に見送ることにある。**結局のところ、アルマナック誌の発刊者であるハーシュ氏の言うように、「あなたがトレードミスで損をすれば、ほかのだれかが儲けている」からである。

「何をどのようにトレードするのかということよりも、いつトレードするのかのほうが重要である」

私がこのほど「マーケット・デルタ（Market Delta）」ソフトの開発者であるトレバー・ハーネット氏に「トレーディングにおいて何が最も大切なのか」と尋ねたところ、彼の返事は「相場の環境を見極めること（具体的にはトレンドのある相場か、それとも保ち合い相場なのか）」というものだった。多くのトレーダーは自分がトレードしている相場の環境を実はあまりよく理解していない。つまり、マーケットから一歩離れて、価格は次にどちらに向かうのかということをよく考えようとはしない。彼が変化するマーケットの動きをビジュアルにとらえるマーケット・デルタを開発したのは、そうした理由からである。この種の分析ソフトをうまく活用すれば、いつトレードすべきかという戦術を明確にすることができるだろう。

投資家のトレード戦術はそれぞれに違うので収集する情報も異なっているが、そうした情報をノーラン・ライアンのチェックポイントのようなものに分類すれば、トレーディングの戦術と技術を調和することができるだろう。どのようなトレードをしようとも、そうしたことができるような情報収集と意思決定を統一することが大切である。意思決定のベースとなる情報を明確なルールに従って収集し、それらをトレードに生かすならば、どのようにトレードするのか（売りか買いか）、何をトレードするのか（株式やその他のマーケットなど）、いつトレードするのか――といった戦術も、あのモハメド・アリのように素早く自然に実行できるだろう。プロトレーダーのひとつの条件は、トレード戦術を変化するマーケットの環境に素早く適用する能力である。それは緊急治療室の医師、戦場の指揮官、アスリートのコーチに求められる能力と同じものである。

トレード戦略がうまくいかないとき

トレード技術がいくら優れていても戦術がまずいと利益が出ないように、最も重要なトレーディングの戦略が間違っていては、戦術がどれほど完璧であっても成功することはできない。優れた戦術があれば局地戦では勝てるが、戦争で勝つには優れた戦略が必要である。これを企業に当てはめてみると、優れた戦術があれば商品の売り上げを伸ばすことはできるが、市場が求めていない商品を生産したり、商品に欠陥があるような企業は成功できない。このように戦略はトレーディング（または企業）の成否を決定するもので、特定日のエッジを見つけるというよりも、マーケットの大きなエッジを見極める原動力となるものである。トレーディングの

図表 6.3　トレーディングのピラミッド

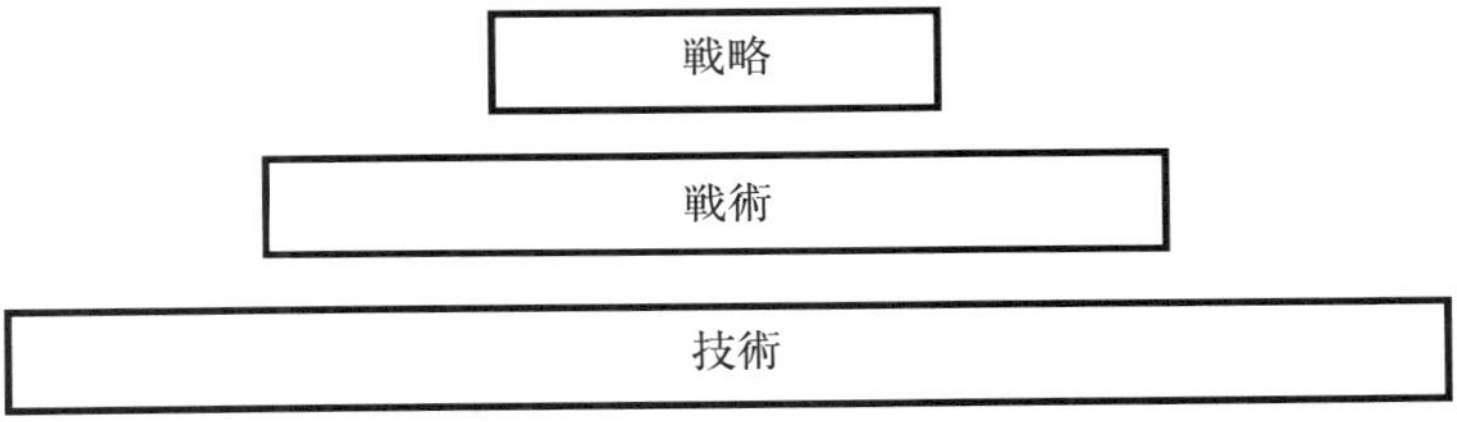

技術は戦術のベースとなり、戦術は戦略を支える基礎となる。この三つをピラミッド図で表すと上のようになる。

トレーディングの問題はこのピラミッドのあらゆるところで起こる。駆け出しのトレーダーは経験不足から、いろいろな技術や戦術上のミスを犯す（不利な価格での仕掛け、明確な手仕舞いのルールがない、大きなリスクを取りすぎる――など）。またそのときのマーケットの環境を適切に読めないと、状況の変化にうまく適応することができない。ベテラントレーダーもときに初心者と同じように技術・戦術的なミスを犯すが、その多くは心理的な問題に起因している（これについてはあとで詳しく論じる）。一方、ある期間中に六～七ケタの利益を上げたこともある優秀なトレーダーでも、突然長期のスランプに陥ることもあるが、その原因の多くは戦略がまずいことにある。マーカスもそうしたトレーダーのひとりだった。

株式トレードで一応プロトレーダーの仲間入りをしていたマーカスは、テクニカル分析もよく理解し、どちらかといえばトレンドフォローを主体とするトレーディングスタイルをとっていた。毎日上昇しそうな銘柄をスクリーニングし、マーケット全体の堅調さを確認してから、寄り付き以降の一時間にそうした株式を買っていた。これまではそうした戦略も奏功し、戦術としては上昇した株式は追わず、レバレッジも賢明に使い、買いと空売りの裁定取引も取り入れるなど分散投資も心掛けていた。要するに彼は堅実なトレーダーであるが、ただひとつの悩みは利益が出ないことだった。

マーカスのそうしたトレード手法も次第に行き詰まり、その原因を知ろうとしても頭が混乱し、イライラは募るばかりだった。パフォーマンスはさらに落ち込み、ついに万事休した彼は私に相談することになった。彼のような問題の厄介なところは、心の悩みが成績不振を招いているのか、それともその逆なのかを特定するのが難しいことである（ほとんどの場合、この二つは密接に絡み合っている）。したがって、悩みの原因が主にトレーディングの技術・戦術・戦略のいずれかに起因しているときに、心理的な問題の解明に多くの時間とエネルギーを費やすといったこともよくある。

マーカスのトレード戦略を尋ねた結果、明らかになったのは次のようなことだった。彼のトレード銘柄の多くはボラティリティの大きいラッセル二〇〇〇の小型株やナスダック株式で、これらのセクターが大きく人気化すると出来高は急増する。そしてこれらの株式の出来高が急増すると、大型株との短期的な逆相関の関係も大きくなる。ダウ平均やS＆P五〇〇構成銘柄に比べて、こうした小型株や中型株は大きく乱高下するが、そのひとつの理由は大型株との裁定取引が活発になるからであろう。二〇〇三～二〇〇五年には大型株のボラティリティが小さくなり、これがナスダックなどの小型株にも影響していた。大型株の堅調には短期的な反転の兆しが見え、こうした大型株と逆相関の関係を強めていた小型株には逆張りのトレードが出始めていた。

マーカスの問題点は心理的なものではなく、彼のトレード戦略にあった。以前のマーケットの環境が変化した今、（ちょうど電球が切れたように）それまでうまく機能していた彼のトレード手法からはかつてのエッジが失われていた。これではいくら心理問題をうんぬんしても損益の改善にはつながらず、あのタイタニック号のように悲惨な結果が待っているだけである。マーカスは、①これまでのトレード戦略を全面的に変更する、②従来の戦略が通用する別のマーケットでトレードする――という二者択一を迫られた。今のマーケットではこれまでのトレンドフォロー手法は使えない。小型パソコンが主流になってきたことに気づいたIBMが、従来の大型電動タイプライターを捨ててパソコン分野に方向転換したように、トレーダーもマーケットの環境が変われば従来のトレード戦略の大きな変更を迫られる。要するにマーカスはトレーディングの一次能力ではうまくいったが、二次能力の習得で苦労していた。つまり、それまでのマーケットの環境では成功していたが、現在では新しい環境の変化に適応する能力を身につける必要があった。スタープレーヤーたちが卒業したあとの大学のバスケットボール部が新しい人材の育成に取り組むように、マーカスも新しいトレード戦略を習得しなければならなかった。

「マーケットの環境が変化してそれまでのエッジが失われると、プロのトレーダーでも損失は避けられない」

カムバックする能力とは

マーカスは今、カムバックに向けた道を歩んでいる。平均株価が上昇しても上げない銘柄を空売りし、平均株価が下落しても下げ渋っている株式を買うなど、相場全体の短期的な動きに対して逆張りする戦略を取ろうとしている。仕掛けの新しい戦術も取り入れ、またポジションサイズもこれまでより小さくするなど、ほかの投資家やトレーダーが過剰反応した銘柄から利益を得ようとする作戦に切り替えつつある。しかし、単に新しい戦略を取り入れてもすぐにカムバックできるわけではなく、成功してきたトレーダーでも新しい戦略でうまくやっていくまでにはそれなりの時間がかかる。特に従来の戦略で大きな利益が上がっていると将来に備えて資金をキープしておくこともなくなり、豪華な新居の購入や贅沢な旅行といった派手な生活を送りがちである。そうした栄光の日々はいつまでも続かないということに気づかないのである。

私もそうした派手な金遣いでこの世界から退場していったトレーダーを何人も見てきた。トレーダーがいったんそうした生活を始めると、新しいことを学ぶのは心理的にもかなり難しくなる。そしてポジションサイズを小さくしたり、模擬トレードによって新しい戦略を身につけようとする謙虚さもなくなってくる。うぬぼれで目の見えなくなったそうしたトレーダーは、従来の戦略が明らかに機能しなくなっているのに相変わらず同じことを繰り返し、結局は挽回できないほどの負債を抱えてしまう。

私は最近、先に紹介したプロトレーダーのパブロ・メルガレホと話す機会があったが、彼は「駆け出しのトレーダーはとにかく模擬トレードで練習することですね」と語っていた。またマーケットの環境の変化ということについては、「長期にわたって成功してきたトレーダーは苦しい時期をしのぎ、その戦略が当たったときに大きな利益を上げている。具体的には、自分のエッジをあまり生かせないときはポジションサイズを小さくして小さな利益で我慢し、エッジを生かせるときは積極的に利益を追求します。しかし、いったん大きく失敗したトレーダーが再びカムバックするのは難しいですね。カムバックするまでに資金が底を突いてしまうからです」と述べている。

パブロはキングズストリー・トレーディング社が設立された二〇〇〇年から同社でトレードしており、いろいろなマーケットの変化を経験してきた。そしてマーケットの環境の変化に応じて米株式や国際株価指数、米債券やドイツ国債などをトレードしてきた。これについて彼は、「ひとつのマーケットだけにこだわっているトレーダーもいますが、新しいマーケットに取り組むことも必要でしょうね。それには謙虚さが求められるし、利益の追求というよりもトレーダーとしてのキャリアを広げるという意味でチャレンジするのがよいでしょう」と語っている。パブロによれば、彼がこれまで成功してきたのはお金の価値を知っているからであり、リスクとリターンは彼という人間の真価を証明するものであり、たとえスランプに陥っても必ずカムバックできるという。

謙虚さを失ったトレーダーは、遅かれ早かれ自ら墓穴を掘ることになる。チャンスはまたやって来るので、損失などはすぐに取り戻せると考えるトレーダーは、その楽観的な自信ゆえにお金の価値というものが分かっていない。パブロによれば、「この世界の恐いところは人間を変えてしまう」ことで、皮肉なことに大きな失敗だけでなく、大きな成功もよくそのトレーダーをダメにしてしまう。大きな成功を手にし、贅沢な生活に慣れたトレーダーは、心理的にももう一度謙虚に学び直すということができない。

マーケットのどのような環境にも有効に機能するトレード戦略などは存在せず、こうしたことは特にメカニカル・トレーディングシステムを開発して実際にトレードしたときに痛感される。また、あるトレード戦略で大きな利益が上がれば、追随者が続出して次第にそのエッジも小さくなっていくだろう。マーケットのトレンドは常に変化し、ボラティリティも大きくなったり小さくなったりする。二次能力とは新しい戦略を模索しているときに何とか持ちこたえる能力であるとも言える。**新しいマーケットに適応できるかどうかは、そのトレーダーの心がフレキシブルかどうかによって決まる。**いいときに資金を蓄えておけば、苦しいときでも耐え忍ぶことができる。技術は直線的ではなく循環的に向上していくので、それに応じてトレーダーも変わっていかなければならない。トレーダーは「すべてが変わっていく」ということを肝に銘じるべきだ。

トレード戦略の大きな障害

トレーディングで成功するにはまず自分のエッジを見つけ、次にそれを生かす正しい技術と戦術を身につけることである。トレード戦略とはそうしたエッジの源泉ともいうべきもので、具体的にはマーケットの需給パターンを見極めて適切に行動する能力である。そうした戦略をつくるには、長期にわたるテープリーディングのスキルやトレーディングシステムの開発などかなりの時間がかかる。つまり、**優れたトレード戦略とはそのトレーダーの能力とスキル、そしてチャンスという三拍子がそろったときに生まれる。**

しかし、残念なことに多くのトレーダーはそうした優れた戦略を身につけるチャンスを自ら放棄しているようだ。彼らは手っ取り早い利益を求めて、あるトレーディングアプローチから別のアプローチへと渡り歩き、いろいろなテクニックに手を出しながらどれひとつとして物にすることができない。そうしたことをするのは自分の能力とスキルに自信がないからである。ちょっと損失が続くとうまくいっていたやり方も放棄して、自分の性格や能力にも合わない手法に飛びつく。例えば、システムトレーダーが裁量の手法に鞍替えしたり、短期トレーダーが長期にわたってポジションを保有したりする。変化するマーケットの環境に自分のトレード手法を適用することと、自分のエッジを放棄して別のやり方を取り入れるというのはまったくの別物である。

『フルタイムトレーダー完全マニュアル　戦略・心理・マネーマネジメント――相場で生計を立てるための全基礎知識』（パンローリング）の筆者で「トレード・ザ・マーケッツ（Trade the Markets）」ソフトの開発者でもあるジョン・カーター氏は、大きな成功を求める多くのトレーダーを見てきたが、最近私に「アマチュアトレーダーでも優れたテクニカル指標探しをやめて、トレードのリスクコントロールに目を向ければ、プロのレベルになれるのにね。どんなマーケットにもうまく機能する万能の指標なんかないのに、多くの一般投資家は常にそうしたものを探し求めるという徒労ばかりを繰り返している。彼らは自分ではトレード技術が上達していると思っているが、現実はその反対だというのは何とも皮肉なことだね」と語った。こうしたトレーダーとは、トレーディングシステムのカーブフィッティング（こじつけ）を繰り返している人、保ち合い相場では七五％もうまくいかないトレードフォロー手法だけにこだわっている人、現物株が動かないときに利益の出るオプション戦略からブレイクアウトを狙う手法に切り替えた人、しょっちゅう指標の条件を変更している人――などである。こうした完全主義者は優れた戦略を持つことはできない。もっと正確に言えば、こうしたトレーダーはお金を儲けようとしているのではなく、損をしないようにしているだけである。絶対に損失を出したくないので、マーケットには存在しない確実さを求めてあちこちと渡り歩いているのだ。

「成功するトレーダーとはマーケットのリスクと不確実さを受け入れる人、成功しないトレーダーとはそれを受け入れようとしない人である」

カーター氏は最後にこう語った。「プロのトレーダーはけっしてこんなことはしないよ。リスクを抑えて資金を守ろうとするんだ。ところがアマチュアはトレードするたびに大きな利益を上げようとする。実際にはいつもプロがアマからお金を奪っているのにね」

優れたトレード戦略とは不確実さを排除するのではなく、利益のチャンスを最大限に生かすものである。

ビデオによる自己観察

トレードしているときに利益のことを考えることほど、トレーディングの妨げになることはない。多くのトレーダーはトレードの最中に利益のことをいろいろと考えるので、トレードに没頭するというフロー状態に入ることができない。こうした理由から自分のトレード技術・戦術・戦略を客観的に観察・評価するにはトレードしていないときがよい。トレードしているときはトレーダーであるが、トレードしていないときはそのメンターになれるからである。アクティブなトレーダーが、自分のしていたトレードの詳細を思い出すことはできない。仕掛け・手仕舞いの価格を覚えていても、すべてのトレード技術（需給の分析やポジションの増減など）や戦術（その日の値幅やほかのマーケットと比較した相対的な価格など）を想起することはできない。

認知心理学者によれば、想起とはあまり当てにならないもので、記憶に残っているのは印象が鮮明なこと、最初または最後に起こったことなどである。またあることの記憶は、それが起こったときとそれを思い出すときまでの気分の変化や経験などによっても歪められる。こうした理由から、ビデオは自分のトレードを振り返るときの効果的なツールである。ビデオを使えば毎日の自分のトレードを追体験し、各トレードの結果を詳しく分析できるからである。またマーケットの動きをあとからフォローし、マーケットパターンを研究するときにも大きな効果を発揮する。さらに相場が転換するときの状況も分析できるので、ビデオは使い方によっては静的なチャートよりもはるかに強力な分析ツールとなる。

ビデオの活用法は次の二つである。そのひとつは、カムコーダー（ビデオ一体型カメラ）を使ってその日のトレードを記録するというもの。ビデオディスクには一日のトレード状況は収まりきれないので、ハードディスクの圧縮ファイルに記録・保存する。もうひとつは「Camtasia（http://www.techsmith.com/）」のようなデスクトッププログラムを利用するもので、そうすれば追加機器は不要であり、また見たいトレードの場面だけを記録できる。さらにトレード場面をスローモーション再生すれば、そのときに自分がしたことやその理由などもあとからじっくりと分析できる。

私は主に、そのときに実行したトレードのベースとなる自分の考え方を多角的に分析するためにビデオを利用している。まず最初に、技術・戦術・戦略というトレーディングのピラミッドのどこにつまずきの原因があったのかを明らかにする。トレード戦術に問題があったのか、それとも基本的なトレードの考え方は間違っていなかったが、実行面（トレード技術）にミスがあったのかなどを分析する。戦略は戦術のベースであり、正しい戦術があってはじめて有効なトレード技術も生きてくる。このようにうまくいったトレードだけでなく、失敗したトレードについても検討すべきである。前著『精神科医が見た投資心理学』でも強調したように、こうした事後分析を繰り返すことによってトレーディングの成功モデルが徐々に心のなかに形成されるのである。

ビデオがとりわけ大きな効果を発揮するのは、心理的な問題によってトレードが失敗したときである。マーケットの読み方は間違っていなかったのに、トレードの実行がうまくいかなかったときは、この二つを調和できなかった心理的な原因を探ってみる。私のトレードが成功するのは、仕掛けた直後にしっかりとリスクマネジメントをしたときである。私は手仕舞いのルールをきちんと決め、トレーディングアイデアがうまくいっているかどうかを常にチェックしている。具体的にはポジションをホールドしているときは、出来高の増減とその価格帯、それが買いなのか売りなのかを見極める。一方、価格が予想どおりに順行してポジションが利益になったと安心しているとすぐに評価損になることもあり、そうしたときは直ちにポジションを手仕舞う。自信過剰になってそのままポジションを保有していると、さらに損失が膨らむこともよくあるからだ。

私は研修医のとき、患者の了解を得てその診療の模様をビデオに撮っておき、あとでそのテープを指導教授とよく一緒に見ていた。こうした方法によって、私は医療の戦術と戦略について多くのことを学んだ。テープに予想外のことが記録されており、教授からそれを指摘されるとすぐに是正できることも大きなメリットだった。私のほうから教授に診療の結果を報告すれば、自分から診察の方法を変えることはなかっただろう。これと同じように、自分のトレードの模様をビデオで客観的に見ると、良い点と悪い点がはっきりと認識できる。トレーディングを独学しているときはなおさらであり、ビデオで自分のトレードを自己観察すると、そのトレード戦術と戦略の善し悪しが一日で分かる。

「トレードしているときはマーケットを見ている。そうした自分を客観的に見るにはビデオが一番である」

トレーディングのピラミッドに照らした正しいトレードとは

ビデオで自分がトレードしている模様を客観的に観察すると、トレーディングのピラミッドのコンセプトがいっそう明確になる。自己観察の目的はその日のトレードの仕方や改善点などを事後分析することにあり、私は特にトレーダーが犯すトレードミスの共通の原因を見つけることを重視している。トレーダーがスランプから脱出しようと焦っているときには、とりわけ心理的な問題がトレードミスを誘いやすい。そうしたトレーダーは大きなポジションを取り、そのホールド時間もいつもより長くなる。トレードがうまくいかないときは、イライラした気分がつい声となって出てしまう。また相場の動きが前日に続いて鈍いことに気づかないトレーダーは、つい相場の向かう方向を読み間違ってしまう。フィールド全体の選手の動きが見えないクオーターバックのように、そうしたトレーダーは視野が狭くなってイージーミスを犯しがちである。

私は自分のトレードを自己観察するときは、全体から細部へというトップダウン法で行っている。まず最初にその日のトレードはトレード戦略にかなっていたかと自問し、続いて構造的なエッジと情報面のエッジに照らして検討する。構造的なエッジとは株式市場の参加者に関する知識であり、特に大きなレバレッジをかけてトレードするデイトレーダーの動きについて分析する。彼らはひとつの集団として行動する傾向があり、こうしたトレーダーたちはリスクマネジメントの一環として素早くポジションを手仕舞う。ミニS&P五〇〇先物のデイトレーダーたちもひとつの大きな集団として売り・買いを行い、損失が出たポジションもみんな一斉に手仕舞う。こうしたデイトレーダー集団がある方向に向かい始める価格帯を見極め、彼らが自分のトレードミスに気づいて一斉にポジションを手仕舞う動きが構造的なエッジを提供してくれる。

もうひとつの情報面のエッジとは、（私のウエブサイトである「トレーダーフィード（TraderFeed）」にも掲載しているように）膨大なヒストリカルデータである。例えば、この原稿を書いているとき、ミニS&P五〇〇の前日の動きは狭いレンジを上下していた。いわゆるインサイドデイ（その日の値幅が前日のレンジのなかに完全にはらまれる日）である。私のデータベースで過去三年間のそうした動きを調べると、そうしたインサイドデイのあとには

図表6.4　トレーディングのピラミッドにおける事後分析の内容

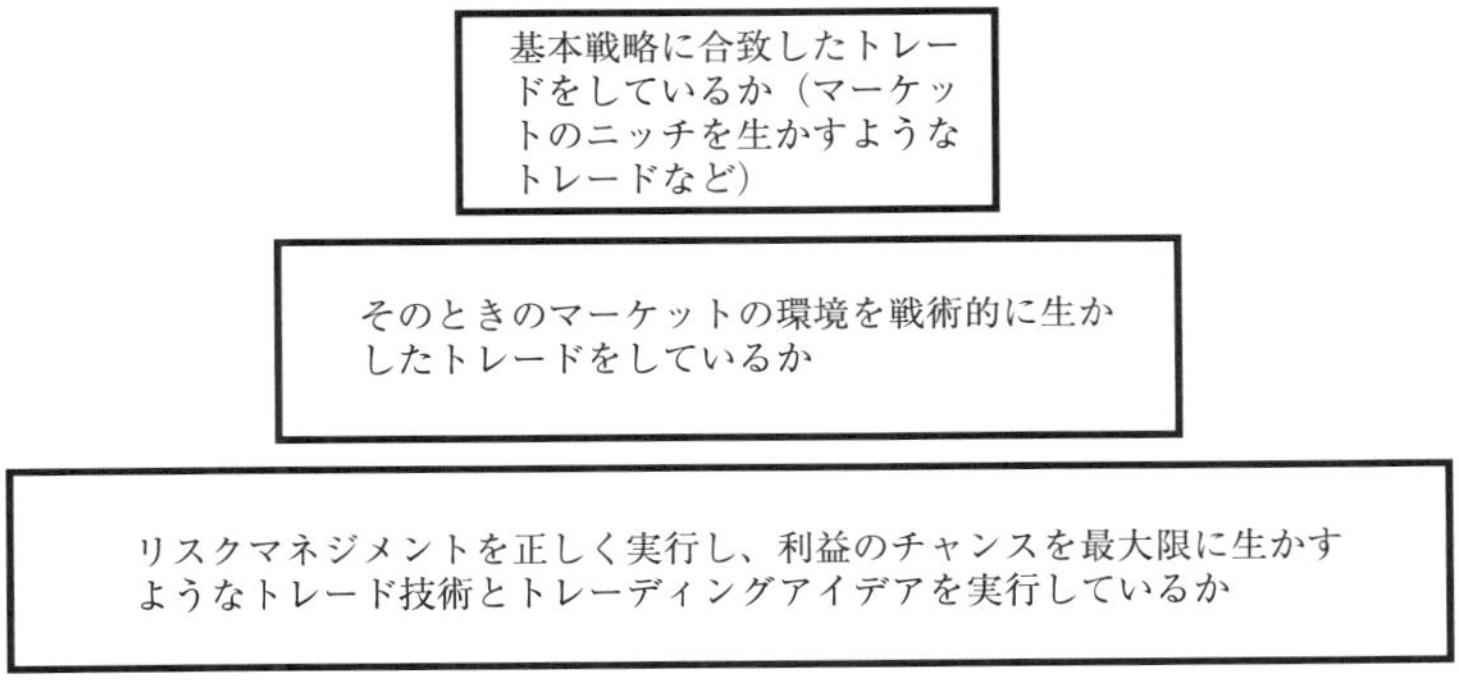
基本戦略に合致したトレードをしているか（マーケットのニッチを生かすようなトレードなど）
そのときのマーケットの環境を戦術的に生かしたトレードをしているか
リスクマネジメントを正しく実行し、利益のチャンスを最大限に生かすようなトレード技術とトレーディングアイデアを実行しているか

軟調な相場が続くことが分かった。これによって今日は前日よりも安くなることが予想されるので、この二つのエッジを総合した基本的な戦略は、買いが入っても価格が新高値を取ることはできないと思われるので、前日よりも安い目標価格の売りポジションを取るというものである。もしも私がこの日に買いを入れたとすれば、情報面のエッジを無視した基本戦略の違反ということになる。また暴落局面を追っかけ売りしたとすれば、今度は構造的なエッジを無視した基本戦略の違反である。私はあくまでもこの二つのエッジに基づく基本戦略に従って、リスクを抑えながら勝率を高めるようにしている。

　こうした基本的なトレード戦略を分析したあとは、トレード戦術の検討に移る。例えば、（ヒストリカルなデータに基づいて）安くなると予想したミニS&P五〇〇に買いが入ってナスダック株式がS&P五〇〇よりも安く推移していれば、この動きを利用するような戦術を取る。一方、ポジションを取ったあとに通常を大きく上回る出来高がしばらくできたが、それでも鈍い動きが続くようなときはポジションを手仕舞う（または徐々に小さくする）。

戦術的に正しかったトレードが必ず利益になるとは限らない。例えば、当初入れたポジションに利が乗ったので増し玉したところ、日中になって少し値を下げたとすれば、まだ利益が出ていてもその戦術は正しかったとは言えない。私の正しい戦術は、利益の出ている買いポジションの出来高が増加しているかぎり保有するというもので、その理由は、①トレードミスをしたほかのトレーダーたちが売りポジションの手仕舞いを急いでいる、②買い方が続々と新規に参入している――という読みがある。そのいずれの場合も値動きと出来高はともに大きくなり、利益の出ているポジションを急いで手放す理由はまったくない。しかし、出来高が増加してポジションに利が乗っても、その直後に二～三ポイント下げたとすれば、いくら利益が出てもそのトレード戦術は正しかったとは言えない。何らかの対策を取らないと、この戦術ミスはあとで損失をもたらすことになるだろう。

要するに、**利益（または損失）になったトレードと良い（または悪い）トレードは別物である。**良いトレードはトレーディングのピラミッドのすべての要素に照らして正しく、悪いトレードはすべての点で間違っている。すべてのトレードが理想的なものになることはできないが、できるかぎりこの三つの要素（技術・戦術・戦略）が正しくバランスのとれたトレードを心掛けるべきであろう。

「自分のエッジを生かした正しいトレードをすれば、利益は自然にもたらされる」

トレード戦略と戦術について述べたので、最後にトレード技術について説明する。その善し悪しを測るひとつの目安として、私はポジションを取ったあとにどれほどの動きを維持しているか、またポジションを手仕舞った直後の価格がどちらに向かうのか――を見ている。この二点を見ると自分の仕掛け・手仕舞い値が妥当なものだったのかがよく分かる。またポジションの保有時間もトレード技術の善し悪しを判断するひとつの基準となる。私はポジションの保有時間を前もって決めており、その間に利益が出ないときは直ちにポジションを手仕舞う。私は負けポジションを手仕舞うほかのトレーダーたちの動きを利用して儲けるという戦略を取っているので、一定の時間が経過しても利益が出ないときはそうした動きがなかったことを意味する。したがって、そうしたときは許容できる損失の範囲内でさっさとポジションを手仕舞ってしまう。ビデオであとから自分のトレードを見ると、それが正しい戦略と戦術にかなっていたのかどうかがすぐに分かる。あとでビデオを見ると「何でこのようなバカなことをしたんだろう」と思うこともよくあるが、ベテラントレーダーでも心理的な理由からそうした戦略・戦術ミスを犯すことがある。具体的にはスランプのときに焦りや疲れ、集中力の低下などが原因で心理的な動揺を引き起こし、それがトレードミスにつながるケースである。

しかし、トレード技術についてはもう少し詳しく検討する必要があるだろう。ビデオを見るとトレードしているときの記憶がよみがえり、リスクマネジメントやストップロスをもっとうまくやればよかったのにと思うことがよくある。ビデオによるそうしたトレードの追加体験は、チャートを見るよりもかなり効果的である。特にトレーディングを独学しているときは上達するのに相当な時間がかかるが、ビデオによるトレードの追加体験はかなり効果的である。例えば、私はマーケットの環境に応じてトレードのタイミングを計っているが、ほどほどの出来高がありながら値動きが鈍い、いわゆるチョッピーな相場によく直面する。こうしたトレンドのない相場では短期の逆張りポジションを取ることがあり、とりわけニューヨーク証券取引所（NYSE）のTICK指標に基づいた目先売買で小さな利益を追求することがある。こうした戦術を取るときのトレード技術のひとつは、成り行きで仕掛けたときに手仕舞いの指値注文を出しておくことである。つまり、利益のチャンスを追求しながら、確実に負けポジションを手仕舞うことを心掛けている。そのためには出来高や値動き、はっきりした支持圏・抵抗圏の存在、板情報、その価格帯での売買状況などの詳しい情報を入手する。トレーディングに対する私の慎重な姿勢がそうさせるのであるが、そうしたトレード技術（事前の指値注文がどれだけ有利な価格で執行されたか）をうまく実行できるように、トレード戦術の分析・作成にも多くの時間をかけている。

大切なことはそれによってマーケットの動きが見えてくることである。私は毎日そうした努力をすることによって、マーケットの短期的な動きや売買注文の状況が次第に読めるようになったが、これが潜在学習というものなのであろう。マーケットの動きが読めるようになると、そのパターンも前もって予測できるようになる。そして、**自分を深く見ることができるようになれば、自分自身のトレードのパターンも分かるようになる。**トレーディングを独学している人にとって、こうした自己観察は特に重要である。幸いなことに、今ではそうした自己観察ができるトレーディングジムは至るところに存在する。

第7章 パフォーマンスのダイナミクス――自己観察とパフォーマンスの向上

「情熱こそがすべてさ。ピンと張って鳴り響くギターの弦のようなものだよ」

――エドソン・アランテス・ド・ナシメント（愛称ペレ）

サッカーに対するペレの情熱は尋常ではない。一六歳でプロデビューしてからスターの地位に上り詰めるまで、彼はほかのチームから攻撃の対象となってきたが、それでも彼が「美しいスポーツ」と呼ぶサッカーに対する情熱は生涯変わることがなかった。そのテクニックは神業に近く、出場した一三六〇試合のうち一二八〇試合でゴールを決めた。これを野球にたとえると、メジャーリーグのシーズン（合計一六二試合）中にすべての試合で平均一本のホームランを打ち、これを毎年繰り返していくことに匹敵する。世界的な大スターとなったペレの試合を見るために、その当時交戦状態にあったナイジェリアとビアフラは一時休戦に入ったほどである。欧州のサッカーチームが高額の移籍金を提示して彼の入団を誘ったが、ブラジル政府はこの国宝を国外に流出させることはできないと宣言した。彼は肉体的にはけっして恵まれなかったが（サッカー選手としては一七一センチと比較的小柄で、ほかの選手よりもスリムだった）、そのスピード、洞察力、プレーの正確さで彼に匹敵する選手はだれもいなかった。その成功の秘訣を聞かれると、決まって「練習がすべてだよ」と語っていた。

パフォーマンスと準備

ここで話をサッカーからナスカー（ＮＡＳＣＡＲ）に戻すと、この世界のパフォーマンスも芸術であり、また科学でもあることを思い知らされる。最近、半導体大手のインテルの社員がレーシングカーの整備やタイヤ交換の作業に参加した。効率的な作業というものを十分に知り尽くしている彼らは整備作業を三〇秒で終了したが、プロのピットクルーたちはわずか一三秒ほどで同じ作業を終えた。ピット・インストラクション＆トレーニング社のブレオン・クロップ指導員によれば、大切なことは整備作業のスピードではなく、そのプロセスである。すなわち、「無駄のないプロセスが速いのであり、単にスピードだけを追求すれば作業ミスを犯してしまう」。彼はクルーたちに「速くゆっくり」と指導しているが、その目的は急いで行動するのではなく、無駄のないスムーズな作業をすることにある。

カーレーシングの世界のそうした無駄のないプロセスとは、トレーディングの世界にも当てはまる。もしも私が市場がオープンするまでに準備作業を終えていなかったとすれば（じっくりと戦術を練らずに、場当たり的なシナリオだけを用意していれば）、私の午前のトレードはちょうどあたふたしたピットストップ（カーレースの途中停車）のようなものになっているだろう。そして**主観的な時間の長さは、その状況をどれほど事前に把握しているのかによって決まる。**つまり、周到な準備をしていれば、その場に流されてあたふたしているよりも時間はかなりゆっくりと過ぎていく。これはマーケットについてもまったく同じである。事前に周到な準備をして何に目を付けるのかが分かっていれば、マーケットの時間はゆっくりと過ぎていくように感じる。ところが相場が動いているときに慌ててうまいチャンスを見つけようとしても、マーケットはさっと過ぎ去っていくように感じる。

「周到な準備の有無がパフォーマンスの善し悪しを決める」

こうした理由から、ピット・インストラクション&トレーニング社の指導員たちは、速い作業よりも正確な作業をするように指導する。ピットクルーのメンバーは七人で構成され、それぞれの役割がはっきりと決まっている。車をどこに寄せるのか、どこに待機するのか、何を運ぶのかなどの作業が整然と並行して進められ、チーム全体の作業を乱す者はだれもいない。そうした作業はこれまで数え切れないほど繰り返されてきたので、クルーたちはカーレーシングという騒々しい危険な場所でもほとんど自動的にテキパキと作業をこなす。レーシングカーの整備という訓練を受けていないインテルの社員たちは、慌てて飛び回ったり、互いに衝突してタイヤを落としたり、大型ナットをきちんと締めることができなかった。こうした小さな時間のロスがカーレーシングの勝敗を大きく左右する。

トレーディングでも自分のトレードの模様をビデオで観察するとその欠点（トレードミスや不利な価格での仕掛けや手仕舞いなど）がよく見えるが、これはインテルの社員がレーシングカーのタイヤ交換やガソリン補給に三〇秒かかったことと、ピットクルーたちが同じ作業をわずか一三秒で終了したこととの違いとよく似ている。ブレオン・プロップ指導員は私に「普段の訓練がこうした差となって表れるのですよ」と語ったが、まさに毎日の積み重ねが積もり積もってパフォーマンスの大きな差となって表れる。つまり、われわれが日常的にしていることがやがては天と地ほどの差を生み出す。

敵の奇襲に備える

『アンリーシュ・ザ・ウォリア・ウィズイン（Unleash the Warrior Within）』の筆者であるリチャード・マーコウィクズは、シール（米海軍特殊部隊）を除隊したあと、一般人に護身法を教えるビジネスを始めた。彼は生徒の多くが護身の練習を積んでそのスキルをマスターしたにもかかわらず、実践形式の模擬練習になると体が動かなくなることに気づいた。つまり、人から襲われたときに何をどうすべきかという準備をしていないと、いわゆる「分析麻痺症候群（情報が多すぎて正確な分析ができないこと）」に陥ってしまう。しかし、そうした状況を想定して自分の武器（げんこつ、ひざげり、かかとでける——など）で相手のどこ（目、のど、股間など）を反撃するのかを明確にしておくと、いざというときでも必要な動作がスムーズにできるようになるという。

このように恐怖心が通常の思考プロセスを麻痺させるので、マーコウィクズは実演によって相手ののど首をつかむといった反撃法を指導した。彼によれば、そうした反撃が最も効果を発揮するのは、相手がびっくりするような素早い行動を激しくするときである。つまり、その意表を突くような反撃に出ると、相手は通常の判断や行動ができなくなる。そうした反撃法を繰り返して練習すると、襲われたときでも素早い行動に出て自分の命を守ることができる。しかし、そうしたとっさの反撃法が身についていないと、実際に銃を使ったことのない第二次世界大戦の連合軍の兵士のように、体がすくんで相手の不意を突くことができない。

われわれは予想できないことに備えることはできない。ナスカーのピットクルーたちはレーシングカーの通常の整備はもちろん、不測の事態（車の故障・事故など）に対しても万全の備えをしている。またスワット（米特別機動隊）が民家の玄関を突破してそのなかに突入するときは、どのような攻撃にも対応できるようにしている。最大の敵は意表を突かれることであり、いざというときに不意打ちを食らって攻撃されては、これまでの厳しい訓練の成果が台無しになる。

一般投資家は主にチャートを見てマーケットを分析しているが、こうした静的な分析法ではマーケットの予想外の動き、そのスピードや激しさなどに対処することはできない。例えば、ミニS&P五〇〇先物の五分足を見ると、八〇〇〇枚の売買による五ティックのレンジの高値・安値はそれほど大きな動きには見えないが、実際にはそのうちの四ティックの動きはわずか数秒間に起こっており、こうした相場の激しい動きはチャートからは読み取れない。そうした動きを理解できないトレーダーは、有利なポジションを早々と手仕舞ったり、かなり不利な価格で仕掛けることになるだろう。

どのような相場にも、大きな上昇や下降期に続く保ち合い期間があり、そこはファンダメンタルズの好悪材料にもあまり反応しない価格帯である。そこでは老練な大口トレーダーが大衆投資家を奇襲しようと待ち伏せており、静的なチャートだけを見ている多くの投資家は、戦闘プランだけを見て実戦に臨むようなものである。相場とはそうした投資家の意表を突いて大きく動くので（または動かなかったりするので）、奇襲者はこれらの投資家からお金を奪うことができる。ナスカーのピットクルーたちがあらゆる事態を想定して周到な準備をしているように、トレーダーもマーケットのそうした予想外の動きに十分に備えるべきである。

戦闘機のパイロットだったジョン・ボイド大佐は、空中戦のときにわずか四〇秒で敵機の後部に回り込んだことから、「四〇秒のボイド」という異名をとった。ボイド大佐のこの空中戦の勝ち残り条件は、「ＯＯＤＡ（observe＝観察、orient＝状況判断、decide＝決断、act＝行動）ループ」として企業のスピード経営にも生かされている。「行動」は「観察」によって自分の形勢を見定める「決断」によって生まれ、空中戦ではこのＯＯＤＡループを素早く回したパイロットが勝ち残る。このＯＯＤＡループを敵機よりも素早く回して敵機を撃墜するときも、マーコウィクズの言う不意を突く行動とスピード、その激しさが勝敗を決する。これに対し、独立戦争当時のイギリス軍のように赤い軍服を着て音楽を鳴らしながら行進していては、狡猾な敵軍のＯＯＤＡループにのみ込まれてしまう。ゲリラ軍の激しい不意打ちに遭っては、いくら大編隊であっても兵士たちはばらばらになって逃走せざるを得ないだろう。

チャートパターンやニュースなどの公表されたものだけに頼っている一般投資家は、こうしたＯＯＤＡループとは無縁の存在である。最近のリアルタイムなチャートや板情報など、だれでも簡単に利用できる情報だけに頼っている投資家は、プロトレーダーたちのＯＯＤＡループの掌中にあるとも言える。彼らがそうした投資家に襲いかかってくるときは、赤い軍服でやって来たり、大きな音楽を鳴らすこともないし、四〇秒という余裕すら与えないかもしれない。いきなり意表を突いて、しかも激しく攻撃してくるだろう。こうすることによって一般投資家たちの心にカオス（混乱）を引き起こす。したがって、われわれは敵に対するレーンジャー（米陸軍特殊部隊）のようにトレーディングに臨み、自分の武器や装備、地形や時間などあらゆる条件を考慮して、奇襲者の攻撃に備えなければならない。彼らはあなたの正しいトレーディングアイデアをかき乱し、その反射能力を鈍らせてしまうからである。それぞれのマーケットにはそれぞれの敵が存在し、外国為替市場は株式市場とも異なるし、砂糖などの商品市場とも違う。あなたよりも強力で素早い敵が危害を加えようとするので、リスクマネジメントを徹底してそれらのプレーヤーとその行動を十分に見極めるべきだ。

「マーケットを自分のOODAループに取り込めば、その動きはかなりゆっくりしたものに感じられる」

パフォーマンスを向上させるもの――芸術から科学へ

いろいろな分野のパフォーマンスを調べると、その勝敗を決めるのは芸術的なセンスよりも科学になってきた。例えば、アスリートは専門家から指導を受け、体力作りや心肺機能の強化を目指した高度な訓練、食事療法などを実践している。ランス・アームストロングは理想的な動作ポジションを維持し、風の抵抗を最小限に抑える特別製の自転車を使っていた。そのトレーニングも彼のエッジを最大限に生かすため、ペダルをこぐスピード、脚の上下動作、酸素消費量などを詳しく分析したメニューとなっている。一方、ナスカー（NASCAR）のピットクルーたちもレーシングカーの各作業をスムーズに進めるため、特別製の工具や部品を使っている。車のナットはすぐに締められるように大型のものを使用し、それに合ったボルトも特別製である。また、ガソリン補充容器やジャッキも素早く作業ができるように特別製となっている。アスリートたちのパフォーマンスを向上させるこうしたトレーニングメニューも、次第に精巧なプランに基づく科学的なものになっている。

トレーディングにおける科学的なプロセスのひとつはデータ収集に関するもので、単にトレードの損益をフォローするという従来の方法に代わって、トレーディングのあらゆる面を詳細に測定するメトリクス（数的指標）の使用が次第に増えている。とりわけコンピュータートレーディングの普及によって、トレーディングの戦略・戦術・技術を適切に評価することもできるようになった。その結果、ナスカーのピットクルーたちがカーレーシングの時間を数秒ずつ短縮しているように、パフォーマンスを向上させるトレーダーも増えている。

私はトレーディングのメトリクスとして、「トレーディング・テクノロジーズ（Trading Technologies）」ソフトに搭載されている「トレード・アナライザー（Trade Analyzer）」や「トレーダーDNA（TraderDNA）」を使っている。また「ニンジャ・トレーダー（Ninja Trader）」の模擬トレード機能も素晴らしいツールである。トレードをサポートするこうしたソフトや機能は近い将来に広く普及するだろう。すなわち、従来の芸術的なトレーディングが科学的なトレーディングに取って代わるときの不可欠のツールになると思う。

こうしたメトリクスを使ってひとりのトレーダーのパフォーマンスを評価してみよう。マリサは原油需給の変化や産油国の政治情勢などによって形成されるトレンドを見つけるため、頻繁にトレードを繰り返す原油の短期トレーダーである。ここで彼女の毎日の損益をいくつかのカテゴリーに分類して、そのパフォーマンスを評価してみる。**図表7.1**は過去三カ月間のトレード結果を上昇日・下降日・リバーサルデイ・保ち合い日ごとに示したもので、①上昇日とは安値寄り・高値引けした日（下降日とは高値寄り・安値引けした日）、②リバーサルデイとは始値を大きく上回った（下回った）あと、それとほぼ同じ水準で引けた日、③保ち合い日とは小動きを繰り返してレンジの中央付近の始値近辺で引けた日――である。

図表7.1は、①本来ならば利益の出たトレードと収支トントンとなったトレードは区別しなければならないが、ここでは一緒に含めた、②利益日と損失日を明示しなかった、③取引コストを控除した純損益を示すべきであるが、ここではそれを含めた総損益を掲載した――などかなり単純化したデータである。ほとんどのトレーダーは右下の数字だけを見て、マリサはほどほどに成功しているトレーダーであると評価するだろう。確かにこの数字だけを見ると彼女はそれなりの利益を出しているように見えるが、そのトレード頻度とポジションサイズを考慮すれば、取引コストを控除した実質利益はけっして自慢できるようなものではない。**図表7.1**をもっと詳細に分析すると、彼女のトレードのどこに問題があるのかが明らかになる。この**図表**

図表 7.1　マリサのパフォーマンスデータ 1

	利益＋収支トントンのトレード数	損失トレード数	総利益	総損失	総損益
上昇日	50	35	55,000 ドル	35,000 ドル	20,000 ドル
下降日	45	30	75,000 ドル	30,000 ドル	45,000 ドル
リバーサルデイ	35	30	45,000 ドル	30,000 ドル	15,000 ドル
保ち合い日	30	45	25,000 ドル	65,000 ドル	−40,000 ドル
合計	160	140	200,000 ドル	160,000 ドル	40,000 ドル

によれば、トレンドのある日（上昇日と下降日）の総損益は六万五〇〇〇ドルの黒字（二万ドル＋四・五万ドル）であるが、トレンドのない日（リバーサルデイと保ち合い日）の損益は二万五〇〇〇ドルの赤字（一・五万ドル－四万ドル）となっている。彼女はこの三カ月間に保ち合い日で大きな損失を出しており、これがパフォーマンス全体の足を引っ張っている。

それならば、これだけが彼女のトレードの問題点なのであろうか。「総利益÷（利益＋収支トントンのトレード数）」の数字と「総損失÷損失トレード数」の数字を比較するとそれが明らかになる。この数字を記載したのが**図表7.2**である。それによれば、マリサのトレード当たりの平均利益は同損失をほんのわずかしか上回っていない。これが彼女のさえないパフォーマンスの大きな原因であり、このメトリクスデータは彼女のトレード

図表 7.2　マリサのパフォーマンスデータ 2

	利益＋収支トントンのトレード数	損失トレード数	1トレード当たりの平均利益	1トレード当たりの平均損失	総損益
上昇日	50	35	1,100 ドル	1,000 ドル	20,000 ドル
下降日	45	30	1,667 ドル	667 ドル	45,000 ドル
リバーサルデイ	35	30	1,286 ドル	1,000 ドル	15,000 ドル
保ち合い日	30	45	833 ドル	1,444 ドル	−40,000 ドル
合計	160	140	1,250 ドル	1,143 ドル	40,000 ドル

の損益に大きなばらつきがあることを示している。すなわち、保ち合い相場では損失を出すことが多く、しかも負けポジションが勝ちポジションのサイズを上回っている。これが保ち合い相場で損失を大きくしている。

おそらく彼女は保ち合い相場にうまく対処できず、勝ちポジションよりも負けポジションを長く保有していたのであろう。このように見てくると、マリサには保ち合い相場にどのように対処するのかというトレーディングの問題だけにとどまらず、こうした局面での焦りやリスクマネジメントの不備をどのように克服するのかという心理的な問題もある。しかし、このメトリクスはこうした彼女の弱点と同時にそのエッジ（強み）も明らかにしている。彼女のエッジとは下降トレンドの相場に強いことであり、こうした局面では損失を抑えて利益を大きく伸ばしている。一般にこうした下降トレンド局面ではボラティリティが大きく、損失や利益がともに大きく振れがちである点を考慮すれば、下げ相場に強いというマリサのエッジはかなり光ってくる。優れたコーチであれば、こうした彼女のエッジを詳しく分析して、そのスキルを保ち合い相場などのほかの局面に適用できるように指導するだろう。

「メトリクス（数的指標）はトレーディングの問題点とその解決策も明らかにする」

マリサのパフォーマンスを示した図表7.1と図表7.2から、それ以外に何が読み取れるだろうか。そのひとつは、彼女はこの四つのどの局面でも同じように活発にトレードしており、一日当たりのトレード数はかなり平均している。これを逆に言うと、苦手な局面（保ち合い相場）でも自分のエッジを発揮できる局面（下降相場）と同じく活発にトレードしていることがまさに大きな問題点であり、本来ならば下降トレンド相場を活発にトレードして利益を伸ばすべきである。私が彼女のメンターであれば、トレンドのある局面とトレンドのない相場を見極めてトレードするようにアドバイスするだろう。そのひとつの基準は現在と直近の出来高やボラティリティを比較することである。それによって今が保ち合い局面であることが分かったら、ポジションを小さくしてリスクマネジメントを徹底すれば、彼女の総損益はかなり向上するだろう。

以上、トレーディングデータを体系的にまとめることでその問題点が明らかになるばかりでなく、有効なトレーディングプランの作成にも役立つ。トレーダーＤＮＡソフトの開発者であるデビッド・ノーマン氏も述べているように、こうした科学的なメトリクスによって自分を客観的に観察することができる。トレーディングデータのこうした分析法については私もよく知らなかったので、トレーディングの計量心理学に関するデビッド氏の深い見識には本当に感謝している。

リスクマネジメントについて

マリサのこのパフォーマンスデータを総合的に評価すると、彼女はトレンドのある相場に強く、逆にトレンドのない相場に弱いことが分かるが、さらに正確な評価を下すにはもっと長期のデータを分析する必要がある。私が彼女のメンターであれば、彼女の成功と失敗のパターンを詳しく分析して、どのような局面でも利益を上げられるようにサポートするだろう。彼女の根本的な問題点はそのときの局面によって利益がばらつくことであり、これは彼女がマーケットを十分にマスターしていないことを表している。つまり、彼女は一次能力（ある程度のトレード技術）は持っているが、二次能力（プロトレーダーの技術）はまだ習得していない。

もしも原油相場が長期の保ち合い局面に入ったり、中東地域に平和がもたらされて原油価格が安定期に入ったらどうなるのだろうか。そうなれば、トレンドのある相場とトレンドのない相場が交互にやって来るというこれまでの原油相場のパターンは完全に崩れ、マリサの苦手な局面だけが続くことになる。そうなれば、彼女は資金と自信の両方を失うだろう。保ち合い局面におけるリスクマネジメントはさらに機能不全となり、利益の出ていた彼女のパフォーマンスはすぐに赤字に転じることになる。彼女には予防措置としての緊急のメンタリングが必要であり、メトリクスはそうしたトレーディングの問題点を明らかにしてくれる。優れたメンターが保ち合い相場の適切な対処法と下降相場に強いという彼女のスキルをほかの局面にも生かすように指導すれば、彼女の今の一次能力はプロの技術という二次能力にレベルアップするだろう。

「データに基づくメンタリングは、予防的なリスクマネジメントである」

われわれは損失が続いたあとでようやくリスクマネジメントの必要性を痛感したり、単にストップロスを入れることがリスクマネジメントであると考えがちである。しかし、真のリスクマネジメントとは利益の出るトレードやそのときのマーケットの状況を明らかにするものである。トレーダーのエッジが弱いと、損失のリスクはそれだけ大きくなる。トレーディングのパフォーマンスに科学のメスを入れることによって、そのトレーダーのエッジがどこにあるのか、メトリクスデータをうまく活用することによって自分の長所を生かし、短所を克服する方法を見つけ、どのような局面にも対処できる能力を習得するのかについての貴重なヒントが得られるだろう。

心理的な問題とパフォーマンス

マリサのメトリクスデータを見ると、いわゆるトレーディングの心理的な問題とパフォーマンスの問題点がかなり明らかになる。仮に彼女が困って私のところに相談に来たとしよう。これまでは毎月そこそこの利益を出していたが、最近では損失続きである。毎日の損失額ももはや手に負えなくなってきており、会社での居心地も悪くなってきた。彼女はあまり動かない相場にイライラしており、また自分に対しても無性に腹が立つ。これ以上損失を増やさないようにと最近ではポジションを小さくしてトレードしているが、原油在庫の増加発表を受けて相場が大きく下がったときでもわずかな利益しか手にできないので、彼女の欲求不満はさらに募ってくる。

カウンセラーの私から見ると、彼女のトレーディングの問題は主に心理的なものに根ざしているようだ。そこで彼女の信念や態度について評価し、その行動を観察しながら彼女の考え方や感情、行動などを変える方法を提案する。また彼女のこれまでの経歴を調べることによって、トレーディング以外のところで最初に経験した困難が今の彼女の意思決定や行動にどのような影響を及ぼしているのかを分析する。そうしたデータを基に、精神的に不安定な時期にはあまり積極的にトレードしないで、そうした状況の対処法を日誌に記録するようなトレーディングプランを彼女と一緒に作成する。

一方、彼女のパフォーマンスの問題点についてはメトリクスデータを分析することでその解決策を探る。それらのデータを分析すると、マリサには基本的なトレード技術、すなわち、トレンドのある相場が保ち合い局面に移行するようなマーケットの変化を見極める能力に大きな問題があるようだ。そこでそうした弱みを克服するようなサポートを行う（具体的には、リアルタイムにマーケットをフォローし、トレンドのある相場のときは緑の数字、トレンドのない局面では赤の数字が表示するようなトレーディングソフトの使用を勧める――など）。このほか、状況に応じて利益目標を変更し、トレンドのある相場とトレンドのない局面ではポジションの保有時間を調整するよう助言する。このように、彼女が自分ひとりで悩む代わりに、彼女と一緒にトレーディングの戦略・戦術・技術を向上できるように指導していく。

心理的な問題を分析していくと、心のあり方がトレードの損益を大きく左右しているのが分かる。そしてトレードのパフォーマンスが向上するのは、①自分の能力やスキルに合ったマーケット、②トレード戦略・戦術・技術――という二つの条件がうまくマッチしたときである。その反対にトレードのパフォーマンスが伸びないとすれば、①自分のエッジに合わないマーケットをトレードしている、②マーケットには問題はないが、トレードのやり方が間違っている――のどちらかである。

もちろん、現実はこうした仮説ほど単純ではなく、**トレードの多くの問題は心理とパフォーマンスの両方にその原因がある。**つまり、心と行動のパターンが自分の能力やスキルをフルに発揮することを妨げ、過去に受けた間違った訓練が心の悩みを引き起こしている。この二つの問題は複雑に絡み合っているが、心理学者である私が心の問題（うつ病など）に悩むトレーダーに対処するときは、トークセラピー（カウンセラーと患者が話し合うこと）によって問題点を明らかにし、必要に応じて薬などを投与するだろう。

マリサはこのケースにぴったり当てはまるトレーダーである。先のメトリクスデータを分析すると、パフォーマンスの問題点を明らかにするには、まず彼女がトレードしているマーケットを分析することから始まる。具体的には、原油のヒストリカルデータを分析することによって短期の値動きを予測する。例えば、原油相場では寄り付きの価格とボラティリティがその日のトレンドをかなり正確に暗示しているので、彼女と一緒に寄り付きのデータを詳しく分析するとともに、トレードしているときのマーケットの動きをフォローしながら、今後の参考となる情報を逐次提供する。また彼女の相場判断を観察しながら、修正の必要性に関するアドバイスなどを含むフィードバックを提供していく。

メトリクスデータの分析結果によれば、マリサのリスクマネジメントは特に保ち合い局面でかなり問題があるので、トレード中の彼女を観察しながら、焦りや心理的な不安の兆候が出ていないかどうかをチェックする。こうした精神不安がマーケットやトレードに対する判断力を鈍らせ、正しいトレード技術の実行を妨げるので特に重要である。こうした兆候が表れたときはブリーフセラピー（短期療法＝比較的短期間で問題解決を試みるセラピー）を通じて、そうした精神不安を心身両面でコントロールするように指導する。例えば、特に保ち合い相場が続いているときに彼女のオフィスを訪れ、そうした精神不安が起こりそうなときはトレードを始める前に、行動をセルフコントロールするようにアドバイスする。具体的には、スクリーンを少し離れて休息し、事前に作成した保ち合い相場のトレーディングプランを頭のなかでリハーサルしたあと、再びトレードを始めるなどである。

私がマリサのパフォーマンスと心の問題解決に当たるときは、主にトレードしているときの彼女をサポートするだろう。マーケットが始まる前やあとのアドバイスやサポートもそれなりに大切ではあるが、**われわれはそのことをしているときに、それについて最もよく学ぶからである**。トレーディングの不安を克服するにはトレードしているときの不安と正面から向き合わなければならず、また手仕舞いはポジションを実際に手仕舞って初めてその感じが分かるものである。特に心理的な問題は実際にトレードしているときのトレーダーを観察しないと理解することができず、メトリクスデータをいくら分析しても問題解決の手掛かりは得られない（例えば、トレーダーは精神的に不安定なときに大きなポジションを取ったり、または損失を出したときは有効なトレーディングアイデアを持っていても正しく実行することができない――など)。パフォーマンスと心の問題を明らかにするには、トレードしているトレーダーと一緒に行動する必要があり、こうすることによって初めてトレーディングの技術から心理に至るまでの問題点とその解決策が見えてくる。このようにトレーディングについてトレーダーと話すことと、トレードしているトレーダーと一緒に行動することには大きな違いがあり、カレッジバスケットボールのジョン・ウッデン、レスリングのダン・ゲーブル、テニスのニック・ボロテリーなどの名コーチたちも、リアルタイムの実践的な指導やトレーニングを重視していた。

「主にパフォーマンスに問題があるというトレーダーでも、実際にはパフォーマンスと心の両方に問題があるケースがほとんどである」

メトリクスデータの利用法

マリサのメトリクスデータに基づいて、彼女のトレードやその損益をマーケットの局面と比較しながら分析すると、数週間または数カ月間のパフォーマンスの状況が明らかになる。基本的な検討項目とその理由は次のようなものである。

●一日当たりのトレード数とトレード枚数（株数）　これはそのトレーダーがどれほどアクティブにトレードしているかを見るもので、一般的には出来高が多く、活発に売買されているマーケットではこの両方が増加する。マーケットの状況が変化しているにもかかわらず、この二つが毎日ほとんど同じであるとすれば、マーケットの利益のチャンスを追求するという点で問題がある。一方、出来高が少ないマーケットでアクティブにトレードしているトレーダーは、かなり積極的にチャンスを求めていると見られる。

●勝ちトレード日と負けトレード日のパターン　それらが比較的均等に並んでいるか、それともどちらかに偏っているのかを見る。そのパターンに大きなばらつきが見られるときは、その原因はマーケットの局面によるものか、それともトレーダー自身の心の問題を反映したものなのかを調べる。例えば、二〇〇五年一〇月には多くのトレーダーから損失が膨らんでいるというeメールが私のもとに続々と寄せられたが、その原因はローカルズたちがシカゴ・ホワイトソックスのワールドシリーズ優勝決定戦を観戦していたのでマーケットが閑散だったからではなく、その月に大きなボラティリティを伴って相場が急落したことが主因である。これらのトレーダーたちはそれまでの保ち合い相場に慣れきって、状況の変化についていけなかったのである。

●勝ち・負け・収支トントンのトレード数とそれぞれのトレード枚数（株数）　多くのトレー

ダーは自己流のトレーディングスタイルを持っており、勝ちトレードよりも負けトレードのほうが多いが、その少ない勝ちトレードで大きな利益を上げているトレーダー、または平均して勝ちトレードが多いものの、大きな勝ちポジションを保有できないトレーダーなどさまざまである。この三つのトレードを分類して調べると、そのトレーダーのトレーディングスタイルや自分のエッジをうまく生かしているのかなどがよく分かる。特に短期トレーダーにとっては収支トントンのトレード数が大きな意味を持つ。ポジションに含み損が出る前にどれだけ素早くそのポジションを手仕舞ったのかが分かるからだ。一方、勝ち・負けトレードの比率とそれらの枚数（株数）の比率が大きく異なるときは、ポジションサイズに問題がある。また大きなポジションで損失を出す傾向のあるトレーダーは、心理的なプレッシャーからポジションサイズのコントロールやリスクマネジメントがうまくいっていないことを示唆している。

●買い・売りトレード数とそれぞれの枚数（株数）　この比率を見るとそのトレーダーのマーケットに対するバイアスがよく分かる。例えば、相場が保ち合いまたは上昇しているときに買いよりも売りポジションが多いとすれば、マーケットに対するそのトレーダーの判断は偏っている。一方、トレンドのある相場のときに買いと売りのポジションがほぼ同じであるとすれば、それは相場の大局を見誤っている。一定期間にわたって買いまたは売りポジションに大きく偏っているときは、長期の相場観にもそうしたバイアスがかかっている。そうしたバイアスがそのトレーダーの戦略や戦術にしっかりと基づいたものでなければ、それはかなり問題である。このほか、買い・売りトレード数とそれぞれの枚数（株数）の比率が大きく異なるときは、ポジションサイズがどちらか一方に大きく偏っている証拠である。その原因は心理的なプレッシャーから大博打を打とうとしている、または不安心理からどちらかのポジションを大きく減らした――などである。

●買い・売りポジションと利益・損失トレード数（およびそれぞれの枚数・株数）の比較　これは買いと売りのトレードがどのような損益になっているのかを見るものである。その比率はマーケットの状況に大きく左右され、上昇局面では売りよりも買いのトレードが増えるだろう。またそのトレーダーの得手・不得手（売りよりも買いが得意、またはその逆など）も関係しているが、このバランスがどちらか一方に大きく偏っているトレーダーは、右半身よりも左半身が異常に発達しているボディビルダーのようなものである。こうしたアンバランスは体系的な訓練によって是正すべきであり、そのための模擬トレードはかなり効果的である。ここでもう一度繰り返すが、多くのトレードをしながらあまり利益が上がらないのはポジションサイズに問題がある。

●ポジションの平均保有時間　これはそのトレーダーのトレーディングスタイルを反映しており、その平均時間を見ることによって自分のトレード手法をどれだけ忠実に実行しているのかが分かる。ポジションを長く保有するというのはそれだけ長くリスクにさらしていることを意味しており、ポジションサイズを拡大したり、マーケットのボラティリティが大きいときにポジションを長く保有するのはかなり危険である。またポジションの保有時間はトレーダーの心理状態も反映しており、不安や焦りなどから通常よりもポジションの保有時間が大きく変化しているときは、パフォーマンスにも大きな振れが生じる。

●**勝ち・負け・収支トントンのポジションの平均保有時間**　おそらくこれは最も基本的なトレーディングの規律であり、勝ちポジションよりも負けポジションを長く保有すれば、利益を上げることはかなり難しく、むしろ大きな損失を出すことになる。こうしたことは、評価損が出た短期ポジションを長期ポジションとして塩漬けにするときに起こる。また勝ちポジションを早々と手仕舞ってしまうのは、含み益を失いたくないという不安心理や自信喪失の表れである。こうした傾向のあるトレーダーは一時的に利益を出しても、長期的に見ると利益よりも損失のほうが多くなる。

トレーダーDNAやニンジャ・トレーダーなどのソフトは図表やチャートの形でこうした統計データを表示し、簡単に自分のトレードの問題点を知ることができるので、特に独学のトレーダーにとっては不可欠のツールである。またアクティブなトレーダーにとっても、トレード中の自分の問題点に目を向け、日中にこれらのソフトの画面を見て、「自分がこんなふうにトレードしていたとはまったく知らなかった」「買いよりも売りだったのか」などとびっくりするトレーダーは少なくない。プロップファーム（自己売買専門会社）でトレードするトレーダーは、メンターなどがリアルタイムにトレーダーDNAなどのデータを見せてくれるので、自分のしていることを客観的に知ることができる。これなどはまさに先を見越したリスクマネジメントと言えよう。

しかし、こうしたソフトの有効性もそのトレーダーのエッジによって大きく異なる。サヤ取りトレーダーは売り・買いのポジションをひとつのトレードとみなしているし、また長期投資家にとってはこうした日々のデータはほとんど不要である。一日にあまり多くのトレードをしないトレーダーにとっても、こうした専用のメトリクスデータソフトは必要ではない。これらのトレーダーは自分のスプレッドシート（エクセルなど）に必要なデータを入力するだけで十分である。しかし、毎日活発にトレードするトレーダーにとってこうした入力作業は煩わしく、日中にリアルタイムにアップデートすることもできないので、専用のメトリクスデータソフトはとても便利である。こうしたソフトを使った模擬トレードもかなり効果的であり、駆け出しのトレーダーばかりでなく、新しいトレード戦術を作成しようというベテラントレーダーにとっても便利なツールである。

われわれは自分で気づかないことを改善することはできない。多くのトレーダーはこうした便利なソフトのメリットを知らず、また自分のパフォーマンスが心のあり方にどれほど大きく左右されるのかについてもあまり考えていない。われわれは自分を知ることよりもマーケットの分析に多くの時間をかけているが、こうした傾向はかなり危険である。メトリクスデータは、心理に基づくトレーディングの問題点が現実の損失となる前にわれわれに気づかせてくれる。メトリクスデータはそうした心の問題が潜在的な損失になることを警告するアラートであり、また自己省察をパフォーマンスの向上に結び付ける学習ループでもある。

「メトリクスデータはわれわれの目をトレードのプロセスに向けさせる。それによって着実なパフォーマンスの向上に努力すれば、結果はあとからついてくる」

メトリクスデータのもうひとつの利用法

これまで述べてきたメトリクスデータは、特にアクティブなトレーダーにとっては自分のトレード技術を評価し、いろいろな問題点を是正することにも利用できる。例えば、毎日のパフォーマンスデータをあとからいくら詳しく分析しても、正しくストップロスを入れたのか、仕掛けのタイミングはタイムリーだったのかなどについてはよく分からない。こうしたことはトレード中に起こったことなので、そのトレードを見ているメンターやビデオでしか検証されない。私はトレーダーの一日のトレードだけでなく、数日にわたるトレードの流れについても観察するようにしている。単なる偶然でその日の勝敗が決まることもよくあるからだ。一般に朝方にはトレンドがあっても日中になると保ち合い相場になることが多く、トレンドにうまく飛び乗れたと喜んでいても、その後のチョッピーな相場でそのポジションを損切りせざるを得ないケースもある。**こうした負けトレードが続けば、それはマーケットを正しく見ていないか、または判断力が曇っているのかのどちらかである（この両方のときもある）**。もしもそのトレーダーが大きなエッジを持っているのに負けトレードが続くならば、それ自体が問題である。実際にはそのエッジは本人が思っているほどの強みではない、またはそのエッジの生かし方が間違っている――のいずれかである。いずれにしても、負けトレードが続くというのは少し休息を取って、自分とマーケットをもう一度見つめ直しなさいという警告と受け取るべきである。

トレーダーの一日の各トレードの損益を調べると、リスクマネジメントの不備やポジションの広げすぎ、または保有時間が長すぎて大きな損失となったトレードなどがよく見つかる。私は一日の九〇％はポジションサイズを抑えて慎重にトレードしていたが、突然それまでの一〇倍にポジションを広げて大博打を打ったトレーダーを知っている。彼はたった一回のトレードでその日（ときにその週）のすべてのリスクを取ってしまった。相場が少し大きく動くだけで損益は大変動する。こうしたときにメトリクスデータを使って、ポジションサイズとその損益の関係を分析すると、そのような大きなポジションを取って成功する確率はあまりないことが明らかになるだろう。取引コストがかさむうえ、精神的なプレッシャーもかなり大きくなるからだ。しかし、ほとんどのトレードで利益を出しているトレーダーであれば、そうした極端なことをしないかぎり、徐々にポジションサイズを広げても大丈夫だろう。

ポジションをしょっちゅう増減しているトレーダーの損益を評価するのは難しく、二回の勝ちトレードのあとに一回の負けトレードが続いても、それがコアポジションとなっていればひとつのトレードと見て、そのポジションの損益を評価すべきである。そうすれば、そのコアポジションが正しいトレード戦術に基づいていても、ポジションの増減が間違っていた（トレード技術が正しくなかった）ことなどが分かるだろう。特に買い・売りポジションを頻繁に入れ替えるスキャルパー（小さな利ザヤを稼ぐトレーダー）の損益は難しく、買い・売りポジションがマルになった任意の時点で収支を評価するしかないだろう。

一方、一日の時間帯に応じてポジションの収支を評価することも大切である。ボラティリティは一日の時間帯によって大きく異なるので、マーケットの変動を反映した各時間帯の損益も大きく異なるからだ。私は午前・日中・午後のトレードの損益とそのときのマーケットの状況を比較してトレーダーの実力を評価している。それまで順調に利益を出してきたが、ある時間帯に出来高とボラティリティが大きく落ち込んで負けポジションを抱えるトレーダーもいるからだ。こうした時間帯にはポジションサイズを縮小し、トレードの頻度も小さくするようにアドバイスする。こうした時間帯ではトレードを全面的にストップして休息を取り、次のトレードに向けて集中力を高めるのも一法である。一日ばかりでなく、週間でも曜日によってトレードの収支が大きく変動することもよくある。私自身のパフォーマンスは全体として午後よりも午前中のほうが良いが、これはヒストリカルなマーケットパターンの分析が奏功するうえ、この時間帯には私の集中力が最も高まるからである。私のメンタルな状態がさえる午前中にそれほど大きくないポジションで仕掛け、その後の時間帯にその収穫を刈り取るというのがベストのパターンである。

一方、一週間の曜日別にトレードの損益を見ると、経済統計が発表される曜日などによって収支が大きく異なる（例えば、月曜日と金曜日など）。私が注目するのは負けトレードによって損失を出したあと、正しいトレード技術の必要性を再認識して収支を好転させるトレーダーもいるからだ。損失に伴う精神的なプレッシャーを乗り越える能力が弾力性であり、これこそがトレーダーの真の実力と言える。一方、利益を確定したり、利益を伸ばせるときは最大限に稼ぐというのも、トレーダーのもうひとつの実力である。利益を出しているのにそのトレード手法を変更するトレーダーもいるが、それはリスクを考えないで自分のお金で遊んでいるようなものである。トレーダーがリスクとリターンについてどのように考えているのかは、一連のトレード結果にはっきりと表れる。

「数回のトレード結果が良くても、そのトレーダーが心理的に安定しなければ、コンスタントに利益を上げることはできない」

図表7.3　自己観察とパフォーマンス向上の方法

	ビデオ	メトリクスデータ	メンターの直接指導
長所	トレードの模様や心の状態をあとから観察・分析できる。トレード技術の向上に効果的	トレーディングの上達度を評価できない	トレード技術の再検討
短所	今まで気づかなかった自分のトレーディングパターンを再検討できる。トレーディングのレベルアップに役立つ	ビデオのようにトレードの具体的な模様を見ることができない	トレード戦略・戦術の有効度の確認
効果的な利用法	トレーディングの技術的・心理的な問題を客観的に知ることができるうえ、中立的な立場からのフィードバックも得られる	優れたメンターを確保できるとは限らない。またメンターのアドバイスをあとから再検討したり、メトリクスデータのように数量化することもできない	トレーダーのいろいろな問題点の観察・指導

以上述べてきたように、トレーダーのパフォーマンスに関する情報とその収集法はいくつか存在するが、そのトレーディングプラン（学習ループとトレード技術を向上させる方法）はトレードするマーケットと自分のトレーディングスタイルに最もマッチしたものでなければならない。そのカギとなるのが自己観察であり、自分にとって何が効果的で何がそうでないのかをよく理解する必要がある。トレーダーとしての自分のエッジは何か、どうすればそうしたエッジを習得できるのか。また自らのトレード戦略・戦術・技術に弱みがあるならば、どうすればそれらを強化できるのか。マーケットと同じようにトレーダーにもそれぞれのタイプと個性があり、そのエッジをうまく生かすことが自分に合ったマーケットからコンスタントに利益を上げるベストの方法なのである。

トレード日誌――もうひとつの自己観察法

おそらくトレーディングを独学しているトレーダーが最も広く利用しているのがトレード日誌であろう。その内容は多岐にわたるが、一般には次のようなことが記されている。

●トレーディングプラン――どのようにトレードしたらよいのか
●目標――トレードで実現したいこと
●観察――自分自身とマーケットについての観察

ほとんどのトレード日誌は日記形式で書かれており、その日に起こったことや将来のプランなどに関する記述である。そうした日誌をつけるというのは、自分の意識を高めておくうえでかなり有効な方法である。喧騒とした日々のマーケットのなかでは、心のなかに特定のプランや目標を抱いていることは難しい。自分にとっての優先順位を記録しておくことによって、必要なときはいつでもそれを思い出すことができる。『ザ・エッセンシャルズ・オブ・トレーディング（The Essentials of Trading）』の筆者であるジョン・フォアマン氏に、パフォーマンスを向上させるためにトレーダーは何をすべきかについて質問したところ、「自分でよく考えたことを着実に実行すること、そしてトレーディングプランをしっかりと作成すること」という返事が返ってきた。

「トレード2ウィン（Trade2Win）」フォーラムサイトのコンテンツエディターでもある彼は、多くのトレーダーが共通して抱えている問題を数多く見てきたが、最も大切なことは「自分のトレーディングプランに照らして、すべきであると思ったことを実行すること」であると述べている。トレーディングプランはトレーダーの実行すべきことを表したロードマップ（道路地図）であるが、それから脱線してマーケットという荒野で道に迷うことも少なくない。つまり、トレーダーは自分の心を失って以前に立てたプランが崩れてしまうのである。

トレード日誌を単なる日記というよりは、トレード技術を向上させるための努力を網羅したパフォーマンスポートフォリオと考えるとその価値がぐんと高まる。これまで述べてきたビデオ、メトリクス（数的指標）データ、メンターの直接指導などもそうしたポートフォリオのひとつである。私はトレード日誌を、自分の達成したいことや毎日のトレードなどを評価する一種の成績表であると考えている。ビデオやメトリクスデータ、メンターのアドバイスなどの情報を実行すべきプランとしてトレード日誌に記録しておけば、自分のトレーディングの上達度がはっきりと分かるだろう。できれば毎日の行動プランだけでなく、長期のパフォーマンスプランなども記録しておくとよい。

ビデオやメトリクスデータなどの多くの情報で混乱する恐れもあるので、単に事実や数字などを記録するだけでなく、そうしたデータを優先順位に従ってまとめておけば、具体的な行動基準となるだろう。スポーツのコーチも対戦相手と自分のチームの試合ビデオを見ながら、実現すべき目標と各選手の優先順位に応じてそれらのデータをゲームプランにまとめるが、トレード日誌もそれと同じようなものである。ほかのパフォーマンスポートフォリオからの情報をまとめて、独学のトレーディングプランを作成するベースとしてトレード日誌を活用する。いわゆる、観察データを行動のデータとするのである。

スポーツコーチのゲームプランは長時間にわたるビデオの観察や多くのデータなどを含め、敵と味方チームの強さと弱さを詳細に分析して作成される。これと同じように、トレード日誌だけでトレード技術を磨こうというのもかなり無理がある。それはデータの不足しているプランのようなもので、トレード技術や戦術を向上させるには大ざっぱすぎる。医者は患者からできるだけ多くのデータを集めて診断し、それに基づいて適切な処方を施すが、トレーダーもいろいろなパフォーマンスポートフォリオを分析して行動すべきである。トレーダーにとってのビデオ、メトリクスデータ、メンターからのアドバイスなどは、医者にとっては患者の血液検査やX線写真のようなものである。これらのデータを分析してトレード上の問題を明らかにし、それを是正するための具体的なプランを作成する。

模擬トレードは単なる練習、実際のトレードは現実のパフォーマンスと考えるのはその人の自由であるが、**トレーディングの上達に向けた具体的な行動という枠組みのなかで実行されるという点では、いかなるトレードも練習と言えるだろう。**「今日は何に取り組むのか」「今日学習したことを明日に活用できるのか」などの自問自答をトレード日誌に記録しておけば、それらをいつでも意識にとどめておくことができる。それは利益というよりもプロセスの目標に目を向けさせるものである。その日の損益は自分でコントロールすることができず、その確率を高めることはできても最終的な結果には常に不確実さがつきまとう。つまり、**トレーダーが利益を出せるかどうかはその日のマーケットによって決まり、どの程度の損失を出すのかはわれわれ自身によって決まる。**

「上手なトレードを心掛けるプロのトレーダーはマーケットではなく、実は自分自身と格闘している」

トレーディングの上達に向けたトレード日誌の利用法

前著『精神科医が見た投資心理学』でも述べたように、トレード日誌はトレーディングに伴う心の問題に対処するときもかなり有効である。特にそうした問題が起こるプロセスを記録しておくとその効果はいっそう顕著になる（特にビデオなどが使えない状況では）。正しい情報の解釈と意思決定を妨げる心理的な問題は多岐にわたるが、最も難しいのはそのときに夢中になっている状態から自分を解放することである。自分を客観的に見れないというのは、プリズムレンズを通して世界を見ているのにそのレンズの存在に気づかないようなものである。つまり、自分の主観を通して外部の世界を見ているのである。

われわれの心や体の状態は、外部の世界を見るときのそうしたレンズに相当する。うつ病の認知療法の創始者であるペンシルバニア大学のアーロン・ベック教授は、うつ病の患者が自分・世界・将来の三つの領域で悲観的に考えることを「否定的認知の三兆候（Negative Cognitive Triad）」と呼んだ。これと同じように、心に不安を抱いている人はどのような状況下でも希望ではなく恐怖を感じる。いわばレンズを通してこの世界を見ているわれわれは、自分の考えや行動を完全にコントロールすることはできないという点で、ベストの判断ではなく偏見に基づいて行動していると言える。リアルタイムなトレード日誌のメリットは、そうしたプリズムレンズを除去し、自分自身を客観的に観察できることである。「今の自分はどのような心の状態にあるのか」「それは認識や行動にどのような影響を及ぼしているのか」といった自問に答えるには、客観的な自分という観察者が必要である。トレード日誌はこうした自己観察力を養い、自分の心の状態を意図的に変える能力を高めてくれる。

マーケット情報とトレーディングアイデアの包括的な情報誌である「ザ・カーク・リポート（The Kirk Report）」のチャールズ・カーク編集長は最近私と話したとき、トレード日誌のメリットについて、「プロのトレーダーは改善すべき点を常に意識し、それを是正するために一生懸命努力しています。それにはトレード日誌が最も効果的で、私も数年前の自分のトレード日誌を読むと、忘れていることが多いのには本当にびっくりしますよ」と語っていた。彼の言うように、大切なことはトレード日誌を単なる備忘録とするのではなく、継続教育のツールとすることである。**人生と同じく、マーケットから得られる重要な教訓も繰り返して学習することによって身についていく。**それにはトレード日誌が最も効果的である。

第5章で紹介したキングズトリー・トレーディング社のプロトレーダーであるマーク・グリーンスプーンのことを思い抱いてほしい。彼は前年に数百万ドルも稼いだのに、今でも熱心にトレード日誌を書き続けている。彼は私と話すときもそれを手から離さず、これまでのトレードの良かった点と改善すべき点をチェックしている。彼がそれまでのトレード手法を大きく変えたときも、トレード日誌からそのヒントを得たという。彼がプロトレーダーとして成功し続けているのは、トレード日誌を継続教育のツールとして活用しているからである。もちろん、トレード日誌には意図的な練習、ビデオやメトリクスデータによるフィードバックなどのメリットはないが、具体的なトレーディングプランのベースとなる手掛かりを得ることはできる。自分自身のことを記録するというのは自分を客観的に観察することであり、いろいろな問題を抱えたトレーダーではなく、自分の内なるメンターと向き合うことができる。

「トレード日誌はトレーダーではなく、自分の内なるメンターと対話する手段である」

目標の設定

スポーツやトレーディングを含むあらゆるパフォーマンスの分野では、目標の設定とその視覚化がコーチの大きな仕事である。実際、目標を設定してその達成を視覚化すれば、パフォーマンスの向上は実現できると主張する関係者もいるが、現実はそれほど単純ではない。そのパフォーマーに能力や才能がなかったり、体系的な練習やフィードバックもなしにそうした目標が実現するはずはない。また目標実現の具体的なプランがないのに、ただ目標を視覚化するというのはあまり現実的ではない。そうは言っても、**目標の設定はパフォーマンス向上のひとつの条件であることは間違いない。**ビジネスの世界における目標設定の重要性について調査したロックとレイサムの調査結果によれば、いろいろな活動分野で目標設定の効果が認められたが、そのメリットは以下のとおりである。

- 集中力の維持
- 努力の方向付け
- 忍耐力の維持
- 新しい問題解決のアプローチ

バートン教授たちの包括的な調査でも、アスリートのパフォーマンスの向上における目標設定の効果を裏付けているが、その効果はビジネスの世界ほど顕著ではなかった。

一方、ラバリー・デビッド教授（心理学）の調査グループは、「成果目標（Result Goal）」と「パフォーマンス目標（Performance Goal）」を区別し、前者よりも後者の目標を重視している。これをトレーディングに当てはめてみると、例えば一日に二五〇〇ドル稼ごうというのが成果目標であり、負けトレードよりも勝ちトレードを多くしようといった、いわばそのトレーダーが直接コントロールできる行動に関するものがパフォーマンス目標である。成果目標を重視しない理由は、その目標達成に努力していてもパフォーマーの心にいろいろな葛藤や障害が生じて、それが実現しないこともよくあるからだ。例えば、作家などが執筆中に自分の文章を批判的に見ると筆が止まってしまうし、アスリートなども大きな試合で不安が高まると集中力が落ちてしまう。成果目標は顕在的なプロセス、パフォーマンス目標は潜在的なプロセスに関係している。

パフォーマンス目標はそのパフォーマーの目を特定の行動に向けさせる。例えば、ナスカー（ＮＡＳＣＡＲ）の訓練のパフォーマンス目標は、ピットクルーたちがピットストップ（途中停車）中にそれぞれの作業をスムーズに進められるように適正なポジションに待機していることであり、短期トレーダーのその目標は利益を確保するために収支トントンの水準までトレイリングストップを移動することである。それには正しい技術と具体的な行動プランが必要となる。バートン教授たちによれば、相対的にはパフォーマンス目標が重要であるが、それに成果目標をプラスできればそれがベストであるという。正しい技術の習得を目指す駆け出しのパフォーマーにとってはパフォーマンス目標が大切であるが、ベテランのパフォーマーには高いモチベーションを維持するうえでも成果目標が重要である。つまり、**スキルのレベルに応じて求められる目標は大きく異なっている。**これらの目標を達成できるかどうかは、それぞれのレベルのパフォーマーがどれほど自分のスキルを発揮できるかによって決まる。

これをトレーダーに当てはめてみると、駆け出しのトレーダーは（リスクマネジメントなどを含む）トレード技術や戦術に関する目標を掲げ、ビデオやメトリクスによる訓練でもトレーディングの基本を学ぶことを重視する。これに対し、プロのトレーダーは高いモチベーションを維持するためにも具体的な成果目標を設定しなければならない。例えば、社内のトレーダーのひとりは朝方に注文ミスから損失を出したので、私はそれを取り戻すことをその日の目標にするようにアドバイスした。彼もその目標をクリアするには何をすべきかがよく分かっており、結局この目標は達成された。こうした成果目標はその実現に向けて集中力を高めるものである。

すべての目標が同じように達成されるわけではない。目標を達成するには「Specific（具体的）・Measurable（計測できる）・Action Oriented（行動を促す）・Realistic（現実的）・Timely（タイムリー）」という五つの条件がそろわなければならない。この五つの頭文字を取ったＳＭＡＲＴ（スマート）な目標の設定はトレーダーにとっても、ビデオやメトリクスから得られたデータをリアルタイムな行動で具体化するための条件となる。逆にこの五つの条件のない目標とは次のようなものである。

●**具体的でない**　「もっと規律の高いトレードをしよう」「勝ちトレードを心掛けよう」などといった一般的な目標で、これでは具体的な行動プランも立てられないし、その実現に向けた意欲もわいてこない。

●**計測できない**　「もっと自信を持ってトレードしよう」「上手にトレードしよう」など、メトリクス（数的指標）でその結果を確認できないようなあいまいな目標で、これではスキルの上達度も測りようがない。

●**行動を促さない**　「今日は利益を上げよう」など、具体的にどう行動したらよいのか分からない目標。

●**現実的でない**　「今月は毎日利益を出そう」といったいわば画餅的な目標、またはとても実現できないような過大な期待値が盛り込まれているような目標。

●**タイムリーでない**　「今年はベストのトレード年にしたい」など、今の状況とはかけ離れた遠い将来の目標など。

理想的な目標とは、ビデオやメトリクスデータ、メンターのアドバイスなどのフィードバックに基づいて、トレーダーが自らのトレード戦術・技術に明確な優先順位を設けた目標である。そうした目標だけが翌日やその週の具体的な目標となり、トレード日誌でもトレーディングの結果や上達度が確認できる。トレーダーの行動を促し、努力を重ね、さらに高いモチベーションを維持できる目標とはそうしたものである。

効果的な目標とは

バートン教授たちの調査結果によれば、目標は具体性と相応の難しさがあるときに大きな効果を発揮する。先のＳＭＡＲＴ基準に照らしても、トレーダーは具体的な目標があると大きな意欲を燃やす。もっとも、こうしたことはすべての場合に当てはまるわけではなく、具体的な目標が特に大きな効果を発揮するのはそのパフォーマーがかなり高いレベルを目指しているときである（いつも同じフォームで跳躍したバレリーナのウエンディ・ウエーラン、時計のように正確でいつも同じスイングをするタイガー・ウッズを思い出してほしい）。一方、トレーダーにも同じように一貫したトレーディングスタイルが求められるが、マーケットの状況が大きく変化していくため、いつも同じトレードを機械的に繰り返すだけではダメである。このように、極めて具体的な目標はプロボウラーにとっては有効かもしれないが、トレーダーにとっては必ずしもそうとは言えず、変化してやまないマーケットに適応していくには広範な目標のほうがよい。例えば、仕掛け値から〇ドル離れたところにストップロスを入れるといった機械的な目標よりも、そのときのボラティリティや支持圏・抵抗圏などを考慮してフレキシブルなストップロスのポイントを決めるといった目標のほうが現実的である。

実はこうした具体的な目標よりも大切なことは、その目標の難易度である。特にビジネスの世界では、社員の高いモチベーションを維持し、また大きな努力を引き出すという点で、簡単なまたはかなり難しい目標よりもほどほどに難しい目標のほうが効果的である。こうしたことはスポーツの世界でも同じであり、オリンピックの選手たちもかなり難しい目標を与えられるよりも、ほどほどに難しい目標のほうがよいと答えている。あまりにも簡単な目標では選手の高いモチベーションと大きな努力は必要としないが、かといってあまりにも難しすぎる目標では選手のやる気を削いでしまうからである。努力すれば目標を達成できるという意欲を選手に持たせるには、ほどよく難しい目標でなければならない。選手たちをフロー状態（寝食も忘れるほど自己没頭している状態）に導くためにも、目標と選手の実力レベルは相応にマッチしていなければならない。

このように、**目標の難易度の設定を間違えると逆効果をもたらすことになる。**完全主義者のトレーダーはよく実現できないような高い目標を掲げるが、結果的には挫折感と欲求不満を引き起こすだけである。ビデオやメトリクスデータ、メンターの直接指導などのパフォーマンスポートフォリオの大きなメリットは、トレーダーのスキルレベルの推移が分かることである。

これが絶対的な目標よりも、以前のレベルよりも上達したことがはっきり分かる相対的な目標の大きな利点である。例えば、私は有利な価格で仕掛けたトレーダーに対して、その週の平均ドローダウン（資金の減少）を計算し、この数字を上回るようなパフォーマンスを上げようといった目標をアドバイスする。こうした相対的な目標は絶対的な目標に比べて、そのトレーダーの現実の実力レベルにマッチさせることができる。

「相対的な目標のメリットは、あまりにも高い目標に圧倒されることなく、それにチャレンジする意欲を持続できることにある」

目標達成のプロセスで何の進展もないと、その目標は逆にトレーダーのパフォーマンスに悪影響を及ぼすことになる。また具体的な行動プランやフィードバックを伴わない目標は、トレーダーの意欲を大きく削いでしまう。こうした点を考慮すれば、実力と自信のレベルがそれほど高くないトレーダーにとっては、達成が可能で意欲もダウンしないような目標のほうがよい。だからといって、行動プランとその評価、フィードバックなどが伴わず、また努力の方向も定まらないようなあいまいな目標では、レベルアップはほとんど望めないだろう。そのトレーダーのスキルを磨き、能力を伸ばせるような広い意味での学習ループを含むような目標が最も効果的である。トレーダーとそのメンターは達成すればすぐに忘れてしまうような静的な目標よりも、学習プロセスの一環となるような目標を作成することが大切である。

目標をリアルにするイメージ化

イメージ化とは認知行動療法（望ましくない行動パターンを望ましいものに置き換える心理療法）の一部であり、またいろいろなスポーツ分野の心理学者やメンターが取り入れている手法である。イメージ化のメーンは視覚化であるが、実際にはその他の感覚も利用される。その主なものは次の二つである。

一．**特定の感情状態を引き起こす**　われわれは実際の状況をよくイメージ化し、怖い状況を想像するとストレスが高まったり、セックスシーンを思い出すと性的に興奮する。しかし、こうしたイメージ化を望ましい状況の創出にも利用できる。例えば、ストレスの多いときに気分をリラックスしたり、目標達成のモチベーションを高めるためにイメージ化を活用するなどである。

二．**活動のリハーサル**　これはイメージ化をあることの練習に利用することである。例えば、トレーダーはＦＲＢ（連邦準備制度理事会）の発表を受けた相場の動きを想定して、それに対処するいくつかのシナリオを視覚化する。そうすれば、そうしたシナリオのどれかが実際に起きたときにスムーズに対処できるだろう。

目標の設定と同じく、イメージ化もかなり有効な手段であるが、これは使い方次第でその効果には天と地ほどの差が生じる。ホール教授たちの調査によれば、イメージ化を実際の経験の代替手段として利用することが最も効果的である。例えば、われわれはイメージ化したものには実際に経験したことと同じように反応するが、認知行動療法のひとつである暴露療法（これについては以下の章で説明する）などは、こうしたイメージ化を利用したものである。アスリートなどもトレーニングや実践形式の練習では、意図的な練習の一環としてこうしたイメージ化を広範に取り入れている。もっとも、実際の経験に代替されるイメージ化も、あらゆる分野のすべてのパフォーマーに効果があるわけではない。ラバレー教授たちはイメージ化を取り入れた練習の特徴を次のようにまとめている。


一．メンタルな練習はパフォーマンスの向上を促す。

二．肉体的な練習にメンタルな練習を加えると、どちらか一方の単独練習よりも効果が大きい。

三．メンタルな練習は運動能力より認知能力を向上させる。

四．メンタルな練習は初心者よりもプロのパフォーマーにとって大きな効果がある。

五．メンタルな練習の効果は時間の経緯とともに急低下する。

イメージ化を取り入れた練習は、そのイメージが鮮明でプラスのものであるときに最も大きな効果を発揮する。しかし、鮮明なイメージ化ができる能力には個人差があり、またメンタルな練習が意図的な練習に及ばないと言われるひとつの理由は、実際の状況を視覚化したときに現実に近いイメージを作り出すのが難しいことである。また、プラスのイメージ化の効果が大きいということは、これを逆に言えばマイナスのイメージ化が恐怖や不安を増幅させる可能性もある。ベテラントレーダーは利益のチャンスを追求するトレードと損失を回避するトレードの違いを知っているだろうが、それを知らない駆け出しのトレーダーはイメージ化によるコインの表裏はまだ理解できない。イメージ化がベテランのパフォーマーに大きな効果があるのは、彼らが戦術や技術の深い知識を持ち、それによって現実に近い鮮明なシナリオをイメージ化できるからである。また、多くの成功経験を持つ彼らはそれに基づくプラスのイメージを簡単に作り出すことができる。一方、成功体験の少ない初心者はそうした勝利のシナリオを鮮明にイメージ化するのが難しい。

イメージ化をうまく活用すればリアルな目標を設定し、高い情熱とモチベーションを維持しながら、肉体的な練習の効果をさらに伸ばすことができる。しかし、残念なことにトレーディングの世界では、こうしたイメージ化や適切な目標設定の効果的な利用法を知っているメンターはそれほど多くはない。これまで述べてきたトレード日誌、目標設定、イメージ化などは、パフォーマーの意欲をスキルアップに結び付けるメンタリング技術のひとつであり、それらを学習者のニーズと学習スタイルにどのようにマッチさせるかによってその効果が大きく違ってくる。

「トレーダーをハードサイエンス（自然科学）で訓練すると彼らは芸術品になる」

最後に

これまで述べてきたように、プロの技術に至る道には芸術的なものと科学的なものがあり、トレーダーはマーケットパターンに関するデータの収集や自己観察などをはじめ、自分の能力とスキルのレベルにマッチしたいろいろな方法によって、自らの学習曲線を上昇させることができる。単に専門誌や雑誌を読んだり、投資セミナーに出席してチャートを分析するだけでは不十分であり、具体的な行動プランに基づく体系的なアプローチでなければ大きな効果は望めない。これはナスカー（ＮＡＳＣＡＲ）のピットクルー、オリンピック選手、芸術家などにとっても同じであるが、トレーディングの世界では常に成果（損益）が問われるという理由から、ほかの分野に比べてこうした方法の実行はあまり進んでいない。しかし、ほかの分野のパフォーマーたちが実践している訓練法とその原則をトレーダーにも適用することは十分に可能であり、これこそがマーケットのニッチを見つけるベストの方法であろう。これは心理学者だけでなく、トレーディングの独学を目指すトレーダーにとっても真剣に取り組まなければならない課題である。

第8章 パフォーマンスを向上させるための認知療法

「人間がいつも同じであると考えるのは大きな間違いである。われわれは常に変化しており、長期的にはもちろん、三〇分前の自分とも同じではない」

――G・I・グルジエフ（ロシアの神秘主義者・哲学者）

私はこれまでトレーダーがまず最初に自分のエッジを見つけ、次にトレード技術やスキルを磨くことの大切さを繰り返し強調してきたが、トレーディングの心理についてはあまり詳しく言及しなかった。以下ではこれまでとは正反対の問題、すなわち心の悩みがパフォーマンスの足を引っ張っていれば、どのような訓練やスキルアップの努力も効果がないという問題について検討していこう。そのために多くのトレーダーを悩ませている心理的な問題を引き合いに出し、それに対処する二つの効果的なブリーフセラピー（短期療法）を紹介する。トレーディングの独学を目指すトレーダーは、自分が自らの問題を解決するセラピストにならなければならないからである。

われわれ人間は常に変化している

前著『精神科医が見た投資心理学』でも多くのトレーダーが抱えるいろいろな悩みを取り上げたが、ほかの分野でも大きな効果を発揮しているブリーフセラピー（短期療法）はこうしたトレーダーの心理・経済的な問題の解決に役立つだろう。心の悩みの原因を明らかにするために一週間にわたって患者と話し合うという従来の精神治療法とは異なり、このブリーフセラピーは患者の現在の考え方や行動パターンを変えようとするかなり実用的なテクニックであり、「人間は常に変化する」というグルジエフの言葉を実践するものである。

人間の客観的な観察者から見ると、われわれ人間には自制心というものが欠けていると映るだろう。これは人間が常に変化し続ける存在であるからだ。例えば、大きなポジションを取るトレーダーはリスクマネジメントのことはすっかり忘れており、また詳細なトレーディングプランを作成しても、マーケットが大きく変動した途端にそこから逸脱するトレーダーも少なくない。それはけっして意図的にそうするのではなく、大きな変化がわれわれの強い意志をもねじ曲げてしまうからである。**われわれがどのように考え、感じ、行動するのかは、心身の状態を反映したものである。常に変化し続けるわれわれ人間は、外部の世界を次々と違う視点で解釈する。**

一般には自分にとって都合のよい考えや行動を取るためにわれわれは変わるのであるが、実際には人間が変わるというのはそれほど単純なことではない。何かをしたいと思う自分がいる一方で、それとは別の行動を命じるもうひとりの自分が心のなかにいるからだ。そうでなければ、ずっとダイエットをしてきた人がある日突然大食いになったり、トレード日誌にいろいろなトレーディングルールを記録してきたトレーダーが、いきなり大きな負けポジションを保有し続けるなどという自滅的な行動を取ることはないだろう。

そうした行動を取るのは、「統一された自我」というものがないからである。ブリーフセラピーはそうした分裂した自我をひとつに統一し、意図的な行動を取れる人間にしようというものである。そしてこれまでとは違う世界に目を向けさせようというのが認知療法、分裂した自我を統一して人生に前向きに取り組ませようというのが行動療法の目的である。これによって**自分が望むように考え、行動できるようになれば、自分が自らのセラピストになったと言えるだろう。**

分裂した自我

自我とは何だろうか。それはある状態から別の状態へと持続していく自分である。気分や行動がどのように変わっても、われわれは今の自分を経験しており、例えば私が「あなたが好きです」と言うとき、それは基本的に変わらない今の自分の気持ちを表現している。少なくとも

「今の自分の状態ではあなたに愛情を持っている」ということではないだろう。このようにわれわれは持続していく自分を経験しているが、特にトレーディングに際していろいろな心の悩みに直面すると、この自我がときに分裂する。**われわれはいろいろな状態の自分を経験しているが、それらはすべて現実を投影した自分である。**グルジエフはよくほかの人に、「しばらく静かに座って、自分だけに意識を集中しなさい」と言っていた。われわれがそうした状態で意識を統一できないとすれば、リスクや不確実さが高まったときに自分をコントロールすることはできない。**われわれが感じるそうした私は、意図的に自分の行動をコントロールしようとする私よりも強烈である。**われわれの自我が分裂すると自由な意志を持つことはできず、外部世界の出来事に翻弄されてしまう。

約一世紀前にフロイトが始めたトークセラピー（カウンセラーと患者が話し合うセラピー）は、残念なことに患者の心のなかに新しい変化を起こすという点では不十分だった。一般にセラピーは長期にわたって行われるが、それは患者の抱える問題が複雑で治療が難しいからではなく、問題が起こったときの患者と治療を受けるときの患者の心の状態が異なるからである。トレーダーのメンターもこれと同じ問題に直面する。つまり、トレーディングの目標やプラン、トレード手法などについて話し合うのは実際にトレードしているときではなく、トレーダーがトレードの最中にそれらを実行しようとするといろいろな心理的な問題が絡んできて実行するのが難しくなる。その点で、比較的短期間で問題解決を試みるブリーフセラピーは、問題が起こったときにリアルタイムに行われるのでかなり効果的である。また、自我が分裂したときに自分を統一させようとするセルフセラピー（自己療法）も、リアルタイムなセラピーとして有効である。

「ブリーフセラピーは分裂した自我を統一するためのリアルタイムな療法である」

私がトレード中のトレーダーのオフィスを訪れたとき、彼らが最悪のトレードをしていれば直ちにこのセラピーを実行する。例えば、「アクティブになりすぎて損失が出ているね。先週もそれで損を出したじゃないか。君はイライラして何か違うことをやりたがっていた。今もイライラしているよ。この前のときと同じで、これでは損失を出す条件が完全にそろっている。もっと違うやり方をしてみようよ」などとアドバイスする。グルジエフはこうした役割を「目覚まし時計」と言ったが、フロイトは「観察する自我（Observing Ego）」と呼んだ。私のすることを比喩的に表現すると、トレーダーの肩を揺すりながら鏡を見せて、「よく自分を見ろ。気が動転しているぞ。今は本当にトレードしたいのか」と言っているようなものである。その目的は変化している自分を客観的に観察させることにある。それによって**分裂した自我を統一し、思いどおりに行動できる自分を取り戻すことである。**「君はイライラしているぞ。落ち着け」という言葉は、セラピストからトレーダーの自我に向けられたメッセージである。

自己観察ができるようになれば、自我が分裂することもなくなる。そうすれば外部世界の出来事から一歩離れた自分が、「私は今何をすべきなのか」と問い掛けるだろう。こうした自己省察が前向きの習慣を作っていく。**もしもトレーダーがイライラしているときにマーケットから一歩離れて、それまでのトレード戦術を見直すことができれば、変わっていく自分とトレーディングを自動的に観察できるようになり、それは新しい行動パターンとして定着するだろう。**

トレード能力を失った家庭的なトレーダー

やり手の債券トレーダーであるジェームズは、この二年間に着実に利益を上げ、徐々にポジションサイズを大きくしてきた。そんなとき、妻のビクトリアが妊娠していることを知った。これを聞いたジェームズは家庭的な夫として新しい生活が始まることを心から喜んだ。ビクトリアもずっと母になりたいと思っていた。この二人はさっそく近くに学校がある新居を購入した。新居の値段はちょっと高かったが、ジェームズはビクトリアが今の町から離れたいと思っているのを知っていた。彼は通勤は気にしないし、これまでのキャリアに照らせば、新居と子供の育児費ぐらいは何とかなるだろうと思った。

それからしばらくして債券の順イールドカーブ（利回り曲線）が次第に平坦化し、ついに逆イールドになったとき、ジェームズは「これはまずいぞ」と思った。短期・中期・長期債の順イールドによる利ザヤ稼ぎに慣れ切った彼は、もはやそうしたトレードができなくなった。この数週間はこれまでのトレーダーとしてのキャリアでは最悪の結果となり、過去二カ月間の利益の蓄積をかなり吐き出した。もっとも、こうした状況はこれまでに何回も経験しており、このこと自体はそれほどの問題ではなかった。彼はポジションサイズを小さくし、債券市場の新たな状況を観察し、これまでのトレード手法を変えようと思った。以前にも政府が長期国債の再起債を発表して損失を出したとき、しばらくトレードを休んだあと、小さなポジションでトレードを再開することによってリズムを取り戻し、再び勝ちトレードにカムバックすることができた。

しかし、今回の状況は以前とはかなり違っていた。ジェームズが最初に思ったことは、この損失をどれだけ取り戻せるかということだった。一部のトレーダーのように、損失によって貧乏な生活を強いられるのはいやだ。そのためにはポジションサイズを小さくすることはできない。彼は失ったお金を取り戻すために、さらにアグレッシブにトレードするようになった。しかし、この戦略は完全に裏目に出た。損失の拡大を恐れるあまり、これまでよりも早めに大きなポジションを手仕舞った。もはやポジションを保有するのが恐くなって、もっと取れる勝ちポジションでも早々と手仕舞うようになった。これが彼の欲求不満をさらに募らせ、さらに激しいトレードにのめり込んでいった。私がジェームズのサポートに乗り出すまでに、彼の以前の堅実なトレードは欲求不満→アグレッシブなトレード→不安感の増幅→さらなる欲求不満という悪循環に陥っていた。そしてほかのトレーダーとも付き合いのよかった彼は、今では引っ込みがちになり、完全に孤立していた。**まるでまったくの別人、以前とはまったく違うトレーダーになってしまったようだ。**ジェームズに一体何が起こったのか。以下ではそうした彼をカムバックさせるための認知療法について説明しよう。

認知療法の目的は対処能力の回復

ジェームズの最大の問題点は、それまでの債券の順イールドが逆イールドになったとき、それまでのトレードのやり方が大きく狂ったことである。一〇年債（Tノート）のトレンドやボラティリティが突然大きく変化したわけではないが、それでも彼のそれまでのトレード手法は完全に崩れてしまった。以前にもこうした問題に直面したことはあったが、みごとにそれを乗り切ってトレーダーとして一回り大きく成長したものだった。今回も損失を取り戻してカムバックできる可能性は十分に残されていたが、彼はもはやマーケットに対する対処能力を完全に失っていた。**実はジェームズにとっての不安とはトレードのリスクではなく、マイホームのローンを返済したり、家族を養っていくことができなくなるのではないかという心配だった。**その結果、それまでの満足のいくトレードをしようといった考えはなくなり、今では生活費を稼ぐためのトレードになってしまった。彼は、わずかな損失を出しても大きな不安に襲われたのである。通常のポジションの通常の損失などは彼の将来を脅かすことはないのに、彼はその程度の損失にも脅威を感じた。損失そのものではなく、損失に対する彼の不安感が心のなかでリスクを増幅させていった。こうした心の問題を解決しようというのが認知療法の目的である。つまり、**悩みを引き起こす出来事に対する考え方を変えることによって心の不安を取り除き、状況への対処能力を高めようというものである。**

正しいトレード能力を失ったジェームズは不安感から解放されるために早々とポジションを手仕舞うなど、もはや従来のトレード手法を実行することはできなかった。彼はマーケットのリスクではなく、心のなかの不安感に恐怖を感じていた。その結果、人付き合いがよく礼儀正しい若者だったジェームズは、精神的に追いつめられて支離滅裂な行動を取るようになった。このジェームズのように状況への対処能力を失った人は、うまく機能していた昔のやり方によく逆戻りするが、フロイトはこうした傾向を「退行（Regression）」と呼んだ。フロイトによれば、精神状態や人格が変わった人はよく子供のころのやり方で不安感を取り除こうとするが、そうした昔の対処法では現在の問題を解決できないばかりでなく、新たな問題を引き起こすこともある。私のところにカウンセリングを受けに来るトレーダーの多くは、当初の問題が引き起こした悩みというよりは、それに対する間違った対処法の結果に悩んでいるケースがほとんどである。

精神状態や人格の変化は、それまでの対処法を大きく変えてフロイトの言う退行を引き起こす。退行によって昔の対処法に逆戻りすると、いわゆる自滅的な行動を繰り返すようになる。ジェームズは早々とポジションを手仕舞って損失を出したくはなかったが、それでもそうした行動を取ってしまうのである。われわれはある出来事に過剰反応すると、昔のやり方で対処しようとする。ジェームズのように、出来事そのものではなく、それに対する自分の考え方に過剰反応しているからである。

「トレーディングの心理的な問題とは、出来事そのものではなく、そうした出来事に昔のやり方で対処しようとすることに根本的な原因がある」

認知療法とはいろいろな心の問題に対する考え方を変え、新しい対処能力を身につけさせようというものである。おもしろいことにそのプロセスは、これまで述べてきたいろいろな分野のスキルや技術の習得プロセスとほとんど同じである。

認知療法を始める前に知っておくべきこと

認知療法について具体的に述べる前に、自らの努力と外部からのサポートについて補足的な説明をしておこう。トレーダーが私のところにカウンセリングを受けに来るときは、次のような点を確認している。

一．**いろいろな悩み**　そのトレーダーが最近、トレーディングのスランプ、注意力を散漫させるような対人関係、健康や経済問題などの悩みを抱えていないか。

二．**スキルの問題**　未熟なトレード戦略・戦術・技術が損失や焦りを引き起こしていないか。

三．**マーケットの変化**　相応のトレード技術と成功のキャリアを持つトレーダーがなぜ変化したマーケットに適応できないのか。

四．**長期にわたる個人的な悩み**　トレーディングというよりは人生に関して長期にわたって個人的に悩んでいる問題があるのか。

私は初めてカウンセリングするトレーダーに対して、この四つの項目について必ず質問する。その結果、トレード技術やマーケットの変化について悩んでいるトレーダーにはブリーフセラピーを行い、そのあとに訓練（または再訓練）を受けるようアドバイスする。具体的には未熟なスキルのトレーダーに対しては、模擬トレードとそれに関するフィードバックの利用を勧める。またマーケットの変化についていけないベテラントレーダーについては、変化したマーケットに見合う新しいトレード戦略や戦術を習得するために、やはり模擬トレードの実行やポジションサイズを抑えたトレードをアドバイスする。こうした心理的な治療を行うに当たっては、主にトレーディングをめぐる問題が心の悩みを引き起こしているのか（二一～三のケース）、それともその逆のケース（一と四）なのかを確認する必要がある。それによって治療法やサポートの仕方が違ってくるからである。

一のような悩みを持つトレーダーについては、トレーディングに悪影響を及ぼしている根本的な問題を除去するために、それまでの生活のあり方を抜本的に変える必要があるかもしれない。また、スランプやパフォーマンスに対する不安などをもたらしているのは一時期の成功のあとの自信過剰、それともトレーディングとは無関係の人生の悩みなのかを明らかにすべきである。ジェームズのように経済問題などの悩みが、トレーディングに悪影響を及ぼすというのはけっして珍しいことではない。このほか、離婚や家族との死別などがトレードに対する集中力を奪うこともよくあるが、こうしたケースについてもブリーフセラピーがかなり効果的である。

四のような悩みは長期にわたる心配や不安、集中力の欠如、薬物依存などを引き起こしたり、またトレーダーになる前から悩んでいる問題もある。そうした悩みに対処するときもブリーフセラピーが有効であるが、必要に応じて医療相談も行ったほうがよい。心理的な問題が実はホルモンのアンバランスに原因があることも少なくないからだ。またトレーディングや対人関係をめぐる心の問題が薬物療法によって緩和することもあるが、そうした薬物も副作用と常習性の弱いものを使用すべきである。こうした長期の個人的な悩みを持つトレーダーはセルフセラ

図表8.1　ブリーフセラピーが大きな効果を発揮するトレーディングの問題のチェックリスト

- **パフォーマンスの悩み**　満足のいくトレードよりも損益のほうが気になる。
- **トレーディングの悩み**　トレードするときにかちかちになり、満足のいくトレードができない。
- **衝動的なトレード**　退屈さや集中力の低下、または大きな損失を取り戻そうと過剰なトレードに走る（大きすぎるポジションサイズや頻繁なトレードなど）。
- **リベンジ的なトレード**　以前の大きな損失に伴う焦りや復讐心などから、トレーディングプランから逸脱したリベンジ的なトレードをする。
- **自己信頼の欠如**　スランプやトレーディング以外の悩みなどから、自信喪失やマイナス思考に陥っている。
- **正しい意志決定を妨げる心のあり方**　完全主義、将来に対する悲観、自信過剰、慢心など。

ピー（自己療法）を試みる前に、ぜひともベテランのコンサルタントに相談してほしい。**図表8.1**は私がいろいろな悩みを持つトレーダーをカウンセリングするときのチェック項目をまとめたもので、このうちのどれかに該当するときはブリーフセラピーを受けることをお勧めする。

認知療法を始めたジェームズ

ジェームズは認知療法の格好の対象者だった。トレーディングの腕は悪くないので、いわゆる駆け出しトレーダーのスキル不足が悩みの原因ではないことは明らかだった。また長期にわたる心の悩みといったものもなかった。彼の悩みはかなり個人的な問題（債券市場の変化で増幅されたが……）、すなわち妻ビクトリアの妊娠という人生の変化がトレードの損益に対する考えを大きく変え、それまでのトレードのやり方を狂わせてしまったことである。以下では認知療法がこうしたジェームズをどのようにカムバックさせ、まただれでもこのブリーフセラピーを実行できるということを証明しよう。

私が初めてジェームズに会ったとき、彼は妻の妊娠と子供を持つことに伴う経済的なプレッシャーがこれまでのトレードのやり方を狂わせたと思っていた。妻の妊娠がトレード不振の原因であると考えていることに罪悪感を感じていたが、それ以外の原因は思いつかなかった。これが悩み（問題）に対する彼の解釈であり、その出来事（妻の妊娠）が悩みの直接の原因であると考えていた。私は「これからちょっとした思考実験（ある仮説を調べるための仮想的な実験）をしますから」と切り出し、「もしも夫婦のどちらも奥さんが妊娠していることを知らないとして、それでも彼女の妊娠はあなたのトレードを狂わせますか」と尋ねた。「もちろん、そんなことはありませんよ」とジェームズは答えた。「次にあなたは奥さんが妊娠したことを知っていて、銀行に一〇〇〇万ドルの預金があったとしたら、それでもあなたのトレードはうまくいかないと思いますか」。この質問に彼はニヤリとして、「一〇〇〇万ドルあれば、トレードには何の問題もないでしょうね」と答えた。

「もしも奥さんの妊娠があなたのトレードを狂わせたとすれば、彼女が妊娠したことを知っているかどうかにかかわらず、また銀行に一〇〇〇万ドルあるなしにかかわらず、いずれあなたのトレードはダメになったのではないですか。それ（奥さんの妊娠）は毒のようなものですよ。自分が毒に犯されていることを知っていようがいまいが、毒はいずれあなたを死なせてしまいます。もちろん、銀行に大金があるかどうかにかかわらずですよ。それならば、奥さんの妊娠は毒なのですか」。ジェームズと私は認知セラピストがソクラテス式問答と呼ぶこうしたやりとりを続けた。私の目的は彼が自分の問題を違う角度から見る、もっと正確に言うと、彼の問題は生活の状況に対する自分の解釈の仕方に原因があることに気づかせることであった。

「子供を持つことをどう思いますか。それについてトレードしているときに何を考えますか」

「良き父親になりたい、つまりきちんと子育てをしたいんです。妻にはお金のことで心配をかけたくないのです」

「分かりました。良きパパになりたいんですね」。私は「良きパパ」という言葉を強めて言った。それからちょっと沈黙が続いたあと、私はジェームズの目を正面から見据えて、「それならば、トレードで損失を出すというのはあなたにとってどういうことなのでしょうか」と尋ねた。ジェームズは一瞬たじろいだ。彼の認知療法はこんなふうに進んでいった。

認知療法を受けたジェームズの最初の変化

ジェームズとこうしたソクラテス式問答を続けたのは、問題に対する彼の解釈の仕方を変えるためであった。「外部の出来事（妻の妊娠）が自分のトレードを狂わせた」というのが彼の解釈であるが、私は外部の出来事それ自体は彼のトレードを狂わせるほどのパワーはないこと、つまり、彼は外部の出来事に対する自分の解釈からプレッシャーを受けていることを彼に分からせたかった。ジェームズは貧しい家庭で育ち、子供をきちんと育てない親と一緒に生活することがどんなものであるのかをよく知っていた。だから彼は自分の子供をそんな目に遭わせたくはなかった。実は彼は妻の妊娠からではなく、家族をちゃんと扶養しなかった父のように自分もなるのではないかといった恐怖心からプレッシャーを受けていたのである。トレードの損失はそうした恐怖心の単なる引き金でしかなかった。通常の対処能力を失った彼はその恐怖心を除去することができず、それで精神的に追い詰められていた。昔の対処法、すなわち子供のときによく実行した現実逃避という方法で悩みを解消しようとしていた。

認知療法は精神分析療法とは異なり、患者の遠い過去まで詳しく調べることはあまりしない（その人の人格の変化を知るにはかなり有効ではあるが）。認知療法の狙いは、ある出来事に対するその患者の反応とは出来事そのものではなく、その出来事に対する自分の解釈を反映したものであることを理解させることにある。ジェームズのトレーディングの悩みも実は子供が生まれることとは無関係であり、良き父親になるためにはお金が必要である（トレードで損を出してはならない）という思い込みが原因であり、それゆえに過剰なトレードと勝ちポジションの早々とした手仕舞いを繰り返していたのである。

「われわれは自分のメガネを通して外部の世界を解釈している。認知療法とはそうした見方を変えようとするものである」

「あなたがトレードしているときに、私がその横に立っていたらどのように感じますか。そしてピストルをあなたのこめかみに当て、『金を稼げ、さもないと引き金を引くぞ』と言ったら、あなたはどのようにトレードしますか」

「トレードには集中できないでしょうね。だって怖いから」

「怖いですって。だって金を稼がないと、あなたは夫と父親失格になるんですよ。あなたは自分の頭に心のピストルを押し当てていると思いませんか」

認知療法を受けている患者が最初に見せる変化は、自分は思っている以上に外部世界の出来事に対する反応をコントロールできると分かったときである。つまり、悩みの原因は出来事そのものではなく、その出来事の解釈にあることを理解したときである。ジェームズも頭に一種のピストルを押し当てているのは、自滅的なトレードをしているからではなく、自分の過去を繰り返したくはないと必死に願っているからだと分かったとき、そうした変化を見せ始めた。

次の変化――ピストルをホルスターに入れたジェームズ

悩みを引き起こしているのはマーケットとお金に対する自分の考え方だと分かったとき、ジェームズは（過去の遺物のような）自分の考えが実は歪んでいたことを理解した。認知療法にとってこれは重要な段階であり、トレーダーにとっては自分のマイナス思考に気づき、そこから脱しようとするときである。これまでのソクラテス式問答では私がそうした疑問を投げ掛けてきたが、次第にジェームズ自身が自問自答するようになる。患者の考え方を大きく変えるのは、認知セラピストが「共同的経験主義（Collaborative Empiricism）」と呼ぶ認知療法の基本原則である。ジェームズの認知療法では、良き父親であるためにはトレードで安定したお金を稼がなければならないという彼の考え方を仮説とし、科学者のようにこの仮説をテストしていく。そのために再び簡単な思考実験を繰り返す。私は彼に、最近損失を出したやはり既婚のトレーダーについて質問した。

「君は彼が悪しき夫だと思う？」

「いいえ。だって夫としての善し悪しは妻との関係で決まるもので、一日や一週間のトレードの結果とは関係ないですよ」

「それならば、君がトレードで連勝をしたとすれば、それによって夫としての品格が上がると思うかい」

「……」

ジェームズの仮説が決定的に試されたのは、奥さんのビクトリアをオフィスに呼んだときだった。彼女がお金のことはあまり心配していないというのを知って、彼はびっくりした。教師の資格を取るためにパートタイム的に学校に通い、資格が取れたら教師として仕事をしたいというのが彼女の希望だった。仕事に復帰したいと言ったら夫から悪い妻だと思われるのではないかと思って、今までこの考えを言い出しかねていたという。一方、ジェームズは妻がお金のことを心配していると思い、それが彼に大きなプレッシャーをかけていた。しかし、彼女は「生まれてくる子供にとっても、経済的に少し苦しい状況を経験するのも悪くはないと思っているの」と語った。ジェームズはビクトリアが彼の悩みを分かってくれたことにホッとし、彼女も仕事に復帰することに彼が賛成してくれたことをとても喜んだ。

「認知療法の最も大きな役割は、患者のマイナス思考を直すきっかけを提示することである」

続いて私はジェームズに、お金を稼ぐのが良き夫と父親としての条件であるとすれば、それができない夫（父親）は家庭では価値がないのかと尋ねた。こうした質問をぶつけたのは、彼が自分で自らの仮説を検証し、経済的に苦しいときこそ良き父親の真価が問われることを知ってほしかったからである。彼はトレードで負けると引きこもりがちになって意気消沈するので、家庭ではそうした振る舞いをしてはならないと強く警告した。こうした認知療法は彼のトレード中にもリアルタイムに行われた。そしてトレードで損失を出したときに、彼がどのように自分を追いつめたのか、それがさらにトレードと家庭生活にどのような悪影響を及ぼしたのか、そして今ではどのように対処すべきなのかなどについて二人で大声で話し合った。私はジェームズに、「かつての苦しい時期からどのようにカムバックしたのかをもう一度話してよ」と頼んだが、こうした問題解決志向のアプローチはこうした状況ではとりわけ効果的である。彼は私のこの質問に、「ポジションサイズを小さくして損益のことはあまり気にしないようにしていたら、以前のトレードのリズムを取り戻すことができました」と答えた。これこそが損失を出したときのジェームズのコア戦略であった。

またピストルの例えを再び取り出して、彼が午前で損失を出したときは、「ピストルを頭に押し当てて午後のトレードに臨んでいるのか」とプレッシャーをかけた。そんなときのジェームズは「ピストルはホルスターに入っていますよ」と言いながら家に電話をかけたり、少し休息を取ったりして、私のそうしたプレッシャーをうまくかわしていた。妻のサポートを取り付けた彼は自信を取り戻し、それまでの損失も少しずつ取り戻していった。私が彼のオフィスに入って何かを言おうとすると、彼はすかさず「今日はピストルなしですよ」と言ったときに、彼は本当に回復したと思った。私はジェームズに賛辞を述べ、彼のオフィスをあとにした。彼は着実に自分のセラピストになりつつあった。

認知療法の効果

認知療法は心理学のあらゆる分野で最も広く行われているセラピーのひとつである。失望や不安、怒り、衝動的な行動などを引き起こす悩みに有効であり、ジェームズの例でも分かるように、特に自信喪失やマイナス思考の矯正に大きな効果がある。そうしたトレーダーは自分との対話を通して、古い思考パターンをこわし、新しい考え方を取り入れる。そうした前向きの自問自答がなければ、トレーダーはいつまでたっても古い思考パターンとさらなる問題の発生という悪循環から抜け出すことはできないだろう。もはや頭にピストルを押しつけて自分にプレッシャーをかけることもないジェームズは、過大なポジションを取ったり、勝ちポジションを早々に手仕舞うこともないだろう。彼は自分の内なる悪魔だけでなく、マーケットに対してもうまく対処する能力を身につけたからである。

認知療法は短期的な療法ではあるが、だからといって一晩で大きな効果を発揮するものではない。どのような療法でも継続して続ける必要がある。実際の効果が表れる期間は悩みの程度やその患者の心の状態などによって異なるが、一般には数週間ほどは見ておくべきであろう（数日では短く、数カ月では長すぎる）。**これまでの私の経験によれば、実際の生活の場で毎日こ**

うした認知療法を続けると、その患者は確実に変化し始める。スポーツなどと同じように、ここでもやはり「習うより慣れろ」である。ジェームズのケースでも分かるように、われわれの悩みは出来事そのものではなく、その出来事の解釈の仕方によって引き起こされるので、そうした考え方や思い込みを変えないかぎり、心の悩みはなくならないというのが認知療法の基本的なスタンスである。

こうした基本スタンスに基づいて、自分の考え方について自分で考える、すなわちそれまでの機械的な考え方のパターンを批判的に検証し、良い方向に変えていくというのが認知療法の目的である。これは古い知識や習慣を変えるプロセスであり、いわば従来の無意識の思考パターンを意識的にコントロールしようというものである。それによって外部世界のいろいろな出来事に対する自分の解釈と行動をコントロールできるようになれば、自由な意志による行動の範囲は大きく広がるだろう。

認知療法の第一段階——自分がワンパターンの考え方をしていることに気づく

自分はどのように考えているのかが分からないと、認識能力の歪みを矯正することはできない。したがって、認知療法の第一歩は外部世界の出来事が起こったときに、自分の思考プロセスをリアルタイムに観察することから始まる。最初はこの自己観察にも多くの時間と努力が必要となるが、慣れるに従ってあまり意識しなくてもできるようになる。自分の思考プロセスを知るには、いわゆる「認知日誌（Cognitive Journal）」を付けるのが効果的である。その目的はある出来事が起きたとき、自分のマイナス思考や衝動的な行動に気づき、それに対する自分の不合理な解釈や思い込みを知ることにある。認知日誌とはそうした出来事にとらわれている自分を客観的に観察する手段である。臨床心理学者であるアルバート・エリスは、そうした認知日誌のプロセスを次のように説明している。

●**出来事**　われわれが経験する出来事が起きたときの状況

●**解釈**　そうした出来事に対するわれわれの思い込みや考え方

●**その結果**　その出来事の解釈の仕方を反映した感情や行動

図表8.2はトレーダーの一日の認知日誌の一例であり、左三つはある出来事に対するトレーダーの考え方・感情・行動を示したものである。二番目の「不合理な解釈」は主にマイナス思考に基づく思い込みであり、例えば「損失は取り戻さなければならないな」といった思い込みの先には、「そうでないと……」といった心配が控えている。すなわち、**損失を取り戻さないと自分は負け犬になってしまうという恐怖感である。**左三つの記述のもうひとつの利点は、その

図表8.2　トレーダーの認知日誌の一例

	出来事	不合理な解釈	その結果	自問	合理的な解釈
午前9時半	準備万端の状態で待っていたのにチャンスを逃してしまった	スランプにある今は何としても負けられない	焦りから高値を追っかけ買いしたい衝動が高まる	損を出さないようにだれか自分にプレッシャーをかけてくれないかなぁ。損を出したくないなどと考えてばかりいる俺は、本当にいいトレードができるんだろうか	いつも満点を取ることはない。チャンスは必ずやって来るのでそれまで待とう
正午	動きのない相場でトレードミスを犯してしまった	何としても損は取り戻すぞ	チョッピーな相場で少し損失を出し、ガッカリする	こんなことではダメだ（と自分を責める）。だから損を出したんだ	無理に損を取り戻さなくてもいいじゃないか。負けトレードから何かを学べば、次はきっと勝てるよ
午後2時15分	トレード中にシステムが故障し、データが失われてしまった	最悪だな。これじゃ勝てないよ	（ガッカリして）もうトレードをやめようかななどと考える	システムが故障するとほかのトレーダーもこうなるのかな。それならば、仕方がないかもしれないな	別に損をしたわけでもないし、物は考えようだな。これで運がなくなることはないよ。バックアップシステムをちゃんとしておけばいいだけのことさ

出来事に対するトレーダーの解釈（思い込み）に目を向けさせることである。前著『精神科医の見た投資心理学』でも指摘したように、古い考え方のパターンを変えるベストの方法は、それが引き起こすマイナスの結果をよく見極めることである。私は自分の内なる問題と正面から向き合った結果、それまでの自分とは大きく変わったトレーダーを何人も知っている。そして最後には「私は負け犬ではない。負け犬になるという不安を引き起こしているのは、自分のマイナス思考である」という合理的な解釈にたどり着く。認知日誌によるこうしたプロセスを何回も繰り返すことによって、トレーダーはマイナス思考の古い自分から徐々に脱皮していく。

それならば、こうした認知日誌はどれくらい付けなければならないのか。この質問に対する答えは二つあるが、そのひとつはトレードに悪影響を及ぼしている不合理な思い込みや考え方に気づくまでは毎日付けるべきである。自分の思考法がどれだけワンパターンになっているのかを知ることが認知療法の第一歩であるからだ。二番目の答えは、認知日誌は学習ツールとしても利用できるということ。その最終的な目的はある出来事が起きたときに、その正しい解釈を歪めている古い考え方を矯正することにあるので、そうした自分の古い思考パターンにリアルタイムに気づくには少なくとも二週間は毎日付けてほしい。

認知療法の第二段階——マイナス思考から脱皮する

「思考停止法（Thought Stopping Technique）」と呼ばれる極めて簡単な認知行動療法がある。われわれがワンパターンのマイナス思考にとらわれているとき、大声でまたは自分自身に意図的にそれをやめるように叫ぶというものである。その目的はそうしたマイナス思考に意識を振り向け、前向きにそれをやめることにある。グルジエフ流に言えば、思考停止法とはマイナス思考にとらわれている自分を、もっと建設的に物事を考える自分と取り替えることである。グルジエフは弟子たちにこの方法を実行させたところ、彼らは従来の考え方にとらわれず、客観的に自分を観察できるようになったという。その対極にあるのが物事を無意識に行う状態で、従来のワンパターンの考え方から抜け出せない人々は、自分の思考や行動を意図的にコントロールすることができない。認知療法で認知日誌に続く段階がこの意識的に行動するということである。そのためにはまず、自分が古いワンパターンのマイナス思考にとらわれていることに気づき、そうした偏狭で歪んだ考え方に疑問の目を向けることである。

従来のマイナス思考や不合理な思い込みに疑問の目を向けるというのは、そうした罠にとらわれない意識する自分を取り戻すことである。認知日誌を毎日付けることによって、そうした自問のプロセスは次第に意識的なものになり、マイナス思考が起こったときもそれを拒否できるようになる。特に自問に心のフォース（Force）が加わるとその効果はさらに大きくなる。

認知セラピストはそうした状態を「ホットな認知（Hot Cognition）」と呼んでいるが、それは心のフォースにサポートされた新しい思考法である。認知日誌を強力な自己改造ツールとするには既述したイメージ化も効果的であり、前著でも紹介したように、特定の他人（あまり好きではない人）がそうした古いマイナス思考の具体的な内容を自分に繰り返し語っていることを想像することである。つまり、その人がいつもやっている会話の形で自分のマイナスの考え方に目を向けるのである。自問の代わりに、あまり好きでもない人が自分にマイナス思考の話を繰り返し語っているところを想像すると、実は自分がそうした考え方をしているという事実を嫌でも思い知らされるだろう。われわれは自分で「正しく行動していないようだ。何が間違っているんだろう」と自問することはあまり苦にならないが、好きでもない人に「君の行動は間違っている。どこに問題があると思う」と言われるのは耐え難いものである。ほかの人が自分の欠点をガンガンと指摘する状況を想像するというのは、自分の偏った考え方を客観的かつ批判的に見るということである。

一方、自分の古いマイナス思考を客観視するもうひとつの簡単な方法は、それを声に出してしゃべり、自分で批判的に聞くことである。例えば、最近の損失を取り戻す必要があると心のなかで思う代わりに、「とられたお金をすぐに取り戻すというが、それは正しいトレーディングアイデアによるものか、それとも焦っている自分がそう思っているのか」などと声に出して言えば、それを語っている自分と聞き手の自分を客観視できるだろう。自分のマイナス思考を声に出して表現することでそのバカバカしさに気づき、そこから抜け出すひとつの契機となる。私はトレーダーたちに、心のなかのあいまいなものを声に出してしゃべれば、はっきりと理解できるようになると話している。

「自分のマイナス思考を他人から聞かされることは、そこから抜け出せる契機となる」

認知日誌の「自問」を始めるとき、「だれが話しているのか」と自分に問い掛けよう。例えば、「自分の内なるトレーダーか、それともイライラしている自分か」と自問すれば、これまでのマイナス思考にとらわれない客観的な観察者を呼び込むことができる。そして特に焦っているときには、「今ここに二本の道がある。古いマイナス思考にとらわれてこのまま焦り続けるのか、それとも違う道を進むのか、お前はどちらを選ぶ?」などと自分に語りかけるとよい。

認知療法の第三段階――自分が変わる

認知療法の目的は古いマイナス思考を排除し、それに代わる新しいプラスの思考法を取り入れることにある。それには「親しい友人が今の自分と同じ立場にいたら、何て声をかけるだろうか」と自問してみよう。トレーダーもこうした問い掛けを繰り返すことによって、自分の立場を客観的に見られるようになる。また新しい建設的な考え方を取り入れるにはプラスのイメージ化も効果的である。私はトレーダーたちに、「目を閉じて、メンターとしての自分が訓練を受けているトレーダーとしてのもうひとりの自分に話し掛けている姿を鮮明に想像してください。メンターのあなたは生徒でもあるあなたに何を語り、どんなサポートをするのですか。そのやりとりを詳しく鮮明に想像し、声に出して話してください」とアドバイスする。これまでに優れたメンター（親・教師・コーチなど）から指導を受けた経験があれば、彼・彼女はどんなアドバイスをするのかと想像するのも効果的である。過去の記憶を心のフォースとして利用すれば、従来のマイナス思考も次第に弱まり、建設的な考え方に目が向くだろう。

私はトレーダーたちによく、過去に自分の悩みを克服したときの状況を追体験することによって現在の問題に対処するように指導する。この問題解決法では、そうした問題は何も特別なことではないと思わせるのが大切である。例えば、あるトレーダーが損失を出して自虐的な考えになっているときは、損失を出したときの状況に目を向けさせるが、自虐的になっていることは問題にしない。「自分を責めないようにするにはどうすればよいのだろうか」と問い掛けることによって、本人自身にもはっきりと自覚できないかもしれないが、プラスの考え方に目を向けさせる。そうしたときはそのトレーダーがかつて大きな悩みを抱えながら、マイナスの思考や行動に陥らなかったときの状況を詳しく思い出させる。こうすることによってそのトレーダーに問題の対処法を追体験させ、今回の問題にもうまく対処できることを理解させる。大切なことは、「悩みの原因は出来事そのものにあるのではなく、それに対するあなたの考え方にある」ことを分からせることである。これが理解できれば、これまでとは違う視点から問題を見ることができるだろう。認知日誌の「合理的な解釈」がこれであり、従来のマイナス思考や不合理な解釈にとらわれていた自分に気づくことがそこから抜け出す第一歩となる。

もう一度繰り返すが、これまで述べてきた認知療法を効果あるものにするには、繰り返して行うことが大切である。ブリーフセラピーも毎日実施することによって、悩みの引き金となった出来事を客観的に観察し、その真の原因を明らかにすることができる。一週間に一度ほどしか行われなかった従来の療法では、その間の患者の行動や変化のプロセスを詳しくフォローすることができなかった。しかし、これまで述べてきた認知療法によって自分が自らのセラピストになれば、いろいろな悩みや問題にリアルタイムに対処できるようになる。そうしたトレーダーはマーケットの観察者であり、また自分自身の観察者でもある。認知日誌を毎日付けることによって、そうした観察者を自分のなかに育てれば、心の悩みに翻弄されることなく、それを意識的にコントロールできるだろう。

こうした認知療法は、駆け出しのトレーダーが損失を出して悩んでいるときなどに大きな効果を発揮する。これについてプロトレーダーでリンダ・ブラッドフォード・ラシュキ女史のオンライン・トレーディングルームのメンターでもあるクリス・テリー氏は、「トレーダーの大きな悩みのひとつは心の問題だ。われわれトレーダーは損失を何か異常な敗北と考える傾向が

図表8.3　多くのトレーダーに見られる認知上の問題

認知上の問題	不合理な解釈と自問	その結果
完全主義	なぜ以前のようにトレードがうまくいかないんだろう。自分の価値はトレードの損益で決まる。これまでのやり方じゃダメだ、もっとうまくやらないと。	トレードミスを恐れ、意思決定ができなくなる。期待にうまく応えられない自分に腹が立つ。
悲観的な考え	何をやってもうまくいかない。マーケットが俺を裏切っている。俺は負け犬だ。	利益を追求するトレードではなく、損失を避けるトレードになる。過大なリスクを取ったり（大きすぎるポジションサイズなど）、勝ちポジションを早々に手仕舞ってしまう。
自信過剰	俺はマーケットをマスターした。俺はすべてのトレードで儲けるに値する。毎日利益を上げれば、すぐ大金持ちになるぞ。	トレードをしすぎる。利益が出ないとイライラする。焦りやうぬぼれなどから衝動的なトレードをする。
お金志向	トレード中に損益ばかりが気になる。しょっちゅう利益の計算をしている。トレードの内容というより、損益に基づく目標や期待額を掲げる。	大儲けを狙ったアグレッシブなトレード、損失を回避する超保守的なマネーマネジメントをする。損失を恐れた慎重すぎるトレードをする。

ある。だからそうした敗北者には絶対になりたくないと思い込んでしまう。**損失を避けようとして逆に損失を膨らませるトレーダーが何と多いことか。**トレーディングで成功するカギは、損失もマネーゲームのひとつであると割り切って考えることだ。成功したトレーダーはみんな、成功するまでに何回も失敗してきたのだから」と語っている。認知療法はトレーディングの勝ち・負けを再定義し、学習と上達のプロセスに新たな目を向けさせるものである。マーケットの不確実さに伴う損失は必要悪だと割り切ることによって、トレード技術を向上させるための弾力

性が養われる。

認知療法があまり効果を発揮しないケース

図表8.3は認知療法によって解決できるトレーダーの一般的な問題を表したものである。しかし、そうは言っても認知療法ですべての問題が解決できるわけではない。これまで述べてきたステップを正しく実行すれば大きな効果があるが、次のようなケースについて注意が必要である。

●性急な効果を期待する　認知療法に性急な効果を期待すると挫折するだろう。同時にいくつものことはできないので、優先順位を設けてひとつずつ実行していくことが大切である。

●深い悩みがある　長年にわたって蓄積されてきた根深い悩みは、いくら効果的な認知療法でもすぐには解消できない。気長に毎日実行することが大切である。

●ひとつの方法ですべての問題を解決しようとする　認知療法についてよく見られる間違いのひとつである。認知日誌は古いマイナス思考から抜け出す客観的な方法であるが、自分のマイナス思考について声に出してしゃべったり、イメージ化なども併用するとその効果はさらに高まる。

●問題の原因を見誤る　マイナス思考の原因がうつ病などにあるときは、認知療法と並行して医療専門家にも相談すべきである（必要に応じて薬物治療も行う）。一方、マーケットの変化によって損失が続くといったトレーディングをめぐる問題については、適切な認知療法を実行する。

認知療法の効果があまり見られず、損失が続くようなときは、トレードを一時休んだり、ポジションサイズを小さくするなどして、根本的な解決策を図るべきである。医療専門家やプロのメンターに相談しても、その経費は何もしないときの損失よりもはるかに少ないだろう。セルフセラピーも効果はあるが、問題が対人関係、仕事の悩み、トレーディングなどに深く関連しているときは適切な処置を行うべきだ。車が故障したときは専門の修理工場に持ち込むように、自分ひとりで悩んでいても根本的な解決にはならない。「自分の考え方が感情や行動に反映される」というのが認知療法の基本スタンスであるが、それならば認知療法の効果が表れる前に深刻な精神不安などが顕在化したときはどうすればよいのか。こうした問題に対処するのが次に述べる行動療法である。

第9章 パフォーマンスを向上させるための行動療法

「危機や困難は楽しい刺激がなくなったときに大きな意味を持つ。これと同じように、われわれが平和や平穏に何も感じなくなったとき、危険な状況は初めてそれまでの自由さを自覚させる。現実を直視するとそうした状況は至るところに存在する」

――コリン・ウィルソン著『至高体験――自己実現のための心理学』（河出書房新社）

前章では、認知療法が心の悩みに対する考え方を変える効果的な治療法であることを説明した。いろいろな出来事に対して無意識に反応するというのは、例えばトレードによる損失がマイナス思考をもたらし、それが常軌を逸した行動を引き起こすというよりは、損失を出したという現実が直接異常な行動を引き起こすということである。行動心理学者はこうした無意識の行動パターンを「条件反応（Conditioned Response）」と呼んでいる。条件反応とはある状況に対して過剰に反応した結果、無意識にある種の行動を取ることであり、そうした条件反応的な行動はトレーディングプランに基づく正しい意志決定を妨げる。一般に行動療法と呼ばれるブリーフセラピー（短期療法）の多くは、こうした条件反応を消去することを目的としている。

認知療法と同じく、行動療法の有効性についても広く知られており、これをうまく取り入れるトレーダーは自分のセラピストになることができるだろう。以下で検討するように、問題となる多くの条件反応は危機や危険な体験によって引き起こされるが、コリン・ウィルソンも言うように、それはまた自分がプラスの方向に変身するためのカタリスト（触媒）ともなる。

条件反応

一般に条件反応は次のどちらかのプロセスによって起こる。最初は有名なパブロフの犬に見られるような繰り返された連想によるもの。例えば、マクドナルドのレストランに行くたびに同じ音楽を耳にすると、別のところで同じ会社のレストランを見てもその音楽が流れているような気分になり、思わずその曲を口ずさんでしまう。もうひとつの条件反応は、心に強いインパクトを受けてその状況が恐怖心や不安などを引き起こすケースであり、その典型例が心的外傷（心のトラウマ）と呼ばれるものである。例えば、ニューヨーク州シラキュースまで毎日車で通勤している私が雨の日に信号の前で停車していたところ、後ろの車が私の車の後部に追突したとする。その原因は赤信号で停止しなかったその後ろの車がその車に突っ込み、その弾みで私の車にぶつかってきたことだった。その衝撃で私は首を強く打ってしまった。その追突の衝撃はエアバッグが膨らむほどのものではなかったが、私の心のなかにはこの事故が心的外傷として残ってしまった。車を修理したあとは運転に何の支障もなかったが、私はそれ以降に信号のところで停車するたびにバックミラーをよく見ないと不安になる。こうした条件反応はその事故の記憶が引き起こすものである。

このような条件反応はプラスか、マイナスの結果をもたらす。私の事故の記憶が悪天候のときに信号のところではかなりの注意が必要だという意識の向上につながれば、それはプラスの結果となる。ほかの車に注意したり、シートベルトをしっかりと締め直すからだ。これに対し、信号に近づくたびに事故の恐怖がよみがえってくるとすれば、そうした不安からそのうちに車の運転をやめてしまうかもしれない。フットボールのトッププレーヤーやレーシングカーのドライバーが見せる素晴らしい技術は、高度に訓練された一種の条件反応であるが、残念なことに条件反応の多くは心的外傷のようなマイナスの結果をもたらす。

心的外傷

セフルセラピー（自己療法）をしたいと思うならば、こうした心的外傷がどのようにして起こるのかを知っておくべきだ。そうした心と行動の反応が無意識に起こる原因を理解すれば、それを克服する手掛かりが得られるからである。その一例として、夜の公園で暴漢に襲われそうになった若い女性のケースを考えてみよう。その女性は暴漢にナイフを突き付けられたとき、恐怖のあまり自分の感情をコントロールすることができなかった。キャーッと悲鳴を上げると、近くを走っていたジョガーが助けに来たので、その暴漢はびっくりして逃げてしまった。しかし、その後の彼女は公園を歩いているとき、または夜にひとりでいるときなど、事あるごとにそのときの恐怖がよみがえってくる。まもなく彼女は気が狂うのではないかと思うようになった。

暴漢に襲われたときの状況と関係のないことでも、そのときの恐怖が連想される。例えば、道を歩いているときに前から男が歩いてくるとそのときの暴漢に思えてくる。家でテレビを見ているとき、それに似たシーンが映し出されると恐怖で体が動かなくなってしまう。さらに店で買い物をしているとき、そのときの暴漢の体臭のようなものを感じるとパニック状態になる。いろいろなことがそのときの状況を連想させるほど神経が過敏になり、恐怖心を引き起こす。こうした人々はそのような恐怖を引き起こすすべてのものを避けるようになり、最後には過剰な自己防衛本能から広場恐怖症となる。つまり、恐怖を引き起こすすべての要因を排除するように生活スタイルを変えるだけでなく、人格までも変わってしまう。

当初の恐怖が再現するのではないかという二次的不安は、こうした心的外傷を受けた人々の最も大きな悩みである。そして自分の心をコントロールしようとして、昔のあまり適切ではない対処法に逆戻りする傾向がある。ポジションを広げすぎて大損を出したトレーダーなども、こうした心のトラウマに陥ることがある。その結果、ちょっとした損失でもそのときの不安や焦り、いら立ちや恐怖などにとらわれる。そうしたトレーダーはもはや通常の対処能力を失っているので、引きこもりや拒絶、衝動的な行動や自虐などの行動を繰り返すようになる。もはや冷静にポジションをマネジメントすることはできず、混乱した自分の心を何とか維持するだけで精いっぱいである。

「こうしたトレーダーが心的外傷を避けるために取る行動は、トレードをうまくマネジメントするための行動とはかけ離れたものである」

それまで自分を冷静かつ合理的にコントロールしてきたトレーダーが、たった一回のトレードで大損を出すとすべての規律が崩壊して昔の行動に逆戻りする。こうしたトレーダーはもはやそれまでとは完全に別人格の人間である。

心的外傷と脳の働き――なぜ違う人格の人間になるのか

認知神経科学はこうした心的外傷と通常のストレスを区別する脳の働きを明らかにしている。われわれはほとんどの経験を意識的に取捨選択して脳に取り込んでいる。例えば、ミニS&P五〇〇先物を一〇枚買い持ちしたが、相場が一ポイント（五〇ドル）逆行すれば、短期トレーダーであればガッカリして損切りするだろう。そしてその損失を取り戻そうとチャートやビデオで自分のトレードを分析し、トレードミスの原因を追究するならば、その損失はストレスの原因とはなっても、心のなかに心的外傷として残ることはないだろう。ところが今度は一万枚の買いポジションを取ったとすれば、一ポイントの逆行は五〇万ドルの損失となる。一〇枚のときの一ポイント逆行はちょっとした失望で済んだが、一万枚のポジションともなればトレーダーとしての存続を危うくするほどの損失をもたらす。価格が一ティック（一二・五ドル）下げるたびに闘争・逃走反応（人間がストレスの大きい状況に置かれると、体がそれに対処できるように戦うか逃げるかに適した状態を作り上げること）と恐怖心は急激に高まる。そして感情をコントロールすることはまったくできなくなり、パニック状態のなかでポジションを手仕舞ってしまう。一〇枚のポジションであれば、どれくらい取れるだろうかと冷静に分析できたが、一万枚のポジションではそうしたことはまったく不可能になる。そうした状況に意識的に対処することはできず、その行動は無意識の条件反応となる。

ニューヨーク大学のジョゼフ・ルドゥー教授などの認知神経科学者によれば、いろいろな出来事を意識的にとらえることができれば、それに対する心と感情の条件反応は弱まっていくという。例えば、同じジョークを何度も聞かされると最後にはおかしくもおもしろくもなくなってしまう。心に対する刺激もこれと同じで、何回も同じ条件刺激が繰り返されると次第に特別な感情も起こらなくなる。このように心にインパクトを与える出来事を意識的に消化していけば、その影響を次第に吸収することができる。これを逆に言うと、小脳扁桃を経由して無意識に脳に取り込まれた出来事は、心理的なインパクトの影響がそのまま残ってしまう。これが心的外傷後ストレス障害（ＰＴＳＤ）と呼ばれるもので、その患者は何年たっても元の心的外傷の記憶が鮮明によみがえってくる。そうした出来事は通常のストレスとは異なり、意識のプロセスを飛び越して未消化のまま心に沈殿しているようなものである。過去の経験を記憶のなかで処理できないアルツハイマー患者は、同じジョークを何度聞いてもそのつど笑えるだろう。行動療法とはその逆をやろうというもので、いわば心のプロセスで消化されない出来事を意識のプロセスにのせて、記憶のプログラムを作り直そうという作業である。

軽度の心的外傷――新しいコンセプト

トレードで損失を出せば精神的に落ち込むが、それが戦争や暴行などによる外傷性のストレスと同じ性質のものであることを理解している人はほとんどいない。われわれはトレードの損失の影響が一過性のものではなく、程度の差はあってもけっして消えることのない心的外傷であることが分からないので、通常の自力による方法では解決できないということも理解できない。私が一緒に仕事をしているトレーダーたちは多かれ少なかれこうした持続性の外傷性ストレスをみんな抱えている。「軽度の心的外傷」という言葉は矛盾しているように聞こえるかも

図表9.1　外傷性ストレスと通常のストレスの違い

	外傷性ストレス	通常のストレス
反応	無意識的	意識的
心理的な影響	時間が経過しても再現する	時間の経過とともに弱まる
対処行動	昔の行動に退行	通常の行動で対処
精神状態	分裂	普通
その後の影響	当時の状況を思い出させる何らかのきっかけでストレスが再現・増幅される	当時と似た状況に出合ってもストレスは再現されない
トレードに対する影響	トレーディングプランやルールから逸脱する	トレードに伴う通常の要因として処理される

しれないが、これについては少し詳しく説明しよう。軽度の心的外傷とは経験のある部分は普通に意識的に処理されるが、心に強いインパクトを受けた経験はそれができずに心のトラウマとして残ってしまう。通常の心的外傷を抱えていない人でも、当時の状況を思い出させるような何らかのきっかけでそうした条件反応が起こる。つまり、いつもは普通の精神状態にあるトレーダーが、何らかのきっかけで自分でも説明できないような軽度の心的外傷に突然陥るという、いわば感情の交錯状態が起こる（**図表9.1**参照）。

おもしろいことに、こうした軽度の心的外傷（高揚した条件反応）は極度のマイナスの経験はもとより、プラスの経験によっても引き起こされる。治療が難しい依存症は薬物投与による極度の高揚感を伴い、大きな恐怖や精神不安などによって起こる通常の心的外傷と同じように、コカインなどの薬物も大きな高揚感を引き起こす。こうした経験は意識のプロセスを飛び越したインパクトを心に刻み込むので、心のなかに未消化の経験となって沈殿し、いろいろなきっかけを通して強い願望を引き起こす。こうした願望症状や薬物依存症に対しては、これまで述べてきたトークセラピー（カウンセラーと患者が話し合う療法）はまったく無力である。何らかのきっかけでその症状が現れると、脳の理性的な部分に訴えるそうしたセラピーでは有効に対処できない。セルフセラピーを試みようとする人にとって、このことは極めて重要なので必ず知っておくべきだ。もう一度繰り返すと、**心的外傷は極度のマイナスの経験だけでなく、強い精神的なインパクトを伴うプラスの経験によっても引き起こされる。**そうした経験は意識のプロセスを飛び越した条件反応の刺激として作用する。

私はかつてリーアンという若い女性と一緒に働いていたことがある。彼女はアルコール依存症の親を持つ家庭で育ち、かなりひどい育児放棄と肉体的虐待を経験してきた。その結果、成人になってからも当時のそうした状況を思い出すと、自分でもコントロールできない激しい怒りを感じる。ある日のこと、再びそうした激しい怒りを感じた彼女はそうした自分が憎らしくなって、思わず自分の腕をナイフで切りつけてしまった。極度の危機感と精神不安からそうした行動を取ると、それまでの激しい怒りは一時的に収まった。そうした一時的な安堵感があまりにも強烈だったので、そうした怒りを感じたときは条件反射的にそうした行動を取るようになった。私のところにカウンセリングを受けに来るまで、彼女は麻薬常習者が麻薬に溺れるように、自分の腕を何回も切りつけていた。

当然のことに、自分の腕を切りつけるリーアンは精神分裂状態にあった。しかし、あとになって彼女はそうした自傷行為をした自分に激しい自責の念を感じた。そのような彼女は、体重のことで悩みながらアイスクリームを食べ過ぎた自分を責める過食症の患者、退屈さと空虚感を紛らわすために大博打を打ってその結果を自責するギャンブラー、薬物依存症から立ち直ろうと誓った直後に薬（やく）を打つ麻薬常習者などに似ている。そうした依存性の行為は激しいプラスの刺激を求めたり、極度のマイナスの刺激から逃避しようとするものである。**そうした行為の影響は戦場で兵士が経験する大きな心的外傷と同じ性質のものである。**リーアンには多くの友達もいたが、何らかのきっかけでそうした軽度の心的外傷が起こると自分の行動をまったくコントロールできなくなる。

われわれがあの人は正気だ・正気でないようだ、自分の行動をコントロールできる・自分を抑えられない――などと言うとき、実はこうした軽度の心的外傷にかかっている人のことを指していることに気づいていない。そうした人々は精神不安のない状況にあるときはまったく普通の人であるが、何らかのきっかけでそうした条件反応が起こると、まるで人格が変わったように常軌を逸した異常な行動を取る。それならば、**なぜ多くのトレーダーはそうした軽度の心的外傷にかかるのだろうか。**

トレーダーの心的外傷の原因

私のところにカウンセリングを受けに来るトレーダーには、ひとつの共通する特徴がある。それは「オーバートレーディング」の傾向である。オーバートレーディングというのは、①自分の能力以上に頻繁にトレードする、②資金規模とリスク許容度を超えた大きなポジションを取る――のどちらかである。いずれの場合も極めて大きな資金的または心理的なリスクをマーケットにさらしている。従来の心理学ではこうした過剰なトレードを「規律の欠如」としてひとまとめに扱ってきた。しかし、**オーバートレーディングはそれだけにとどまらず、そのトレーダーに軽度の外傷性ストレスを引き起こし、その結果、トレードの実行能力までも奪ってしまう。**以下ではこうした精神的なストレスがなぜトレーダーにとって重大な問題であり、通常の解決策では対処できないのかについて説明しよう。

皮肉なことに、トレーダーのこうした心的外傷はよく成功に続く失敗体験が引き金になって起こる。つまり、駆け出しや未熟なトレーダーがオーバートレーディングを繰り返してこうした心的外傷に陥るのではなく、連勝して自信を深めたベテラントレーダーが自分のリスク許容度を超えたトレードに走り、つまずいたときに起こるケースが圧倒的に多いということである。私が知っているこうしたトレーダーの多くは、当初は規律を守り冷静にトレードしていたが、その後に精神的な問題でつまずき、それを契機にトレーディングプランから逸脱した異常なトレードをするようになった。こうした規律の欠如が個人的な人格にその原因があるとすれば、それ以前の時期にもその兆候は認められたはずである。しかし、そうしたことは必ずしも当てはまらない。彼らのキャリアを詳細に調べた結果明らかになったのは、過大なポジションや頻繁なトレードなど、いわゆるオーバートレーディングの傾向が著しく強まったあとに心的外傷が顕在化したことである。

「トレードの大きな成功がそれ以降に、しばしばそのトレーダーを大きな損失と精神不安に追い込む」

私はまた、大きな損失を出したことだけが心的外傷の原因ではないことに気づいた。そうした心のトラウマに陥るトレーダーは、トレードによる極めて大きな利益にも心理的な準備ができていない。この事実はとりわけ重要である。一回のトレードで大きなポジションを取ったり（または、一日の最大リスク許容度をかなり大きく設定する）、かなり頻繁にトレードするトレーダーは、当初は幸運から大きな利益を上げたケースが多かった。しかし、通常の経験範囲を超えたそうした大勝ちとはギャンブラーの大当たり、麻薬常習者の陶酔感のようなものであり、強烈すぎるそうした経験は通常の意識プロセスでは処理できない。自分の腕を切りつける自虐的な行為や生活資金までも相場に注ぎ込むことは、いずれも同じような依存症の行動である。

オーバートレーディングに走るそうしたトレーダーは、負けても勝っても大きな精神不安に悩まされる。大きな儲けを手にすると次第に過大なリスクを取るようになり、最後には大博打を打って心的外傷に陥る。その反対に大損をすると、通常の対処能力では処理できない負け犬的なトラウマにとらわれる。過大な利益と損失のどちらに直面しても、心的外傷につながる精神的なストレスを受けてしまう。

しかし、トレーダーがそうした軽度の心的外傷に陥っても、表面的にはそれを確認することができない。その行動は普段と変わらないし、通常の状況ではしかもうまくトレードするからである。ところが何らかのきっかけ（予想外の大儲けや大損など）で、普通の精神状態が突然おかしくなる。こうしたトレーダーのメンターはポジションサイズを縮小し、選別的なトレードを心掛けることで平静を取り戻すようにアドバイスするが、こうした問題には継続的に取り組むべきであるということがよく分かっていない。

トレーダーの多くは意識的または無意識的にオーバートレーディングをするようなトレーディングプランを立てている。それまで比較的小さなポジションでトレードしてきたが、次第にポジションサイズを大きくしたトレーダーたちの多くは、その理由をトレードで飯を食っていくためと語っている。まさに大きなリスクを取る可能性が彼らのトレーディングプランに内在している。**その結果、勝っても負けても彼らは外傷性のストレスに悩まされる。**そうしたストレスに対処するには、訓練による予防措置が最も効果的である。つまり、大きなリスクと利益を追求するトレードが外傷性のストレスにつながるので、それを通常のストレスの範囲内に収めようという対処法である。

私からのアドバイス

トレード技術が向上してきたら、極度の高揚感や挫折感をもたらさない安定したトレードを心掛けるべきだ。くれぐれも外傷性ストレスを引き起こすようなトレードをしてはならない。**そのためには適切な予防措置を講じる必要がある。**ほどほどにトレードするのが退屈だったり、そうしたトレードではスリルや興奮が味わえないと思うならば、ほかの分野に転職したほうがよい。オーバートレーディングによる心的外傷は最終的には自分自身とトレードの両方をダメにし、家族にも大きな犠牲を強いることになるからだ。

「自分の心をトレーディングプランの範囲内にとどめておくベストの方法は、正しいリスクマネジメントによって大きすぎるトレードを避けることである」

ベテラントレーダーと大胆なトレーダーはいるが、ベテランで大胆なトレーダーはいないという言葉を聞いたことがあるだろう。大胆すぎるトレーダーというのは、麻薬常習者や落日のようなものである。私も軽度の心的外傷を経験した心理学者として、同じような問題を抱える多くのトレーダーを見てきたが、損失を取り戻すために数週間分の利益をたった一回の大きなトレードですべて失ってしまったトレーダーもいる。また、何とか利益を上げようとして生活資金を注ぎ込んだあと、借金までしてトレードしていたトレーダーも知っている。薬（やく）が手に入らない麻薬常習者は高揚感を得るために、自分の血を抜いてそれを再び体に注射するという。心のトラウマがひどくなるとこのようになってしまうのだ。着実にゆっくりトレードし、スキルを磨いてプロのトレーダーになりなさい。くれぐれも心のトラウマの犠牲者にならないように。

行動療法の第一段階――リラックスする訓練

既述したように、心に強いインパクトを与える出来事によって引き起こされた行動パターンを変えるうえで、従来のセラピー（療法）はあまり効果的ではなかった。心的外傷を持つトレーダーと一緒に座って、トレーディングプラン、トレードの目標、規律、プラスの考え方などについて話し合うことは、暴行された被害者に気の合うすてきな恋人を見つけてやろうというようなものである。**心に強いインパクトを与えた経験が意識的に処理されないときは、そうし**

た無意識の条件反応を引き起こすその経験にもう一度向き合おうというセラピーが必要となる。

行動療法は次の二つの目的で実施される。

一．**マイナスの条件反応を消去する**　心的外傷を引き起こすときの逆のプロセスをやろうというもので、ニュートラルな条件反応をもたらす出来事を繰り返し経験させることによって、心にマイナスのインパクトを与えた経験を意識的に処理できるようにする。

二．**プラスの条件反応を起こさせる**　プラスの条件反応を起こさせるような出来事を経験させることによって、行動セラピストが「プラスのトラウマ（Positive Trauma）」と呼ぶ心の状態を作り出す。

一般に行動療法と呼ばれるものはマイナスの条件反応を消去し、プラスの条件反応を引き起こす新しい経験に代替させるというセラピーを総称したものである。こうした行動療法を実行するときは、基本的なものから徐々にハイレベルなセラピーに移行することが大切である。それではまず最初に、最も基本的な行動療法のひとつであるリラックスする訓練について説明しよう。これは心配や不安を緩和するのに大きな効果があり、その最初のステップは腹式呼吸（横隔膜呼吸）である。最も簡単で効果的な腹式呼吸は、心が落ち着くイスなどに腰をかけ、気が散らないように目を閉じて、腹から深くゆっくりと呼吸するものである。最初は呼吸するときに腹部に手を当て、息を吸い込むときに腹部が膨らみ、吐き出すときにへこむことを確認する。過呼吸症（興奮などによって息づかいが荒くなり、血中の二酸化炭素が低下して手のしびれや失神発作などが起こること）を避けるためにも、深くゆっくりとスムーズな呼吸を繰り返す。息を吸い込むときに呼吸の回数を数え、「リラックス」と言いながら息を吐き出すとよい。最初は気が散って腹で呼吸するのが難しく思われるかもしれないが、数回練習すると自然にできるようになる。これを一〇～一五分繰り返すと、かなりリラックスした気分になる。

少しバリエーションを持たせて、リラックスできる音楽を聴いたり、美しい景色などを想像しながら腹式呼吸するのも効果的である。これを一定時間にわたってスムーズに繰り返すと、心がかなり落ち着くのは請け合いである。トレーダーはストレスが高まったとき、次のような目的でこの腹式呼吸を実行するとよい。

●**予防効果**　マーケットがストレスの高まるような局面に入りそうだと思ったら、予防的にこのリラックスする訓練を実行する。

●**早期効果**　ストレスが高まるような状況でトレードしているとき、気分を落ち着かせるためにこの腹式呼吸を行う。

●**休息**　ストレスにつながるようなトレード上の問題に直面したら、しばらくスクリーンの前から離れてこの腹式呼吸をすれば、またニュートラルな精神状態でマーケットに臨むことができる。

この腹式呼吸のプロセスは、心的外傷が起こる心のプロセスと正反対となっている。**ニュートラルまたはプラスの条件刺激に心を向けながらゆっくりと深呼吸すれば、それまでの低下した対処能力が次第に向上して、自分の行動を意識的にコントロールできるようになる。**注意しなければならないのは、この腹式呼吸は心的外傷の治療法ではなく、またそうした心のトラウマを引き起こす引き金を除去するものではないということである。しかし、心的外傷をもたらす条件反応を弱めたり、心の平安を取り戻すうえでかなりの効果がある。特にポジションを抱えるトレーダーが、トレード日誌やその他の方法ではストレスを緩和できないようなときに有効である。練習すれば、どこでもすぐにできるようになる。

行動療法の第二段階——心的外傷の原因を突き止める

これは行動療法の最もチャレンジ的な段階で、明らかにトレードを邪魔しているが、通常の方法では対処できず、しかもその原因が分からないときに実行するものである。その方法とは、心にマイナスのインパクトを与えていると思われる要因とその状況、そのときの感情や考えなどをすべてリストアップするものである。それらをできるだけ詳しくリストアップすれば、次

図表 9.2　スムーズなトレードを乱す要因のリスト

- **高揚感**　興奮した積極的な感情が、自信過剰やオーバートレーディングの引き金となる。
- **不安**　強い不安感がそこから逃れるための衝動的なトレードを引き起こす。
- **退屈さ**　退屈や空虚感などを紛らわすためにオーバートレーディングに走りやすい。
- **相場の突然の変動**　これが恐怖、貪欲、自信過剰、焦りなどの感情を引き起こす。
- **大きなまたは突然の損失**　対処能力が低下して敗北感や意気消沈、焦り・怒り・不安感などを助長する。
- **連勝・連敗**　自信過剰や焦りなどからオーバートレーディング、マネーマネジメントの乱れなどにつながる。

第に心的外傷を引き起こす原因が明らかになっていくだろう（**図表9.2**参照）。例えば、その原因がよく分からないときは、「何が自分のトレードを乱しているのか」と自問してみよう。そのときの心の状態をスムーズにトレードしていたときの状態と比較すれば、何らかの出来事に思い当たるかもしれない。ここで特定しようとしているのはそうした要因である。しかし、なぜその要因がこうした心の状態を引き起こしたのか、などと深く分析する必要はない。「そうした状況に直面したときにトレードが乱れた」という事実を知るだけでよい。ストレスをもたらす原因は心に強いインパクトを与える出来事、またはそれに対する自分の気持ちであるかもしれないからだ。リストに何回も表れる事項が重要な原因であると考えられる。

行動療法の第三段階――ストレス要因を意識的に処理する

その最も簡単な練習は心理学者のドナルド・マイケンバウムが創始した「ストレス免疫訓練（Stress Inoculation Training）」であろう。これは特定の状況下で患者を軽度のストレス要因にさらすことによって、それに対する対処能力を高めようというものである。ストレス要因にリアルタイムにさらされるほど、その対処能力は大きく向上する。マイケンバウムはこの訓練法を、インフルエンザのワクチン接種などに例えている。体に弱いウイルスを投与することによってその病気に対する免疫ができる。このストレス免疫訓練の効果的なやり方のひとつは、既述したリラックスする訓練とストレス要因のリストアップを組み合わせるもので、それにはイメージ化も効果的である。例えば、大きく変動するマーケットが不安の引き金になるトレーダーに対しては、経済リポートの発表などでマーケットが大きく動きそうなときは、事前にそうした材料の出現とマーケットの反応を鮮明にイメージ化し、リラックスする腹式呼吸を実行しながら、そうした状況に対する対処能力を高めていく。つまり、そうしたイメージ化によって軽度のストレス要因を作り上げ、腹式呼吸によって心をコントロールしながら、そうした状況への対処行動をリハーサルしていく。そのときに望ましい対処反応を引き起こすように、いろいろなシナリオを想定してイメージ化するといっそう効果的である。例えば、難しいマーケットの局面でストップロスポイントを正しく設定するには、深くゆっくりと腹式呼吸しながら、ポジションに逆行する相場の動きを鮮明にイメージ化すれば、そのポイントでポジションを手仕舞うことができるだろう。

この行動療法には二つの基本的な目的がある。そのひとつはセルフコントロールの練習を積み重ねることで、不利な状況に対処する能力を磨くこと。そうした練習を繰り返していけば、ストレス要因（逆行する相場の動きなど）とそれが引き起こす条件反応との連想度合いを弱めることができる。ストレス要因となる状況に対して意識的に対処できるようになれば、自己認識の能力も向上し、それまで意識プロセスを飛び越して起こった条件反応も徐々に消去されるだろう。二番目の目的は、ストレス要因となる状況とリラックスした自分との間に新しい連想の関係を作り出すことである。こうした訓練法を繰り返し練習することによって新しい条件反応を引き起こし、危機的な状況にも冷静に対処できるようになる。このストレス免疫訓練の効果は、繰り返して練習するかどうかにかかっている。

ストレス免疫訓練と並んで広く実行されているもうひとつの行動療法が、「系統的脱感作法（Systematic Desensitization）」と呼ばれるものである。これは不安や恐怖を引き起こす状況を弱いものから強いものへと記入した「不安階層表」を作り、弱い刺激からイメージすることによって徐々に不安や恐怖を弱めるというもので、**図表9.3**はトレーダーのスムーズなトレードを妨げるいろいろな状況を列挙した要約不安階層表である。刺激要因（ストレス要因となる状況）の程度に応じて下から軽度・中度・強度の順に記入され、〇〜一〇〇までの「主観的苦

図表 9.3　系統的脱感作法の要約不安階層表の一例

階層レベル	刺激要因	方法	SUD
強度	ポジションを抱えているときに相場が大きく変動した	実際のトレード	90
	ポジションを抱えているときに相場が大きく変動した	模擬トレード	75
中度	価格がポジションに逆行した	模擬トレード	60
	価格がポジションに逆行すると思う	イメージ	40
軽度	トレードする前に資金の収支状況を見てしまう	実際のトレード	30
	トレードする前に資金の収支状況を見てしまう	イメージ	10

痛の程度（Subjective Unit of Distress＝ＳＵＤ）」が付されている。軽度のＳＵＤは〇～三〇、強度のＳＵＤは七五～一〇〇である。不安階層表ではイメージによる刺激要因とトレードの方法（実際のトレードと模擬トレード）、それに対するＳＵＤが記入されている。ＳＵＤはイメージ→模擬トレード→実際のトレードへと移行するにつれて高くなる。これは現実に近づくほどリアルさが増すことを意味しており、例えば模擬トレードはイメージよりは現実に近いが、実際のトレードよりは安全である。模擬トレードを繰り返すことによって実際のトレードに伴う不安や恐怖感に対する自信が深まるので、実際のトレードに伴うそうした感情をコントロールできるようになる。

こうした不安階層表を作成・実行するときは、その前に腹式呼吸（またはその他のリラックスする訓練）を行うことが条件となる。私はトレーダーをカウンセリングするとき、腹式呼吸によって心をリラックスしたあとでなければ、不安階層表による行動療法は実行しない。自分の心をリラックスする方法を身につけたトレーダーに限って、最低でも一〇段階の詳細な不安階層表を作成させる。階層レベルは刺激要因が現実に近づくにつれて高くなり、実際のトレードにおける要因が最高となる。腹式呼吸と併用してできるだけ鮮明な刺激要因の状況を記録していくのが効果的なやり方である。そして**SUDがほぼゼロに近づくまで何回も各レベルの状況に対処する模擬経験を繰り返す。**そうすれば最後には不安階層表の刺激要因は次第にその影響力を失っていくだろう。

ポイントは、**低い階層レベルでの不安が完全に消去されないかぎり、高いレベルに進んではならない**ということである。例えば、イメージのレベルで不安を脱感できなければ、模擬トレード→実際のトレードのレベルに進んでも、以前の刺激要因が再びストレスを引き起こすだろう。この系統的脱感作法はマイナスの条件反応を引き起こす状況に徐々に慣れていく、すなわち不安階層表を下からひとつずつ上っていくことで、そうした条件反応を意識的に処理し、その心理・情緒的なマイナスの影響を消していくことを目的としている。もう一度繰り返すが、こうした行動療法を成功させるカギは繰り返して練習することにあり、心的外傷の引き金となる状況に意識的にさらされることがマイナスの条件反応を消去していく条件となる。

「それまで自分がコントロールできなかった状況に意識的に対処できるようになれば、その行動療法は成功したと言えるだろう」

意識プロセスを高める暴露療法

ペンシルベニア大学のエドナ・フォア教授（臨床心理学）たちの調査結果によれば、腹式呼吸などのリラックスする訓練よりも、患者を心的外傷を引き起こす刺激状況にいきなりさらすほうが行動療法の治療的有効性は高いという。同教授によれば、心的外傷を持つ患者の多くについて不安階層表で不安や恐怖の度合いが弱いものから強いものに徐々に慣らす必要はなく、いわゆる「フラッディング（Flooding）＝患者を強い不安や恐怖を引き起こす状況にいきなりさらすこと」によって、その条件反応を消去していくほうがかなり効果的である。この「暴露療法（Exposure Therapy）」では患者を心的外傷を引き起こす刺激状況にさらすときに、腹式呼吸などのリラックスする訓練やほかの対処法なども併用する。それらの対処法とはその刺激状況のことを繰り返し考えることでそれに慣れていく認知的な方法、意識的なプロセスを働かせるためにその刺激状況について声を出して話すなどの行動的な方法がある。私が特に効果的だと思っている対処法は、自分が自らのセラピストであるかのように、暴露療法を行っているときに積極的に自分に話し掛けるものである。例えば、トレーダーがボラティリティの大きい局面で損失を恐れて仕掛けをためらっているとき、模擬トレードをしながら自分自身に話し掛けると不思議にも安心感や勇気がわいてくる。

患者を刺激状況にさらしているとき、その注意力・集中力・方向づけられた努力などを引き出すことが暴露療法の目的である。すなわち、意識プロセスを飛び越して刺激状況に条件反応している患者の脳の前頭部を活性化することである。これはパニック障害や心的外傷後ストレス障害（ＰＴＳＤ）などいろいろな心のトラウマに悩む人々に対して、不安や恐怖を追体験させることによって、意識的な処理プロセスを高めようというものである。**暴露療法の成否は、刺激状況に対して無意識に反応している患者をどれくらい意識的に処理させられるかによって決まる。**

暴露療法の第一段階――ヨーダのような心的状態を作り出す

患者の意識的な処理能力を高めようという暴露療法の第一段階は、①刺激状況に対する患者の条件反応を弱め、集中力を向上させる、②その効果を高めるための環境を整える――という条件作りである。これは患者の状態に応じてかなり自由裁量の余地があり、私が実践しているのは一種の瞑想である。かなりリラックスした姿勢で座って目を閉じ、長時間にわたって繰り返し刺激状況に意識を集中すると、かなり落ち着いた気持ちになっていく。前著『精神科医が見た投資心理学』でも言及したように、そのときにフィリップ・グラスの初期の曲を聴くといっそう効果的である。このときに雑音消去ヘッドホンを使っているトレーダーもいる。その目的は不安や恐怖を引き起こす状況に意図的に意識を振り向けることによってそれに慣れていくことにあるが、この訓練に途中で飽きたら無理に続けなくてもよい。時間をかけて何回も練習すれば、そのうちにわずか数秒で意識的な処理プロセスに入ることができるだろう。

脳の前頭葉を活性化するもうひとつの方法は、「前額皮膚温バイオフィードバック（Forehead Skin Temperature Biofeedback）」と呼ばれるものである。これは自分について瞑想することにより精神力で自分の肉体もコントロールしようという技術であり、私は静かに座りながら血液が脳の前頭部に集まり、その温度が高くなっていくことをイメージしながら瞑想する。前著でも紹介したこの技術は「血頭脳イメージ（Hemoencephalography）」と呼ばれ、最近では広く知られるようになってきた。ザ・ジャーナル・オブ・ニューロセラピーの特別号でも取り上げられたこの血頭脳イメージでは、心理・生理的な興奮度が高まると前額皮膚温は下がり、集中力が高まるとその皮膚温は上がるという。おもしろいのは意図的にリラックスしたり緊張しても前額皮膚温は上がらず、その皮膚温が上がるのは静かな心で集中力を高めたときである。ハーシェル・トゥーミム博士と並んで血頭脳イメージの第一人者であるジェフレー・カーメン博士は、映画「スターウォーズ」に出てくるヨーダ（ボケ老人のように見せかけて食料を奪ったり、背中にしがみついて恐ろしいことをする化け物）のような心的状態であると述べている。

残念なことにこの血頭脳イメージを体験できるものはあまり普及していないが、バイオフィードバック技術を取り入れた数少ないツールのひとつが「ザ・ジャーニー・ツー・ワイルド・ディバイン（The Journey to Wild Divine）」と呼ばれるパソコンゲームである。発汗量と心拍数を測りながらプレーヤーのストレス度に合わせてゲームを進め、その度合いに応じて異なるゴールになるという不思議なパソコンゲームである。例えば、プレーヤーはスクリーン上の気球を動かすには心理・生理的な興奮度を低下させなければならない。これまでのバイオフィードバック技術では心拍数や前頭葉の活性化度を測定するものはなかったが、心の興奮度をコントロールしなければならないこのゲームでは、持続的な集中力が求められるという点でわれわれの目的に合致している。もうひとつは「カームリンク（CalmLink）」と呼ばれるパックマン（PACMAN）のようなビデオゲームで、プレーヤーはリラックス運動をすることによって電気皮膚反応に関するフィードバックを得ながら、ストレス環境にさらされるという点で、これも一種の暴露療法のようなものである。バイオフィードバックを取り入れたこうしたゲームは、瞑想などによってヨーダの心的状態になることが難しいトレーダーにとってはかなり有効であろう。また常にトレード技術とパフォーマンスの向上が求められるトレーダーは、これらのゲームの素早いフィードバックも実際のトレードに役立つかもしれない。

「ヨーダのような心的状態になるというのも、繰り返し練習によって上達していく一種のトレード技術である」

特に脳波計のような医療専門家向けの高度なバイオフィードバック機器は使いこなすまでに時間がかかり、また必ずしも使い勝手がよいとは限らないので、トレーダーにはあまりお勧めできない。いずれにせよ、瞑想やバイオフィードバックによって脳の前頭葉の働きを活性化するときは、いつも同じ方法で実行すべきである。そうしないとプラスの条件反応を引き起こしてヨーダのような心的状態を作り出すことはできない。私の瞑想条件は、静かに座ってフィリップ・グラスの音楽を聴くことである。このほか、香をたきながら上記のバイオフィードバックのゲームをするというのも、静かに集中力を高めながらプラスの条件反応を起こすひとつの方法である。

暴露療法の第二段階――段階的暴露

エドナ・フォア博士やダビッド・バーロー・ボストン大学教授（パニック障害の認知行動療法で有名）などの臨床心理学者たちの調査結果によれば、暴露療法の目的は患者の認識プロセスを再構築することにある。すなわち、不安や恐怖の引き金となる刺激状況に患者をさらすことによってその対処能力を高め、マイナスの条件反応を消去していく。行動療法を効果的なものにするには、患者に現実のストレス状況を追体験させることである。標準的な行動療法の暴露時間は五〇分であるが、フォア教授たちは患者をストレス状況に二時間さらしている。それによる患者の最初の条件反応は、外傷性ストレスを避けたいという態度である。

例えば、損失を恐れるトレーダーのそうした回避的な行動は、利益目標に届く前に、またはストップロスポイントにヒットしないうちにポジションを衝動的に手仕舞うことである。行動療法の目的はまさにそうした回避的な行動をさせないために、患者が避けたいと思うストレス状況そのものにさらすことにある。こうすることによって、ストレス状況に対する意識的な対処能力を徐々に向上しようというのが「段階的暴露療法（Graded Exposure Therapy）」である。既述した系統的脱感作法と同じく、不安や恐怖心を引き起こす弱い刺激から始め、次第に刺激強度を上げていくもので、トレーダーに当てはめるときはかなり小さいポジションのトレードからスタートし、それ以降に徐々にポジションを大きくしていく。トレードのリスクとはポジションサイズにほかならず、まさにポジションサイズを調整することがトレーダーの段階的暴露療法であると言えよう。

「ストレスを引き起こす刺激状況に慣れるベストの方法は、安全な状況の下で繰り返しその状況を追体験することである」

この段階的暴露療法を成功させるカギは、刺激状況を繰り返し追体験することによって、それに対する意識的な対処能力を向上させることである。例えば、ある音楽を繰り返し聞くことで集中力が高まるときは、その音楽を聴きながらトレードしてもよい。また静かに座っていれば騒音から解放され、フロー状態（自己没頭している状態）に入れるのであれば、雑音消去ヘッドホンをつけてトレードに臨んでもよい。これは刺激状況が外傷性ストレスを引き起こし、それに対する対処能力を低下させるというプロセスの逆のことをしている。マイナスの条件反応をプラスの反応に取り替えるという、いわば「プラスのトラウマ」を作り出す作業である。フロー状態を作り出すためのこうした訓練は一種の「古典的条件付け（Classical Conditioning）」、あの有名なパブロフの犬の条件反射を引き起こそうというものである。

私も患者の集中力を高めてヨーダのような心的状態を作り出すには、ブリーフセラピー（短期療法）を何回も繰り返すよりは、こうした強烈な暴露療法を数回実行するほうが効果的だと思っている。私が最初に自分でこの試みを実行したときは、気が散らない真夜中に三時間半にわたってフィリップ・グラスの曲を聴きながら瞑想し続けた。その効果はてきめんだった。心に雑念が次から次へとわいてくるこの二〇〇分間に、集中力を高めていったこの体験はまさに段階的暴露療法そのものである。トレーダーも小さいポジションでトレードを始めていけば、損益をあまり気にすることなくトレードに対する集中力を高めることができるだろう。そしてマイナス思考のトレーディングパターンを完全に消去できたら、徐々にポジションを広げていけばよい。バイオフィードバック技術を取り入れたパソコンゲームなどが登場したことで、トレーダーがゲームを楽しみながら手軽に段階的暴露療法を経験できるようになった。これは興奮度をコントロールしながら、集中力を高めてトレードするための格好の訓練になるだろう。

「トレーダーが暴露療法を実行するとき、利益を得るためにトレードしてはならない。その目的は自分の心をコントロールして安全にトレードすることにあり、これができるようになればお金はあとからついてくる」

正しい訓練がベストの治療法

前著『精神科医が見た投資心理学』が刊行されて以来、私はリアルタイムなトレードを通して多くのトレーダーと付き合ってきた。そうした経験を通して得られたひとつの確信的な結論は、「トレーダーが抱えている心の悩みの多くは軽度の心的外傷である」ということである。そしてそうした心のトラウマの多くはトレード以外の要因ではなく、トレードそのものの問題によって引き起こされている。もっと具体的にいえば、トレーダーがそうした心のトラウマを抱くのは、①正しい訓練を受けないでトレードした、②資金規模と自分の能力を超える大きなポジションを取った、③頻繁なトレードを繰り返して破産のリスクに直面した——ときである。しかし、そうした心のトラウマを解消するために必ずしも暴露療法を受ける必要はない。自分で正しく訓練し、リスクマネジメントを適切に実行すれば、損失を出すことはあっても心的外傷にかかることはないだろう。心のトラウマのベストの治療法は認知療法でもまた行動療法でもなく、系統的な訓練に基づく正しいトレードである。私が本書を執筆したのは、これまで述べてきたいろいろな心的外傷の治療法をトレーダーに実行させるためではなく、「そうした治療法を不要にするにはどうすればよいのか」を明らかにするためである。それには意識プロセスを飛び越したトレードではなく、意識的な対処プロセスにのっとったトレードを実行することである。

終章　プロトレーダーの肖像

「われわれが力ではなく、最後の審判者としての理性によってトレードで生計を立てるとき、勝利のベストの収穫物は最高の判断力と実行力である。利益の大きさとはそうした生産能力を反映したものである」

――アイン・ランド著『肩をすくめるアトラス』（ビジネス社）

プロのトレーダーに関する知識の多くは直接的な観察ではなく、インタビューによって得られる。しかし、インタビューからは数多くの知識が得られるが、それは直接的な体験ではない。私はこの一年間にキングズトリー・トレーディング社のオーナーであるチャック・マッケルビーンとプロトレーダーのスコット・プルチーニの両氏の尽力を得て、毎日スコットとそのトレードの模様を観察することができた。私は彼のオフィスに座り、彼のトレードを観察することで、トレーダーとしての彼の成長ぶりをじかに見てきた。そしてスコット自身はもとより、彼の友人や家族とも長時間にわたるインタビューを行った。

そこから浮かび上がってきたのは、本書でこれまで詳述してきたプロトレーダーの肖像を具体化したものである。私はスコットの良いところも悪いところも見てきた。一カ月間に連日大きな利益を上げ続けたり、わずか数日間に一〇〇万ドル以上も稼ぐスコット。その一方で、マーケットが変化したあとのスランプ期には焦りと欲求不満でイライラし、何とか新しいマーケットに適応しようと悪戦苦闘するスコット。家族と友人には本当によく尽くす彼は、自分を「夢想家」と呼ぶ。気性の激しいこの夢想家も、ときには「まぬけなトレード」をすることもある。

こうしたスコットを一言で表現すれば、短期トレーダーとしてたぐいまれな才能を持つひとりの人間とでも言おうか。一人前のプロトレーダーになるには一〇年かかるというこの世界の常識を覆して、最初の一年間に二〇〇万ドル以上を稼ぎ、翌年にそれを四倍にしたトレーダー。大きなレバレッジをかけたり、幸運からこうした偉業を達成したのではなく、スリッページや売買手数料などすべてのコストを支払いながら、毎日数千枚のミニS&P五〇〇先物をトレードすることによってこの利益を上げたのである。こうしたスコットのトレードとその結果を見ると、私は効率的市場仮説とかランダム・ウォークなどという株式理論を素直に受け入れることはできない。相場の世界で成否を分けるのは才能と訓練であり、彼が株式市場で長期にわたって成功できたのは変化するマーケットに常に適応してきたからである。それならば、こうしたプロのトレーダーはどのようにして生まれたのだろうか。

少年時代

スコット・プルチーニは一九七二年三月一日に、イリノイ州シカゴハイツで生まれた。小さいときの家庭は裕福ではなかった。父は彼が二歳のときにヘロインの過剰投与で亡くなった。彼は父が床で死んでいたのを覚えている。イリノイ州立大学の一年生のとき、友人とフットボールのチームメートがレストランの外で口論の末に刺殺事件を起こしたのを目撃した。この事件はそれから長期にわたって彼を悩ませ、人生を狂わせた。二一歳のときには養父が肝臓ガンで衰弱していくのを見ていた。ディーン・キース・サイモントンによれば、天賦の才を持つ人の多くは子供のときに貧乏を経験しているという。そうした経験はその人を自力本願に目覚めさせたり、その反対に落ちぶれた人生に追いやるものである。スコットは自力本願の道を歩んだ。

男のロールモデル（お手本となるべき存在）を見つけられない少年は、男らしさ（たくましさ）を身につけることはできない。そうした子供だったスコットもひ弱でよくいじめられた。しかし、小学一年生のときに大きな転機が訪れた。近所のいじめっ子が毎日彼を家まで追いかけてきて嫌がらせをするので、養父がサンドバッグを使って相手をぶん殴る特訓をした。そのけんか術をマスターしたスコットは四歳年上のそのいじめっ子の口をぶん殴り、出血させてしまった。これを見た彼は大声で笑ったが、その少年の母親があとで彼の家にやって来て、息子がスコットにいじめられたと文句を言った。この事件を契機に、それまでの弱虫スコットはたくましい男の子に変身した。

われわれは生きていくなかでいくつもの人生のテーマを作り直していくが、小さいときに男のロールモデルを見つけられなかったスコットは、のちにトレーディングに人生のテーマを探すことになる。父親モデルは不在だったが、活発な少年だった彼は、「学校の教室でじっと座っているのは、ちょうど監獄にいるようなものでした。でも、好きな科目がある日は学校が楽しかったですね」とその当時を振り返る。スコットが四歳のときに母親が再婚し、彼はその養父に育てられた。新しい父は野球には興味がなく、リトルリーグも今ほど盛んではなかった。野球を教わる人のいない彼は野球の本を片っ端から読み、朝は五時起きしてひとりでバッティングの練習に励んだ。また壁にボールを投げて投球の練習をした。子どものときのこうした独立独歩の経験は、トレーダーとしてのキャリア形成に大きな意味を持つことになる（毎朝長時間にわたりトレーディングを独学することで、多くの投資本に書いてある一般的な投資原則をことごとくうち破ってしまった）。弾性力と忍耐力は多くの成功したトレーダーに見られる共通の特徴であるが、スコットは早くからその特性を表した。少年のときに夢中になった野球について、彼は「あるものが好きになると、それに没頭してマスターしてしまいます」と語っている。

「成功者の多くは小さいときから何かをマスターする情熱を持っている」

中学一年のとき、スコットは目からうろこの体験をした。来るバスケットボールの試合の選手に選ばれるため、夜の雨のなかでシュートの練習をしていたところ、一台の車が近づいてきて止まり、ドライバーが「君はきっと勝つよ」と叫んだ。スコットは今でもその男の人とそのメッセージを忘れることができない。友人たちが麻薬をやっていたのを見ていた彼は、カリフォルニア州サンディエゴにあるカトリック系共学校に入り、そこで多くの友だちを作り、ハイスクール生活をエンジョイした。そこで四年間にわたって情熱を傾けた野球では、三塁手のスター選手として活躍した。また一八三センチの身長と九三キロの体重を持つ大男の彼は、フットボールでもセンターのスターティングメンバーに選ばれた。彼は「フットボールが私を男にしてくれました」と語っている。しかし、彼の夢はスタンフォード大学で野球をすることだった。スコットにとってスポーツは闘争心のはけ口であり、夢想家の彼は大学を経てプロの野球選手になることを夢見ていた。ところが、こうした夢はもろくも砕け、若きスコットは方向を見失ってしまった。

大学時代

スコットが初めて株式を知ったのは祖父を通じてであり、その激しい動きに魅了されてしまった。「私は未知のこと、つまり明日に何が起こるか分からないということが好きなのです」。

ハイスクール時代の彼はＡＴＴ投資チャレンジに参加し、全米トップ一〇〇に入った。これに自信を得た彼は、それ以降にマーケットにかかわりたいと思うようになった。大学でファイナンスを専攻したスコットは、一年のときに既述した友人たちの刺殺事件を目撃した。この事件に大きなショックを受けた彼は、今でもその事件のことを思い出すと心が動揺する。この事件を契機に学業に専念できなくなった彼は、ひどい成績でイリノイ州立大学を退学した。アイオワ州ダベンポートにあるセント・アンブローズ大学に入り直したかったが、大学側から断られた。それでもあきらめなかった彼は並々ならぬ学業への意欲をつづった二通の手紙を大学側に送ったところ、仮入学が認められた。結局、猛勉強した彼はＧＰＡ（学業平均値）三・〇以上という優秀な成績でその大学を卒業した。それでも彼はまだニッチを見つけられなかった。技術だけで野球チームを強化しようとしていた彼は、野球のキャリアも途中であきらめざるを得なかった。その当時を思い出す彼は、「人生のスランプ期でしたね。自暴自棄的になっていました」と語っている。

未知のことが好きなスコットは、大学時代にギャンブルにのめり込んだ。知的チャレンジとして競馬に夢中になり、大穴を当てようと何時間も競走馬を研究した。「夢想家の私は可能なことは何でもできると思っていました。ほかの人ができることを自分にできないわけはないと」。しかし、スポーツを失った彼の方向は定まらず、酒飲みとギャンブル通いが続いた。それでも何かに成功したいという情熱は消えることがなく、ゴルフを独学してシングルプレーヤーにもなった。

ここで若き日のスコットをもう一度客観的に見てみよう。裕福ではない家庭に育った彼は、小さいときに貧乏といじめを経験した。スポーツで成功したいと練習に励み、何か大きなことを夢見ていた。しかし、大学を卒業するまでに大きな成功をつかめる職業を彼に導いた人はいなかった。野球で得られた経験は大きな自信となったが、そうした成功のベースとなった努力とトレーニングを放棄してしまった。酒とギャンブルに溺れた彼は、夢を追い求めてきた彼とは矛盾している。大学を卒業するまでのスコットは、①好きなことは何でもマスターしようとする自力本願の努力家であり、また夢想家でもある、②自信過剰の刺激追求者であるが、そのための努力はあまりしない――という二つの人格を持っていた。

大学を卒業するまでのスコットにははっきりした職業のビジョンはなく、社会的なコネもなかった。しかし、**彼には何でも自分の頭で考えるという優れた才能があった。**いろいろなスポーツを自主練習し、競馬を独学した。いわゆるインテリの生活は送ってこなかったが、彼には知的な自信があった（他人ができることは自分にもできるという確信）。友人を失ったり、プロ野球選手になるという夢は砕けても、この自信だけは失わなかった。

青年時代

一軒ずつ回って肉をセールスするという夏の職業経験はあまり楽しいものではなかったが、この経験のおかげで大手証券会社スミス・バーニーの研修社員になることができた。その後、結婚式の付添人を務めてくれた友人のダン・レジンスキーが、シカゴ商品取引所（ＣＢＯＴ）のオプション取引所での雑用係の仕事を紹介してくれた。週給は二〇〇ドルだった。そこで二年ほど働いたあと、債券取引所のクラークに応募して採用された。債券の知識はなかったが、そこは持ち前の自信で乗り切った。「それまでの人生でストレスなど抱いたことがないですよ」と言う彼は、トレーダーたちが大きな叫び声を上げ、数百万ドルの取引が行われる取引所のピットで交わされる素早い手信号を必死になって覚えた。その当時の様子について彼は、「あそこはマッサージパーラーのようなところですよ」とジョーク気味に語っている。

「価値ある挑戦と障害を乗り切って初めて、最も深い自信が得られる」

毎日ブローカーたちにどなられ、フロアで売買注文書の処理に忙殺されながらも、スコットはその仕事をやり続けた。好きなことはやり続けるという彼の忍耐力はここにも表れている。しかし、スコットが最終的になりたいのはクラークではなく、トレーダーであった。そのチャンスは友人のロブ・ロスが彼をキングズストリー・トレーディング社に紹介したときにやって来た。オーナーであるチャック・マッケルビーン氏の懸念もあったことから、最初は自己勘定のトレーダーとしてスタートした。しかし、そのタイミングは良くなかった。彼がキングズストリー社に入社した二〇〇一年八月には、株式はすでに下降相場に入っていた。その結果、ミニS&P五〇〇先物のトレード初日にはたった一枚の売買で二六〇〇ドルの損失を出した。それから一カ月半は毎日負け続けだった。だれが一番最初に株式市場から退場するのかと質問したとすれば、その第一候補はスコット・プルチーニが挙げられただろう。弱気の株式市場に追い打ちをかけるように、九・一一の同時多発テロ事件が起こった。彼は破産と失業の瀬戸際に追い込まれた。

　ここまでのスコットのトレーダーとしてのキャリアをもう一度振り返ってみよう。自己勘定のトレーダーとしてスタートした彼は、初日にわずか一枚のトレードで二六〇〇ドルの損失を出したが、これは一日にミニS&P五〇〇先物で五〇ポイントを取られたことを意味する。それは数回のトレードミスではなく、連続してトレードミスを犯したことによる結果である。それから数週間にわたって連敗していった彼はかなり落ち込んだが、それは損失を取り戻せなかったというよりは、損失を取り戻すまでに会社をクビになると思ったからである。連敗していった彼は資金も底を突き、利益を上げられるという展望も見えてこなかった。それでもスコットがこうした苦しい時期を乗り切った不屈の精神力はどこから生まれたのだろうか。

その源泉のひとつは、CBOTのオプションや債券取引所でかなりストレス度の高い状況を経験していたことである。トレーダーやブローカーたちが同時に大声でどなり合っているとき、彼が冷静に仕事をこなしていたとすれば、損失が続く苦しい状況にも強靱に対処できるだろう。つまり、**CBOTの取引所での経験はかなり高リスクの状況下でも迅速に売買注文を処理できるというスコットのユニークな能力を証明している。**取引所のピットで交わされる手信号をマスターした彼は、一度に多くの注文伝票を処理する能力を磨いていった。慌ただしい取引所のピットでそのような難しい仕事をこなしていた彼は、自分でも気づいていなかったが、すでに自分のエッジ（どんな苦しい状況でも耐え抜けるという自信）を身につけていた。

成功するトレーダー

それまでとは違う角度からトレーディングを見るために、エドウィン・ルフェーブルの『欲望と幻想の市場――伝説の投機王リバモア』（東洋経済新報社）の一読を薦めた友人のロブ・ロスと話し合ったあと、スコットは二〇〇一年九月に非公開市場でトレードを再開した。DAX（ドイツ株価指数）の夜間取引であり、夜にひとりでオフィスに座り、何とかDAXのトレードをマスターしようと悪戦苦闘していた。そのときに彼を慰めてくれたのは、グラミー賞を受賞した女性シンガーソングライターのショーン・コルビンの曲だった。彼が初めてDAXで利益を出したとき、誇らしげに自分にこう語ったという。「朝の五時前に一〇〇〇〇ドルを稼ぐトレーダーなんてどこにいるんだ」

Ｓ＆Ｐ五〇〇の取引が再開されたとき、彼も再びミニＳ＆Ｐ五〇〇先物のトレードに戻り、利益と自信は着実に向上していった。二〇〇二年一月にはキングズトリー社のチャック・オーナーに「今年は社内のトップトレーダーになりますよ」と豪語したが、事実そのとおりになった。「持ち前の激しい闘争心がこれを実現してくれたのです。ほかのトレーダーにできて、自分にできないことなんてありませんよ」。一月の利益は二〇万ドル以上、二〇〇二年全体では二〇〇万ドル以上を稼いだ。それは社内のライバルトレーダーに対する闘争心の賜物で、何としても自分がトップになりたかった。

ところで、二〇〇一年八～九月の六週間にわたって連敗していたスコットが、それ以降にどのようにして連勝トレーダーになったのだろうか。その答えはすでに述べた彼特有のトレーディングスタイルにある。一般に一日中頻繁にトレードしているトレーダーはアクティブトレーダー、その日のうちにポジションを手仕舞うトレーダーはデイトレーダーと呼ばれるが、スコットはアクティブ・デイトレーダーとも言うべきタイプのトレーダーであるが、これだけでは彼のトレーディングスタイルを十分には説明していない。彼のトレードの大きな特徴は、いつでもマーケットの情報とそのパターンに自分をさらしていることである。その才能と個性に加えて、このやり方が彼のトレード技術を飛躍的に向上させたのは間違いない。

「マーケットの経験を集中的に積み上げることが、トレード技術の大きな向上につながる」

安きを買い、高きを売るというスコットのような超短期のトレーダーは、マーケットに流動性を与えるマーケットメーカーの役割を果たしている。それによって市場の厚みが増せば、どのような売買注文でも素早く約定し、出来高の増加につながる。分足・時間足・日足などのチャートパターンやトレンドを見て売買するテクニカルトレーダーなどとは異なり、スコットはマーケットの需給の超短期的な変化に素早く反応して、小さな利ザヤを積み上げていく。これについて彼は、「私は投資本に書いてあることの逆をしています。五〇ティックの動きが一回あるよりは、一ティックの動きが五〇回あったほうがいいですね」と語っている。こうして彼のポジションサイズは拡大し続けて、今では一日に四万～五万枚（往復）のトレードを繰り返している。ミニS&P五〇〇先物の一ティックの動きなどは大したことはないと思われるだろうが、それでもスコットほどのポジションサイズとトレード頻度になると巨額の損益となる。彼は自分のトレードの勝因を、マーケットの超短期のパターンを読み取る能力にあると考えている。彼はマーケットに出される売買注文（ポジションの規模）とその変化をかなり詳細にフォローしており、特にローカルズや大口の機関投資家の動きは絶対に見逃さない。マーケットの一日の動きに素早くついていけるのはこうした能力によるものであり、CBOTのクラークの仕事をこなせたのもこの鋭い観察眼と迅速な行動力のおかげである。

こうした彼のエッジについて少し補足説明をしよう。ミニS&P五〇〇先物を一日に数万枚トレードするときの売買手数料に加え、その他の経費も含めると、**一日に数千ドルの利益を上げないと収支トントンにはならない。**一年間に数百万ドルを稼ぐには毎日それをかなり上回る利益を上げ続けなければならず、そうしたことができるのはトップトレーダーしかいない。私がスコットの素晴らしい才能を挙げるとすれば、それは並み外れた集中力、正確な記憶力、迅速な情報処理能力などである。彼はスクリーンの前に何時間も座って、マーケットで起こっているすべての出来事を詳細にフォローしている。私を含めてほとんどのトレーダーはそんなことには嫌気がさしてしまうが、スコットは違う。子供のころに静かな教室では退屈していたように、彼は動かないマーケットは大嫌いで欲求不満がたまってしまう。マーケットが大きく動くと目が輝き、チャレンジ精神に火がつく。また素早い情報処理能力と優れた記憶力によって、彼はミニS&P五〇〇先物の出来高が増え始めると真っ先にそれを感知して行動に出る。彼が活発なマーケットでトレードするとき、一分間に買い→売り→買いと目まぐるしくポジションを入れ替えてそのつど利益を出していく。

こうした才能は人から教えられて身につくものではない。彼の激しい闘争心もそうであり、それは子供のときに朝五時起きして野球のバッティングをしたり、夜の雨のなかでバスケットボールのシュート練習をしていた意欲と同じものである。そうした激しい闘争心を心のなかに秘めている彼は、連敗しているときでも学び続ける努力を怠ることはない。私は彼の最大のエッジとは、マーケットの最も難しい局面でその動きを読み取る能力であると思う。そしてその根底にあるのは、ほかの人にできて自分にできないことはないという強い確信である。

こうした彼特有の才能と個性に高いトレード技術がドッキングして大きな成功をもたらしたのである。彼のトレード技術とは、マーケットの短期的な需給パターンを素早く読み取る能力である。いつもマーケットに身をさらしているので、大口トレーダーが買い・売りのどちらのサイドに回ったのかを肌で感じ取り、それに見合った行動を瞬時に取ることができる。例えば、自分の出した大口注文が一部しか約定しないときは、買いや売りが途切れた原因に関する情報を素早く集め、それに基づいて新しいポジションを組成する。彼の情報処理能力と意思決定力は迅速かつ自動的であり、多くの時間をかける顕在学習による分析とはまったく異なる。それはちょうどレーシングカーのドライバーが車を操作するようなもので、これまでの人生経験から得られた一種の本能である。あとになればなぜそこで注文を入れたのか、または出していた注文をキャンセルしたのかなどについて説明できるだろうが、トレードの渦中にあるスコットは、常に変化しているマーケットのデータを素早く読み取って自動的に売買しており、その姿はさながら本能で動く動物のようである。

「才能＋個性＋エッジ＋訓練＝成功」

スコットがトレーダーとして短期間で成功できたのは、自分のエッジを見つけ、それをトレーディングに生かしたことである。そのほかに、トレーダーとしての成長を支えてくれたキングズトリー社、活発にトレードできるミニS&P五〇〇先物というマーケット、行動志向の性格と高度な認識能力に基づくトレーディングスタイルなども、一年もたたずに駆け出しトレーダーからトップトレーダーに上り詰めた原動力となっている。しかし、マーケットが変化すれば、トレーディングのニッチも変わっていく。

変化するトレーダー

スコットのベストの年は二〇〇三年で、稼いだ利益は一〇〇〇万ドルだった。しかし、二〇〇五年には約三〇万ドルの損失となった。最近の株式相場は難しい調整局面にある。スコットを含む多くの短期的なアクティブトレーダーにとって、S&P五〇〇やナスダックの低いボラティリティはかなり深刻な問題である。私のヒストリカルなデータによれば、米株式市場では現在のような小さいトレンドとボラティリティの相場はこの七〇年間に一度も経験したことがない。スコットのようなスキャルパー（小さな利ザヤを稼ぐトレーダー）にとって株式相場のトレンドとボラティリティはあまり関係がないと思われるかもしれないが、実際にはそうではない。大きく動く相場ではスキャルパーからあらゆる値段で活発に注文が入るが、相場が動かなくなると彼らの動きもパタッと止まってしまう。またわずか数分間で吸収されてきた大口注文も約定しなくなる。こうした動きのない相場に業を煮やしたスキャルパーが、ポジショントレーダー（数週間から数カ月にわたるトレーダー）に鞍替えする動きも後を絶たなくなる。

スコットの場合もこうした動きのない相場は心理的な毒となる。それはあの静かな教室で黙って座っていた子供のときのようなものである。トレードはおもしろいどころか、今では欲求不満が募るばかりである。自分のオフィスもそうした教室のようで、まるで監獄も同然である。さらに悪いことに、彼の活発な注文がマーケットで成約されないというのは、マーケットの情報も入手できないことを意味する。これでは持ち味の鋭い観察力、素早い情報処理能力、正確な記憶力も生かしようがない。動きのない相場を見ていると、近所の年上少年にいじめられたときのことを思い出す。反撃したいのだが、今ではぶん殴る相手（マーケット）もいない。次第にたくましい男ではなく、弱虫の気持ちが強くなっていく。

「マーケットの最大のストレスは、それまでの人生の苦しみ（損失や無力感など）を彷彿とさせる局面である」

当初、スコットはマーケットが再び元のような相場に戻るのを待っていた。そのときの心境について、彼は「いつまでもぬくぬくとした快感帯にいたいというのが人情でしょう。これまでと違うマーケットになるなんて、思いもよりませんでしたよ」と語っている。あの大学時代の野球選手のときと同じように、自信に満ちあふれていた彼は何の準備もしていなかった。自分の快感帯にいるかぎり、苦しい変身、トレーディングスタイルの手直し、余計な努力などはしなくてもよい。彼はマーケットが変化したことを知ってはいたが、「自分だけはその例外だと思っていた」のである。

マーケットの環境がさらに悪化してくると、システムトレードなどの自動的なトレードが優勢になり、スキャルパーのような超短期トレーダーが有利な価格で注文を入れることが次第に難しくなってきた。ミニS&P五〇〇先物では出来高が増えてもボラティリティは低下する一方であり、多くの短期トレーダーは毎日イス取りゲームをしているような状況になった。こうした局面が第9章で述べた軽度の心的外傷にトレーダーを追い込むのである。その対象は前年には好調だったが、今年は良くないといったトレーダーではなく、毎年大成功を収めてきたトレーダーが突然それまでのやり方の機能不全に直面したときである。それはちょうどバスケットボールのセンタープレーヤーが、突然幅が二倍のコートに立たされ、センターエリアを支配できなくなったようなものである。大きく変化し、これまでのルールも変わってしまったマーケットもまさにそのようなものだった。従来のルールが何も通用しなくなったスコットも、まったく新しいマーケットに何とかして適応せざるを得なくなった。

スコットは以前のそうした局面で一日のトレードをビデオに撮り、マーケットの新しいパターンやトレードミスについて学習したことを思い出した。そこで何日分ものマーケットの動きを記録できる大容量のビデオレコーダーを購入した。そのビデオを見るとどこでどのように注文を出したのか、それらの注文の約定状況、ポジションのマネジメントのやり方などを分析できる。そうすればこれまでのトレーディングスタイルを現在の相場に見合うように手直しすることもできるだろう。しかし残念なことに、従来のトレーディングスタイルを手直ししようとすればするほど、彼は自分のエッジから遠ざかるばかりだった。ポジショントレードは彼の得意分野ではなく、そこでは自分のユニークな才能を生かすことができない。長期トレーダーのスコットは、マイケル・ジョーダン（バスケットボールのスーパースター）が野球をしているようなものである。おそらく彼には野球の能力もあるだろうが、世界のトッププレーヤーにはなれないだろう。一方、スコットにとって自分の才能を生かすためには、心からくつろげる家庭が必要であった。雨の夜にバスケットボールのシュート練習をしていた少年が再び勝者にカムバックするためにも。

夫・父親として

タイガー・ウッズが今のような不動の地歩を固めるまでには、トーナメントで長期にわたって連敗していたこともあった。また、メジャーを代表する剛速球投手のノーラン・ライアンも一九七三～一九七四年に連続二〇勝投手になったあと、その後は二〇勝することはできなかった。実際に一九七六年、一九七八年、一九八五年、一九八七年には負け越した。それでも彼は二七年間の投手キャリアのなかで通算三二四勝という素晴らしい記録を達成した。トップパフォーマーにとってもスランプは付き物であり、スコットもその例外ではなかった。彼は偉大なトレーダーの本を読み、彼らの多くも当初は大損を出していたことを知った。新しいマーケットに適応する必要性を心から痛感しなければ、実際に適応することはできない。

しかし、トレーダーのそうした現実を知っても、スコットの苦痛が解消されるわけではなかった。激しい闘争心と弾力性を持ち合わせている彼でさえも、自分のピークは過ぎてしまったのかと思えてくる。彼の欲求不満はその姿からも、またその声からも痛いほど伝わってくる。私が彼のオフィスを訪れると、一分間に一ティックほどしか動かないマーケットを見ながら、「一体どうなってんだ」と叫ぶ彼の姿をよく目にした。そうした焦りはトレードの規律だけでなく、心にも大きな悪影響を及ぼしていた。

ところで、トレーダーのことについて書かれた本はたくさんあるが、その配偶者について書かれたものはほとんどない。素晴らしい内助の功があったからこそ、トップトレーダーになれた人も少なくないだろう。トレーディングに伴うストレス、変化するマーケットに対するチャレンジ、不安定なパフォーマンスと収入などが、トレーダーの家庭でいろいろな問題を引き起こしているのは想像に難くない。夫のそうしたストレスを含めて、トレーディングのことをよく理解している妻は少ない。またトレーディングの詳しい状況が分からず、不安定な収入と生活にじっと耐えている妻の苦しみを理解している夫（トレーダー）もまた少ない。

スコットとアンは知り合ってから三年半後の二〇〇四年一〇月に結婚した。あの苦しかった独りぼっちの若きトレーダーを慰めてくれたショーン・コルビンの曲が流れる美しい結婚式だった。アンの職業は多くの忍耐と理解が求められる特殊教育の教師で、学校では生徒たちのいろいろな問題に忙殺される。スコットは「アンには癒やされますね。自分では嫌なことを忘れる能力は持っているつもりですが、なかなかうまくいかなくて……。この世が終わってしまうなんて考えちゃうんですよ。そんなとき、彼女は『大丈夫よ。心配することなんかないわ』と言ってくれるんですよ」と語る。一方のアンは、「ずっと教師という難しい仕事をやってきたから分かるんだけど、この世が終わりになるなんてことは絶対にないわ。あるのは一年の終わりだけね」と言っている。

「プロの配偶者とは、パートナーが一時的に失ったビジョンを持ち続ける人である」

「変な話だけど、私は彼と結婚するために学校に行っていたようなものね」と語るアンは、スコットの精神安定剤であり、彼らの家庭はチームプレーである。娘のソフィアが生まれてから、この二人は家事労働も分担している。アンはスコットがトレーディングに専念し、さらに腕を上げてほしいと思っている。そうすれば仕事を終えて帰宅してきたとき、「娘と楽しく遊びながらリラックスできるでしょう」。実際、スコットも難しい一日を終えて帰宅し、ソフィアの顔を見ると、「思わず微笑んでしまう。家にいると本当にくつろげますね」。

アンもスコットと同じく、自分のすべきことのプロであると私は思う。ほかの妻たちの多くは夫の欲求不満に自分の欲求不満をぶつけて、二人の関係をさらに難しくしている。アンのエッジは忍耐力と心の安らぎを与える才能である。この才能は仕事で疲れた夫を癒やし、また教師というストレスの多い仕事をこなしている原動力である。成功はたとえ個人レベルのものであっても、一種のチームプレーである。心のサポートがないと、どんな分野のパフォーマーでもスランプを乗り越えてさらにレベルアップすることはできない。そのためには夫婦が互いに良きパートナーでなければならない。

一回り大きくなったトレーダー

この部分を執筆しているとき、スコットは大きく飛躍した。以前よりも有望なニッチに自分の才能とスキルを生かす新しいトレード手法を開発しつつあった。彼はこれまであまり無謀な賭けはしなかったが、もしも本気で賭けに出るならば、私はとてもそれに太刀打ちする勇気はない。スコットの部屋の壁には、「耐え抜く者はすべてを克服する」と書かれた掲示がある。

彼は真の自力本願の人であり、耐え抜くものは何でも克服してしまう。ノーラン・ライアンも野球人生の半ばで、成功するために自分が変わらなければならないことを痛感した。剛速球のスピードを落とし、ピッチング法を変え、ボールのコントロールに磨きをかけた。その結果、球速はそれまでの時速一六〇キロから一四五キロに落ちたが、バッターにとっては以前よりも手ごわいピッチャーとなった。またこうしたピッチング法に変えたことで、剛速球を投げ続けたときの腕のケガからも解放されることになった。しかし、スランプ期にこうしたピッチング法に変えようと試行錯誤していたときはかなり苦しかっただろう。彼が野球殿堂入りを果たしたのは、絶えざるレベルアップにこだわり、長期にわたって現役ピッチャーを続けたからである。

「偉大さとは達成されたものではなく、生涯にわたって達成しようというプロセスである」

ノーラン・ライアンはそれまでの自分のエッジを捨てて成功をつかもうとしたのではない。

彼はナックルボールのピッチャーや強打者になろうとしたのではない。時の変化に自分のエッジを適応しようとしたのである。スコットも長期投資家やシステムトレーダーに転向することで、トレーダーとしての長期の成功を目指したのではない。彼の持ち味は素早い情報処理能力、マーケットのパターンを瞬時に読み取り、それを行動に移す能力であり、新しいトレード手法もそれらを捨てるのではなく、これらのユニークな才能を生かすものである。ライアンは一九七六年に最多敗戦投手になっているが、それまでだれも達成したことのない一七年間、負けより勝ち星が多いという伝説的な記録を打ち立てている。

どのような分野でもプロとして成功するには、才能、スキル、闘争心、そして弾力性が求められる。これまで述べてきたように、スコットにも自分の才能を生かせるニッチを見つける能力、潜在学習に没頭できる能力、マーケットの変化に常に適応できる能力がある。さらに、早起きして野球の自主練習に夢中になった少年時代、喧騒の取引所のピットというストレスの多い状況下で仕事をこなした経験、トレーダーとして何年にもわたる自主トレーニングの日々、プロトレーダーを目指して蓄積してきたスキルと自信――というトップパフォーマーとしての条件も十分に満たしている。

駆け出しトレーダーとして六週間にわたって連敗していたとき、資金繰りに窮した彼は母親から一〇〇ドルを借りたという。それについてスコットは、「破産寸前のなかで毎日負け続けるという大きなプレッシャーを味わったのは、あれが最初で最後でした。そんな逆境を乗り切った僕には、恐いものなんか何もありませんよ」と語っている。それから四カ月後に、彼は一カ月に六ケタの利益をたたき出すトレーダーとなった（普通のトレーダーであれば、この世界から足を洗ったり、会社をクビになっているだろう）。変化するマーケットに適応できる能力を持ち、その努力を続ける才能あるトレーダーを見捨ててはならない理由がここにある。スコットを見ていると、才能と努力がチャンスとめぐり合えば、どんな偉大なことでも実現するんだなと心から思えてくる。

最後に

「人間の真価は困難に出合ったときに試される。困難な状況に直面したとき、神は乗り越えなければならない手ごわい相手を差し向ける。その戦いが楽であるはずはない」

――エピクテトス

いよいよ本書も終わりに近づいてきた。本を執筆するというのはチャンレジでもあり、また楽しくもある。それは単に自分の考えを書き表すということだけにとどまらず、自分の考えを文字にしていくとき、われわれはそれを分析し、それと遊び、そして作り替えていく。私は本書でプロトレーダーとは何かというテーマについて自分の考えを述べようとしたが、執筆していくにつれて考えがどんどん深まっていった。そしてマーケットで成功し、トップトレーダーとして今でも進化し続けている人々の才能と努力に、改めて大きな敬意を払わずにはいられなかった。本書を執筆することでプロのトレーダーから教えを請うという当初の目的を達したばかりでなく、ありがたいことに私自身もトレーダーとして大きく成長することができた。以下では読者の皆さんの参考に供するため、本書で検討してきたことをもう一度まとめてみた。

トレーディングのポイント

以下はトレーディングで成功するためのポイントを要約したものである。

●**トレーディングとはパフォーマンスを競うスポーツのようなものである**　この世界でも単に生まれながらの能力を機械的に表現するだけでは成功できない。トレーディングとはスポーツやパフォーマンスアート（実演芸術）と同じように、生来の能力と個性を訓練と時間をかけてプロのレベルまで高めていくプロセスである。トレーダーはマーケットというプレッシャーのかかる競技場で、自らのスキルをプロのレベルまで向上させなければ成功を手にすることはできない。

●**トレーディングでは自分のエッジ（強み）を生かさなければならない**　トレーディングの成否は、そのトレーダーの能力と個性、トレードするマーケットとトレード手法をどれだけうまくフィットさせるのかによって決まる。

●**トレーディングのパフォーマンスは訓練の程度によって大きく左右される**　訓練には正規のもの、体系的なもの、自主学習などいろいろあるが、ほかのパフォーマンス分野と同様に、プロの技術に達するには意図的な練習が不可欠である。

●トレード技術とは絶えざる進化のプロセスである　あらゆる分野の技術は基本的なものからプロのレベルに向上していく。上達の階段を一歩ずつ上るごとに、各段階のメンターの役割も大きく変わっていく。ほかのパフォーマンス分野と同じく、トレーディングで成功するためにも、何年にもわたるこうした努力といろいろなマーケットの経験の積み重ねが求められる。

●トレード技術の学習曲線は加速する　トレード技術をいくつかの部分に分けると（模擬トレードによる練習、将来のトレードに向けた詳細なフィードバックの積み重ねなど）、トレーディングの学習曲線は加速する。

●トレード技術の向上とは継続的なプロセスである　トレーディングという世界では、トレーダーは生涯を通じてレベルアップしていかなければならない。トレーディングの長期的な成否は、主にリスクマネジメントの巧拙にかかっている。

●トレーダーの心の悩みの多くは解決できる　トレーダーが心の悩みを抱く原因は、①十分な訓練を受けないでトレードした結果、大きな損失を出して欲求不満に陥ったとき、②自分のエッジをトレーディングで生かせないとき、③リスクマネジメントの不備からオーバートレーディングに走ったとき――の三つに大別される。

●トレーダーの心の悩みはなぜ起こるのか　不安や恐怖によって心と感情の処理プロセスが混

乱し、刺激状況に対する意識的な行動や処理能力が低下したときである。

●**心の悩みを持つトレーダーにとって、従来のトークセラピーや自主的な解決策はあまり効果がない**　トレーダーの心の悩みは通常の意識的な処理プロセスを飛び越した条件反応によって引き起こされるので、通常の意識プロセスに戻してやるセラピーが求められる。

●**そうしたトレーダーにとっては、心的外傷を効果的に消去できるセラピーが必要である**　軽度の心的外傷といった心の悩みについては、認知療法や行動療法が効果的である。それらはトレーダーの心・感情・行動の条件反応的なプロセスを、意識的なプロセスに戻してやる治療法である。

以上の点を踏まえて、そこからトレーディングにとって重要な結論を引き出せば次のようになるだろう。

●**自分のエッジを伸ばせ**　トレーディングで成功するカギは、自分のエッジを生かすことである。自分のユニークな能力や個性などもトレーディングのニッチとなる。

●**トレーディングの世界では学ぶことがたくさんある**　トレーディングがパフォーマンスを競う競技場だとすれば、信頼できる指標、優れたトレーディングソフト、ニュースソース、専門家のアドバイスなどがあれば勝利できると考えられる。しかし、この世界ではマーケットのパターンを読み取り、それに対して確信を持って行動しなければ成功することはできない。素晴らしいゴルフクラブを買ってもアマのゴルファーがプロのゴルファーになることはできず、最高の道具を与えても駆け出しの整備工が熟練工になれるわけではない。書店にはすぐに儲かるといった投資本があふれているが、訓練に勝るベストのメンターはない。

●トレーディングのパフォーマンスに山や谷は付き物である　マーケットのトレンドとボラティリティは常に変化しているので、トレーダーも常に学び続けなければならない。マーケットの環境が大きく変化し、トレーダーがそれについていけないときはパフォーマンスも低下する。大切なことは正しいリスクマネジメント、慎重なトレーディングプラン、心のトラウマに陥らないという固い決意、持続的な学習意欲などによって、そうした谷の時期を乗り切ることである。好調なときに来る雨の日に備えることがこの世界で生き残っていくカギである。

●トレーディングで成功するには、正しい訓練によるプラスの心の経験を積み上げることである　正しい訓練が学習曲線を向上させ、それに伴って自信もついてくる。こうしたプラスの心の経験が、ポジションを広げたときの大きなストレスを乗り切る原動力となる。また適切な訓練は脳の働きを活性化し､正しい意思決定ができるフロー状態（自己没頭している状態）を作り出す。しっかりした訓練を受けないでマーケットに臨めば、心が動揺して適切な対処能力を狂わせるマイナスの条件反応を引き起こす。

以上のポイントを踏まえて、トレーディングを自分のキャリアとするからには、プロの職業人（トレーダー）になれというのが私からのアドバイスである。プロの職業では持続的な教育と高度な訓練は不可欠であり、またプロ意識を持って自分の責任を果たさなければならない。トレーディングは大きなチャレンジであり、その見返りも大きいが、それに必要な準備をしていないと大きな損失と心のトラウマに陥ってしまう。一攫千金を夢見て性急に資金をリスクにさらしてはならない。一生をかけてゆっくりと学び、着実にスキルを向上していこう。

ラリー・コナーズからのアドバイス

私は最近、「トレーディング・マーケッツ（Trading Markets）」サイトの開発者でマネーマネジャー、さらにマーケットリサーチャーでもあるラリー・コナーズ氏に、「トレーダーとしての長い経験を振り返って、パフォーマンスを向上させる秘訣は何ですか」という質問をぶつけてみた。以下はそれに対する彼の返答である。

まず最初に、恣意的な判断や心理的な影響を除外したシステマチックなトレード手法を持つことです。それには何年もかかるかもしれません。しかし、そうしたトレード手法を持つことができたら、以下の点を順守してトレードしていけば、徐々に利益が出ると思います。

一．すべてのトレードでその手法のルールを完全に順守する。

二．各トレードの損益ではなく、一週間または一カ月単位の収支を重視する。

三．そうした収支の結果を冷酷に評価する。

四．一日、一週間、一カ月間の自分の行動を評価・分析し、その結果を次のトレードに生かす。

五．考え方や口に出す言葉はプラス志向にする。

六．トレーダーとしての自分の能力に疑問や不安を抱かせるようなマイナスの影響に自分をさらさない。

七．パフォーマンスを極大化する方法をほかのトレーダーに教えてやる。そうすれば、最終的には自分のパフォーマンスも向上していくだろう。


ラリー・コナーズ氏のこのアドバイスをよく肝に銘じてほしい。**マーケットで成功するにはまず最初に自分のエッジを見つけることだ。**そして、それをトレーディングのチャンスに生かすことである。それ以外はすべて二次的なことである。

トレーディングの最終的な目標

トレーディングで成功していくにはそうした努力と訓練を続ける必要があるが、それはアスリートやダンサー、チェスの名人などにとっても同じである。さらに刺激状況に何回も自分をさらすことで、ストレスにうまく対処する方法を学ぶことも大切である。自分は安全な立場にいながらテレビなどでトレーダーの物語を見たり、なるべくリスクは取らないようにしていけば、苦しみや不愉快なことを味わうこともないだろう。しかし、そんなことではダメだ。われわれは自分のエッジを現実で試さないとその真価が分からないし、厳しい試練に遭わないとそれに磨きをかけることもできない。現実に立ち向かっていけば、敗北と苦しみ、大きな試練などに直面するかもしれないが、それでも自分はこの世界で生きているという実感は得られるだろう。私はトレーディングに関する本書を書いたが、実はこの本はトレーディングの書籍ではない。これは自由について書いた本である。ほかのすべてのパフォーマンス分野と同じように、トレーディングも自由を得るためのひとつの分野（職業）にすぎない。

自由とは何か

自分がトレーダーであるというのは、企業の株式や財産、商品取引の約定などを自由に所有することを意味する。したがって、好きなときにそれを処分したり、ほかの人に譲ってもよい。そうした決定は自分で下すことで、何も政府や神によって命じられるものではない。相場で負けたときは自分の損失、勝ったときは自分の利益である。自由とは自由にモノが言えることでもある。投資が好きであれば、インターネットの掲示板にそのことを書き込んでもよい。また、政府の経済政策が気に入らなければ、投票所で反対票を投じてもよいし、株式市場に資金を投じたり引き揚げてもよい。

しかし、自由とはそれだけにとどまらない。自由とは自分の判断で生活し、他人の干渉を受けないで生きていく能力である。自由とは好きなときにパソコンの前に座り、将来の世代の人々が読むであろう文章を書くことでもある。自由とはインターネットからヒストリカルなマーケットデータを取り入れたり、世界のマーケットで株式を売買したり、さらには新興国の活気あふれる経済に自由に参加できることである。このようにトレーディングとは政治経済的な自由である。しかし、こうした自由もわれわれ自身が自由でなければ何の意味もない。前の世代の人々に比べてわれわれはより大きな自由（広範な可能性）を持ってはいるが、現実には自分の能力を発揮する自由はむしろ少なくなったというのは大きな皮肉である。その結果、チャンスは不公平に存在し、またいろいろな制約に縛られている。自由な人生というのは自分の意思で選択し、目的と方法、意味を持っている人生である。トレーディングとはそうした意図的な人生を育むチャンスの場であり、正しく歩めばそうした自由を手にすることができる。

自由になるための訓練

どのような分野でもプロの技術を目指して努力を重ねているとき、われわれは何を積み上げているのだろうか。スキルや知識はもちろんのこと、実はそれ以上のものがある。**それは意志、すなわちある目標を立て、それを実現するために行動していく能力である。**その意味ですべての訓練はそうした自分の意志を試す場であり、自分の限界を乗り越えてゴールに向かう戦いである。私がデューク大学でバスケットボールをしていたとき、一日の最後の練習として連続一〇回のフリースローがあった。その練習自体はそれほどレベルアップにはつながらなかったが、意志の訓練としては最高の練習だったと思う。一日のつらい練習を終えて早く家に帰りたいと思っているとき、一〇回のフリースローというのは結構大きなプレッシャーだった。そしてそのプレッシャーから解放されるのが試合の日だった。われわれが練習を重ねるのはそうした自由を得るため、つまり内外のプレッシャーや束縛から解放されるためである。

何のプレッシャーもない状況下でトレーディングプランを立て、それを実行するのは簡単である。しかし、実際にトレーディングプランを作成・実行するのは、損益のプレッシャーがかかるトレードの現場である。軍隊では軍事決定や行動が不明確なことを「戦雲」と呼ぶが、兵士たちが厳しい訓練を受けるのはそうした霧のなかでも機械的に自らの任務を果たすためである。そこには大きなリスクとチャンス、危険と勝利の可能性が混在しており、確かなものは何もない。プロの技術を目指して訓練を続けるトレーダーとは、まさにそうした兵士のようなものである。こうした状況下でプランを立て、それを実行することが自由に至る道である。

訓練の最終目的は、自らの限界から解放され自由になることにある。芸術家は新しい表現法を見つけようとし、科学者は正確な研究・分析法を開発しようとし、アスリートは少しでも記録を伸ばそうとする。ナスカー（ＮＡＳＣＡＲ）のピットクルーたちはレースの記録を少しでも縮めることでひとつの限界を克服する。それは外部の力によって達成されるのではなく、すべては自分の意思で決定するものである。バレエダンサー、レーシングカーのドライバー、メジャーリーグのピッチャー、世界的な射撃手などのセルフコントロールとは、偶然やランダムさに対して意志が勝利することである。

トレーディングのパフォーマンスを向上させるには、意思によって偶然をコントロールしなければならない。トレーディングの損益とはその結果である。自分を正しく訓練すれば、成功するトレーダーばかりでなく、自己決定力を持つ人間にもなれるだろう。そして自分をフロー状態に置くことができれば、トレード技術も向上し、人生のあらゆる面でも成功するだろう。**フロー状態とは自由に至る道であるのだ。**それによって自己決定力が求められる行動に没頭できる。訓練こそがわれわれを自由にする。

最後に

実はトレードで利益を出したり、トレードをするのかどうかということはそれほど重要ではない。大切なことは自分を自己決定力のある自由な存在にするための人生を見つけることである。これと同じようにトップトレーダーやトップパフォーマーになることが重要ではなく、自分の才能を表現し、自らの真価を発揮できる活躍の場を見つけることこそが大切なのである。それができれば、必ずしもトレーダーである必要はなく、教師やビジネスパーソン、または医師になってもよい。この世の時間は限られており、能力やそれを生かす自由にも限りがある。もしもあなたがトレーダーを目指すのであれば、本書はおそらく有益であろうし、あなたを勇気づけるだろう。一方、トレーダーとは違う道に進んでも、自分のエッジを見つけ、意味ある人生から満足と充実感を得てほしいと私は願っている。自由に生きるというのがそうした人生であるからだ。

付録——参考資料

以下の資料やウエブサイトの多くは本書のなかで言及し、私を含む多くのトレーダーが実際に利用しているものである。なお、私はこれらの資料やウエブサイトとは何の利害関係も持っていないことを断っておく。

トレーディングソフト

●**ネオティッカー**（NeoTicker　http://www.tickquest.com/）　フレキシブルなチャート、カスタマイズできるマーケットスキャンやＴＩＣＫ指標、（あらゆる株式情報をカバーした）ネオブレドス（NeoBreadth）などのユニークな指標なども利用できる便利なサイトで、多くの証券会社とリンクしているので売買注文も執行できる。このほか、システム開発や模擬トレードの機能も素晴らしい。

●**ニンジャ・トレーダー**（Ninja Trader　http://www.ninjatrader.com/）　売買注文の自動執行、ストップロスポイントを自動的に収支トントンの水準に設定する機能、無料の模擬トレード機能、いろいろな株価指標、トレーダーの注文やポジションを表示するフレキシブルなチャートなどがカバーされている。

●CQG（http://www.cqg.com/）　チャートを見ながら注文できる機能、板情報とチャートの並行表示、売り・買い注文の表示、模擬トレード、九九九日のヒストリカルなティックチャート、システム開発に役立つバックテストなど、多くの便利な機能がカバーされている。

●トレーディング・テクノロジーズ（Trading Technologies http://www.tradingtechnologie-s.com/）　便利な板情報や売買注文執行などの機能に加え、出来高分析、スプレッドチャート、模擬トレードなどの機能も強化された。

●トレードステーション（TradeStation　http://www.tradestation.com/）　有名なシステム開発プログラムで、最近では大手ネット証券会社のサービスも付加された。システム開発をサポートし合うユーザーのフォーラム、トレードステーションとリンクする大手サードパーティーベンダーのサービスも利用できる。

マーケットデータとチャート

●デシジョン・ポイント（Decision Point　http://www.decisionpoint.com/）　株式セクターの情報とテクニカル指標をカバーしている専門サイト。

●ピナクル・データ（Pinnacle Data　http://www.pinnacledata.com/）　株式と商品の日足デ

ータを提供している。

●ティック・データ（Tick Data　http://www.tickdata.com/）　株式と先物のヒストリカルなザラ場情報を提供している。いろいろなタイムフレームでそれらの情報を利用できる。

●リアルティック（RealTick　http://www.realtick.com/）　チャートと売買注文が利用できるサイトで、ヒストリカルなデータをエクセルに取り込める。

●バーチャート（Barchart　http://www.barchart.com/）　株式と先物のフレキシブルなチャートが特長で、株式の個別銘柄とセクターに関する膨大なデータも素晴らしい。

株式スクリーニングとマーケット分析ツール

●マーケット・デルタ（Market Delta　http://www.marketdelta.com/）　売り・買い注文のリアルタイムなザラ場チャートが表示されており、短期のセンチメントを見るのに便利。

●WINdoTRADEr（http://www.windotrader.com/）　出来高分析や強力なグラフィックスなどを含むフレキシブルなマーケットプロファイルのツール。

●トレーダーDNA（Trader DNA http://www.traderdna.com/）　マーケットを局面ごと（トレンドのある相場・トレンドのない相場など）に分類する便利な機能などがカバーされている。

●『マインド・オーバー・マーケッツ（Mind Over Markets）』　マーケットの動きを詳しく

分析したジェームズ・ドルトンの古典的な書籍。

●トレード・アイデアズ（Trade Ideas　http://www.trade-ideas.com/）　ザラ場の動きを分析するスクリーニングツールで、いろいろなタイムフレームの画面が表示できる。マーケットのヒストリカルなパターンをスキャンできる機能も便利。

●ジョン・マークマン（Jon Markman　http://www.jonmarkman.com/）　MSNマネーのジョン・マークマンのコラムサイトで、有望銘柄の発掘に役立つ。彼には短期・長期的な有望銘柄の発掘法に関する書籍もある。

●MSNストック・スカウター（MSN Stock Scouter　http://www.moneycentral.com/）　テクニカル・ファンダメンタルズ情報のほか、機関投資家の保有株データもカバーしている無料の長期投資のスクリーニングサイト。

●パワーレーティングズ（PowerRatings　http://www.tradingmarkets.com/）　短期の業績予想に基づいて一～一〇段階に株式を格付けした比較的新しいサービス。

●アダプトレード・ソフトウエア（Adaptrade Software　http://www.adaptrade.com/）　システム開発に関するマイク・ブライアントのニュースレターを掲載しており、彼のシステム・アナライザー（System Analyzer）ソフトはポジションやリスクのマネジメントに役立つだろう。

ヒストリカルなマーケットパターンのリサーチツール

●**トレーダーフィード**（TraderFeed http://www.traderfeed.blogspot.com/） 私のリサーチブログで、主に株式指数のヒストリカルな短期パターンをフォローしている。

●**ストック・トレーダーズ・アルマナック**（Stock Trader's Almanac http://www.hirschorg.com/） マーケットの一日と季節性をリサーチしているサイト。

●**センチメントトレーダー**（SentimenTrader http://www.sentimentrader.com/） 株式市場のいろいろなセンチメント指標をカバーしているサイト。

●**マーケット・ヒストリー**（Market History http://www.markethistory.com/） 株式・確定利付き証券・通貨などのマーケットパターンを分析したサイト。

●**『ヘッジファンドの売買技術――利益を勝ち取るための相関性のない20の戦略とテクニック』**（パンローリング） いくつかの代表的なトレーディングパターンを分析したジェームズ・アルタッチャーの書籍。

その他の便利なウエブサイト・ブログ・書籍

●**トレーディング・サイコロジー**（Trading Psychology http://www.brettsteenbarger.

com/）　私の個人的なサイトで、投資心理に関する情報が満載されている。また株式の強気・弱気度を示す日々の指標も掲載。

●**デイリー・スペキュレーションズ**（Daily Speculations　http://www.dailyspeculations.com/）　ビクター・ニーダーホッファーとローレル・ケナーが共同で運営するサイトで、いろいろなマーケットの役立つ情報がカバーされている。

●**トレーディング・マーケッツ**（Trading Markets　http://www.tradingmarkets.com/）　著名なアナリストのコラム、教育プログラム、メンタリング資料、マーケットデータ、ラリー・コナーズのリサーチに基づく株式格付け情報などを掲載する総合サイト。

●**MSNマネー**（MSN Money　http://www.moneycentral.com/）　マーケットデータ、ニュース、コラムニストの論評などを掲載した総合サイト。

●**ミンヤンビル**（Minyanville　http://www.minyanville.com/）　トッド・ハリソンのサイトで、専門家のリアルタイムなマーケットコメントなどを掲載。

●**トレード2ウィン**（Trade2Win　http://www.trade2win.com/）　トレーダーのオンラインフォーラムで、ゲスト専門家のコメントも掲載。

●**ティーチ・ミー・フューチャーズ**（Teach Me Futures　http://www.teachmefutures.com/）　ジョン・コノリーのオンライン教育プログラムなどを掲載。

●**P-Tインストラクション・アンド・トレーニング**（PIT Instruction and Training

http://www.pit-now.com/）　ナスカー（NASCAR）のピットクルーを訓練する専門学校のサイト。

●**ザ・カーク・リポート**（The Kirk Report　http://www.kirkreport.com/）　有望銘柄の発掘に関するチャールズ・カークのサイトで、ユーザーとのQ&Aも掲載。

●**トレーダー・マイク**（Trader Mike　http://www.tradermike.net/）　有望銘柄発掘に関する私の好きなブログ。

●**CXOアドバイザリー・グループ**（CXO Advisory Group　http://www.cxoadvisory.com/）　オリジナルなマーケットリサーチや学問的研究を掲載している。

●**アブノーマル・リターンズ**（Abnormal Returns　http://abnormalreturns.wordpress.com/）　インターネットに掲載されたマーケット関連情報を集めたサイト。

●**ザ・ビッグ・ピクチャー**（The Big Picture　http://bigpicture.typepad.com/）　マネーマネジャーであるバリー・リソルツの経験談が掲載されている。

●**デイリー・オーファン・リポート**（Daily Orphan Report　http://adamsoptions.blogspot.com/）　オプションとボラティリティに関するアダム・ワーナーの洞察あふれるコメントが掲載されている。

●**ETFトレンズ**（ETF Trends　http://www.etftrends.com/）　急拡大を続ける上場ファンド市場の情報を掲載。

●ストック・ティッカー（Stock Tickr　http://www.stocktickr.com/）　社会的投資に関する興味ある情報を掲載。

●デクラン・ファロンド（Declan Fallond　http://www.fallondpicks.com/）　有望銘柄の発掘情報を掲載。

●フィックル・トレーダー（Fickle Trader　http://www.fickletrader.blogspot.com/）　ジョン・テイトが定期的に注目銘柄を掲載。

●ティッカー・センス（Ticker Sense　http://www.tickersense.typepad.com/）　マーケットリサーチの優れたブログ。

●ジョン・モールディン（John Mauldin　http://www.frontlinethoughts.com/）　経済とマーケットに関するユニークな見方が載っている有名なブログ。

●『精神科医が見た投資心理学』（晃洋書房）　トレーダーの心理に影響を及ぼすいろいろな要因やその対処法などについて詳述した私の書籍。

●『ザ・エデュケーション・オブ・ア・スペキュレーター（The Education of a Speculator）』トレーダーの人生や考え方にスポットを当てたビクター・ニーダーホッファーの自叙伝。

●『実戦的スペキュレーション』（現代書林）　ビクター・ニーダーホッファーとローレル・ケナーがマーケットに関する一般の知恵の真相を次々と明らかにし、科学的な分析のメスを入れて論じている。

●『ザ・エッセンシャルズ・オブ・トレーディング（The Essentials of Trading）』　ジョン・フォアマンの相場入門書で、トレーディングプランの作成法などに関する貴重なアドバイスが盛り込まれている。

●『ハウ・マーケッツ・リアリー・ワーク（How Markets Really Work）』　ラリー・コナーズがマーケットの短期パターンを分析し、興味ある逆張り戦略を紹介している。

●**『フルタイムトレーダー完全マニュアル　戦略・心理・マネーマネジメント――相場で生計を立てるための全基礎知識』**（パンローリング）　トレーディングパターンから投資心理に至る広範なテーマについて論じたジョン・カーターの書籍。

●**『投資家のためのリスクマネジメント――収益率を上げるリスクトレーディングの真髄』**（パンローリング）　ファンドマネジャーや個人投資家向けにリスクマネジメントの方法を論じたケニス・グラントの書籍。

●『エンサイクロペディア・オブ・チャート・パターンズ（Encyclopedia of Chart Patterns）』　トーマス・ブルコウスキーがいろいろなチャートパターンについてユニークな見方を紹介している。

メンタリングサイト

●**ウッディーズCCIクラブ**（Woodie's CCI Club　http://www.woodiescciclub.com/）　ケン・ウッドが運営する投資家向けフォーラムで、ベテラントレーダーの模範トレードをリアルタイムに観察できる。CCI指標によるパターン分析などに関する有益な情報も満載。

●**リンダ・ブラッドフォード・ラシュキ**（Linda Bradford Raschke　http://www.lbrgroup.com/）　ラシュキ女史が主催する株式と先物のオンライン・トレーディングルーム。メンバーは彼女のトレーディングに関する考え方などを学べるほか、ゲストのレクチャーなども聞くことができる。

●**トレード・ザ・マーケッツ**（Trade the Markets　http://www.tradethemarkets.com/）　ジョン・カーターが主催するダウ平均や確定利付き証券などのリアルタイムなトレーディングルームで、トレードステーションのユーザー向けに投資戦略情報も提供。

●**トレーディング・マーケッツ**（Trading Markets　http://www.tradingmarkets.com/）　デイトレーダーやスイングトレーダー向けに各種書籍やビデオ、メンタリングサービスなどを提供。

●**ザ・ジャーニー・ツー・ワイルド・ディバイン**（The Journey to Wild Divine　http://www.wilddivine.com/）　発汗量と心拍数を測りながらプレーヤーのストレス度に合わせて

ゲームを進め、その度合いに応じて違ったゴールにたどり着くというバイオフィードバック技術を取り入れたパソコンゲーム。

Zavorel, N. *A Season on the Mat: Dan Gable and the Pursuit of Perfection.* New York: Simon & Schuster, 1998.

Zeitz, C.M. "Some concrete advantages of abstraction: How experts' representations facilitate reasoning." In P.J. Feltovich, K.M. Ford, and R.R. Hoffman, eds. *Expertise in Context.* Cambridge, MA: MIT Press, 1997. 43–65.

Starkes, J.L., W. Helsen, and R. Jack. "Expert performance in sport and dance." In R.N. Singer, H.A. Hausenblas, and C.M. Janelle, eds. *Handbook of Sport Psychology*, 2nd ed. New York: Wiley, 2001. 174–204.

Steenbarger, B.N. "The importance of novelty in psychotherapy." In W. O'Donohue, N.A. Cummings, and J.L. Cummings, eds. *Strategies for Becoming a Master Psychotherapist.* New York: Academic Press, 2006. 277–290.

Steenbarger, B.N. *The Psychology of Trading: Tools and Techniques for Minding the Markets*. Hoboken, NJ: John Wiley & Sons, 2003.

——. "Solution-focused brief therapy: Doing what works." In M.J. Dewan, B.N. Steenbarger, and R.P. Greenberg, eds. *The Art and Science of Brief Psychotherapies: A Practitioner's Guide.* Washington, DC: American Psychiatric Press, Inc., 2004. 119–156.

Steenbarger, B.N., and D. Aderman. "Objective self-awareness as a non-aversive state: Effect of anticipating discrepancy reduction." *Journal of Personality*, 47: 330–339.

Stoneberger, B.A. *Combat Leader's Field Guide*, 12th ed. Mechanicsburg, PA: Stackpole Books, 2000.

Tinius, T. *New Developments in Blood Flow Hemoencephalography*. Binghamton, NY: Haworth Medical Press, 2005.

Walters, J., and H. Gardner, H. "The crystallizing experience: Discovering an intellectual gift." In R.S. Albert, ed. *Genius and Eminence*, 2nd ed. Oxford: Pergamon, 1992. 135–156.

Williams, A.M., and J. Starkes. "Cognitive expertise and performance in interceptive actions." In K. Davids, et al., eds. *Interceptive Actions in Sport: Information and Movement.* London: Routledge, 2002.

Williams, A.M., and P. Ward. "Perceptual expertise: Development in sport." In J.L. Starkes and K.A. Ericsson, eds. *Expert Performance in Sports.* Champaign, IL: Human Kinetics, 2003. 219–250.

Williams, T., and J. Underwood. *The Science of Hitting*. New York: Simon & Schuster, 1986.

Wilson, C. *New Pathways in Psychology: Maslow and the Freudian Revolution*. New York: Taplinger, 1972.

Winner, E. "The rage to master: The decisive role of talent in the visual arts." In K.A. Ericsson, ed. *The Road to Excellence: The Acquisition of Expert Performance in the Arts and Sciences, Sports and Games.* Mahwah, NJ: Lawrence Erlbaum, 1996. 271–302.

Womack, J.P., and D.T. Jones. *Lean Solutions: How Companies and Customers Can Create Value and Wealth Together.* New York: Simon & Schuster, 2005.

Ranger Training Brigade. *Ranger Handbook*. Washington, DC: Pentagon Publishing, 2004.

Root-Bernstein, R., and M. Root-Bernstein. *Sparks of Genius*. New York: Mariner, 1999.

Rose-Smith, I. "Angry young man." *Trader Monthly*, Dec./Jan. 2006. 76–81.

Ryan, N., and T. House. *Nolan Ryan's Pitcher's Bible*. New York: Simon & Schuster, 1991.

Salthouse, T.A. "Expertise as the circumvention of human processing limitations." In K.A. Ericsson and J. Smith, eds. *Toward a General Theory of Expertise: Prospects and Limits*. Cambridge: Cambridge University Press, 1991. 286–300.

Scardamalia, M., and C. Bereiter. "Literate expertise." In K.A. Ericsson and J. Smith, eds. *Toward a General Theory of Expertise: Prospects and Limits*. Cambridge: Cambridge University Press, 1991. 172–194.

ジャック・D・シュワッガー著『マーケットの魔術師――米トップトレーダーが語る成功の秘訣』（パンローリング）

Schwarzer, R., and R.A. Wicklund. *Anxiety and Self-focused Attention*. London: Routledge, 1990.

Shekerjian, D. *Uncommon Genius*. New York: Viking, 1990.

Simonton, D.K. *Greatness: Who Makes History and Why*. New York: Guilford, 1994.

Sloboda, J. "Musical expertise." In K.A. Ericsson and J. Smith, eds. *Toward a General Theory of Expertise: Prospects and Limits*. Cambridge: Cambridge University Press, 1991. 153–171.

Sloboda, J.A. "The acquisition of musical performance expertise: Deconstructing the 'talent' account of individual differences in musical expressivity." In K.A. Ericsson, ed. *The Road to Excellence: The Acquisition of Expert Performance in the Arts and Sciences, Sports and Games*. Mahwah, NJ: Lawrence Erlbaum, 1996. 107–126.

Smith, S. *The Jordan Rules*. New York: Pocket Star Books, 1993.

Starkes, J.L., J.M. Deakin, F. Allard, N.J. Hodges, and A. Hayes. "Deliberate practice in sports: What is it anyway?" In K.A. Ericsson, ed. *The Road to Excellence: The Acquisition of Expert Performance in the Arts and Sciences, Sports and Games*. Mahwah, NJ: Lawrence Erlbaum, 1996. 81–107.

Starkes, J.L., and K.A. Ericsson, eds. *Expert Performance in Sports: Advances in Research on Sport Expertise*. Champaign, IL: Human Kinetics, 2003.

LeDoux, J. *The Emotional Brain: The Mysterious Underpinnings of Emotional Life*. New York: Touchstone, 1996.

Lee, T.D., C.J. Chamberlin, and N.J. Hodges. "Practice." In R.N. Singer, H.A. Hausenblas, and C.M. Janelle, eds. *Handbook of Sport Psychology*, 2nd ed. Hoboken, NJ: Wiley, 2001. 115–143.

Liker, J.K. *The Toyota Way*. New York: McGraw-Hill, 2004.

Locke, E.A., and G.P. Latham. *A Theory of Goal Setting and Task Performance*. Englewood Cliffs, NJ: Prentice-Hall, 1990.

Lonsdale, M.V. *Raids: A Tactical Guide to High Risk Warrant Service*. Los Angeles: STTU, 2000.

Machowicz, R.J. *Unleash the Warrior Within*. New York: Marlowe & Co., 2002.

McNab, C. *The SAS Mental Endurance Handbook*. Guilford, CT: Lyons Press, 2002.

——. *The SAS Training Manual*. St. Paul, MN: MBI Publishing, 2002.

Niederhoffer, V. *The Education of a Speculator*. New York: John Wiley & Sons, 1997.

ビクター・ニーダーホッファーとローレル・ケナー著『実戦的スペキュレーション』（現代書林）

O'Donohue, W., J.E. Fisher, and S.C. Hayes, eds. *Cognitive Behavior Therapy: Applying Empirically Supported Techniques in Your Practice*. Hoboken, NJ: John Wiley & Sons, 2003.

Ouspensky, P.D. *The Fourth Way*. New York: Vintage, 1971.

Patel, V.L. and G.J. Groen. "The general and specific nature of medical expertise: A critical look." In K.A. Ericsson and J. Smith, eds. *Toward a General Theory of Expertise: Prospects and Limits*. Cambridge: Cambridge University Press, 1991. 93–125.

Patel, V.L., D.R. Kaufman, and S.A. Magder. "The acquisition of medical expertise in complex dynamic environments." In K.A. Ericsson, ed. *The Road to Excellence: The Acquisition of Expert Performance in the Arts and Sciences, Sports and Games*. Mahwah, NJ: Lawrence Erlbaum, 1996. 127–167.

Patel, V.L., and M.F. Ramoni. "Cognitive models of directional inference in expert medical reasoning." In P.J. Feltovich, K.M. Ford, and R.R. Hoffman, eds. *Expertise in Context*. Cambridge, MA: MIT Press, 1997. 67–99.

Pirsig, R.M. *Zen and the Art of Motorcycle Maintenance: An Inquiry into Values*. New York: William Morrow, 1974.

K.M. Ford, and R.R. Hoffman, eds. *Expertise in Context*. Cambridge, MA: MIT Press, 1997. 125–146.

Folkman, S., and R.S. Lazarus. 1988. "The relationship between coping and emotion: Implications for theory and research." *Social Science Medicine*, 26: 309–317.

Forman, J. *The Essentials of Trading: From the Basics to Building a Winning Strategy*. Hoboken, NJ: John Wiley & Sons, 2006.

Gable, D. *Coaching Wrestling Successfully*. Champaign, IL: Human Kinetics, 1999.

Goldberg, E. *The Executive Brain: Frontal Lobes and the Civilized Mind*. New York: Oxford University Press, 2001.

ケニス・L・グラント著『投資家のためのリスクマネジメント――収益率を上げるリスクトレーディングの真髄』(パンローリング)

ジョエル・グリーンブラット著『株デビューする前に知っておくべき「魔法の公式」――ハラハラドキドキが嫌いな小心者のための投資入門』(パンローリング)

Gutman, B. *Tiger Woods: A Biography*. New York: Archway, 1997.

Hall, C.R. "Imagery in sport and exercise." In R.N. Singer, H.A. Hausenblas, and C.M. Janelle, eds. *Handbook of Sport Psychology*, 2nd ed. Hoboken, NJ: John Wiley & Sons, 2001. 529–550.

Hatmaker, M. *Boxing Mastery*. Chula Vista, CA: Tracks Publishing, 2004.

Heller, A. (2005, December 26). *Israeli is world's top blind golfer*. www.ocusource.com/main.cfm?page=info&topic=pressroom&article=362.

Hembree, E.A., D. Roth, D.A. Bux, and E.B. Foa. "Brief behavior therapy." In M.J. Dewan, B.N. Steenbarger, and R.P. Greenberg, eds. *The Art and Science of Brief Psychotherapies: A Practitioner's Guide*. Washington DC: American Psychiatric Press, Inc., 2004. 51–84.

Hirsch, J.A., and J.T. Brown. *The Almanac Investor: Profit from Market History and Seasonal Trends*. Hoboken, NJ: John Wiley & Sons, 2006.

Hirsch, Y., and J.A. Hirsch. *Stock Trader's Almanac 2006*. Hoboken, NJ: John Wiley & Sons, 2006.

Janelle, C.M., and C.H. Hillman. "Expert performance in sport: Current perspectives and critical issues." In J.L. Starkes and K.A. Ericsson, eds. *Expert Performance in Sports*. Champaign, IL: Human Kinetics, 2003. 19–48.

Lavallee, D., J. Kremer, A.P. Moran, and M. Williams. *Sport Psychology: Contemporary Themes*. New York: Palgrave Macmillan, 2004.

Lazarus, R. S. *Stress and Emotion: A New Synthesis*. New York: Springer, 1999.

Csikszentmihalyi, M. *Creativity: Flow and the Psychology of Discovery and Invention*. New York: HarperPerennial, 1997.

Csikszentmihalyi, M., and I.S. Csikszentmihalyi, eds. *Optimal Experience: Psychological Studies of Flow in Consciousness*. Cambridge, MA: Cambridge University Press, 1994.

Curran, T. "Implicit sequence learning from a cognitive neuroscience perspective: What, how, and where?" In M.A. Stadler and P.A. Frensch, eds. *Handbook of Implicit Learning*. Thousand Oaks, CA: Sage, 1998. 365–400.

Dalton, J.F. *Markets in Profile: Profiting from the Auction Process*. New York: John Wiley & Sons, in preparation.

Dalton, J.F., E.T. Jones, and R.B. Dalton. *Mind over Markets: Power Trading with Market Generated Information*. Chicago: Probus, 1990.

Deakin, J.M., and S. Cobley. "A search for deliberate practice: An examination of the practice environments in figure skating and volleyball." In J.L. Starkes and K.A. Ericsson, eds. *Expert Performance in Sports*. Champaign, IL: Human Kinetics, 2003. 115–132.

Dewan, M.J., B.N. Steenbarger, and R.P. Greenberg, eds. *The Art and Science of Brief Psychotherapies: A Practitioner's Guide*. Washington, DC: American Psychiatric Press, Inc., 2004.

Duval, S., and R.A. Wicklund. *A Theory of Objective Self-awareness*. New York: Academic Press, 1972.

Ericsson, K.A. "The acquisition of expert performance: An introduction to some of the issues." In K.A. Ericsson, ed. *The Road to Excellence: The Acquisition of Expert Performance in the Arts and Sciences, Sports and Games*. Mahwah, NJ: Lawrence Erlbaum, 1996. 1–50.

Ericsson, K.A. "Development of elite performance and deliberate practice: An update from the perspective of the expert performance approach." In J.L. Starkes and K.A. Ericsson, eds. *Expert Performance in Sports*. Champaign, IL: Human Kinetics, 2003. 49–84.

Ericsson, K.A. "The search for general abilities and basic capacities: Theoretical implications from the modifiability and complexity of mechanisms mediating expert performance." In R.J. Sternberg and E.L. Grigorenko, eds. *The Psychology of Abilities, Competencies, and Expertise*. Cambridge: Cambridge University Press, 2003. 93–25.

Ericsson, K.A., and N. Charness. "Cognitive and developmental factors in expert performance.: In P.J. Feltovich, K.M. Ford, and R.R. Hoffman, eds. *Expertise in Context*. Cambridge, MA: MIT Press, 1997. 3–41.

Feltovich, P.J., R.J. Spiro, and R.L. Coulson. "Issues of expert flexibility in contexts characterized by complexity and change." In P.J. Feltovich,

Bulkowski, T.N. *Encyclopedia of Chart Patterns*, 2nd ed. New York: John Wiley & Sons, 2005.

Burton, D., S. Naylor, and B. Holliday. "Goal setting in sport: Investigating the goal effectiveness paradox." In R.N. Singer, H.A. Hausenblas, and C.M. Janelle, eds. *Handbook of Sport Psychology*, 2nd ed. New York: John Wiley & Sons, 2001. 497–528.

ジョン・F・カーター著『フルタイムトレーダー完全マニュアル　戦略・心理・マネーマネジメント――相場で生計を立てるための全基礎知識』（パンローリング）

Ceci, S.J., S.M. Barnett, and T. Kanaya. "Developing childhood proclivities into adult competencies: The overlooked multiplier effect." In R.J. Sternberg and E.L. Grigorenko, eds. *The Psychology of Abilities, Competencies, and Expertise*. Cambridge: Cambridge University Press, 2003. 70–92.

Charness, N. "Expertise in chess: The balance between knowledge and search." In K.A. Ericsson and J. Smith, eds. *Toward a General Theory of Expertise: Prospects and Limits*. Cambridge: Cambridge University Press, 1991. 39–63.

Charness, N., R. Krampe, and U. Mayr. "The role of practice and coaching in entrepreneurial skill domains: An international comparison of life-span chess skill acquisition." In K.A. Ericsson, ed. *The Road to Excellence: The Acquisition of Expert Performance in the Arts and Sciences, Sports and Games*. Mahwah, NJ: Erlbaum, 1996. 51–80.

Chase, W.G., and H.A. Simon. "The mind's eye in chess." In W.G. Chase, ed. *Visual Information Processing*. New York: Academic Press, 1973. 215–281.

Cleeremans, A., and L. Jiménez. "Implicit sequence learning: The truth is in the details." In M.A. Stadler and P.A. Frensch, eds. *Handbook of Implicit Learning*. Thousand Oaks, CA: Sage, 1998. 323–364.

Collins, J. *Good to Great*. New York: HarperBusiness, 2001.

Connell, M.W., K. Sheridan, and H. Gardner. "On abilities and domains." In R.J. Sternberg and E.L. Grigorenko, eds. *Abilities, Competencies, and Expertise*. New York: Cambridge University Press, 2003. 126–155.

リンダ・ブラッドフォード・ラシュキとローレンス・コナーズ著『魔術師リンダ・ラリーの短期売買入門――ウィザードが語る必勝テクニック基礎から応用まで』（パンローリング）

Connors, L., and C. Sen. *How Markets Really Work: A Quantitative Guide to Stock Market Behavior*. Los Angeles: TradingMarkets Publishing Group, 2004.

Costa, P.T., Jr., and R.R. McCrae. *NEO PI-R*. Odessa, FL: PAR, Inc., 1992.

Couch, D. *The Warrior Elite: The Forging on SEAL Class 228*. New York: Crown Publishers, 2001.

参考文献

Abernethy, B. "Attention." In R.N. Singer, H.A. Hausenblas, and C.M. Janelle, eds. *Handbook of Sport Psychology*, 2nd ed. New York: John Wiley & Sons, 2001. 53–85.

Albert, R.S., ed. *Genius and eminence.* 2nd ed. Oxford: Pergamon Press, 1992.

Allard, F., and J.L. Starkes. "Motor-skill experts in sports, dance, and other domains." In K.A. Ericsson and J. Smith, eds. *Toward a General Theory of Expertise: Prospects and Limits.* Cambridge, MA: Cambridge University Press, 1991. 126–152.
ジェームズ・アルタッチャー著『ヘッジファンドの売買技術――利益を勝ち取るための相関性のない20の戦略とテクニック』(パンローリング)

Armstrong, L. *It's Not About the Bike: My Journey Back to Life.* New York: Berkley Books, 2001.

Armstrong, L., and C. Carmichael. *The Lance Armstrong Performance Program.* New York: Rodale, 2000.

Beck, J.S. *Cognitive Therapy: Basics and Beyond.* New York: Guilford, 1995.

Beck, J.S., and P.J. Bieling. "Cognitive therapy: Introduction to theory and practice." In M.J. Dewan, B.N. Steenbarger, and R.P. Greenberg, eds. *The Art and Science of Brief Psychotherapies: A Practitioner's Guide.* Washington, DC: American Psychiatric Press, Inc., 2004. 15–50.

Bloom, B.S., ed. *Developing Talent in Young People.* New York: Ballantine, 1985.

Bohrer, D. *America's Special Forces.* St. Paul, MN: MBI Publishing, 2002.

Bollettieri, N. *Bollettieri's Tennis Handbook.* Champaign, IL: Human Kinetics. 2001.

Brown, C. "In the balance." *The New York Times Magazine*, January 22, 2006. 43–49.

Buckingham, M., and D.O. Clifton. *Now, Discover Your Strengths.* New York: Free Press, 2001.

訳者あとがき

「トレーディングとはパフォーマンス（成果）を競うスポーツのようなもので、ほかのいろいろなパフォーマンスの分野と同じように、生まれながらの能力と個性を訓練と時間をかけてプロのレベルまで高めていくプロセスである。トレーダーはマーケットという大きなプレッシャーのかかる競技場で、自らのスキルをプロのレベルまで向上しないかぎり、トレーディングの成功を手にすることはできない」。筆者のこの言葉ほど、本書のポイントを端的に表しているものはない。

単なる能力のあるトレーダー（トレーディングのコストを何とかカバーできる投資家）の程度ではダメだ。トレーディングで飯を食っていけるほどのレベルにならないと、相場の世界では成功はおろか、生き残っていくこともできない。それならば、プロのトレーダーとなるにはどうすればよいのか。一言で言えば、スポーツ、チェス、パフォーマンスアート（実演芸術）など、あらゆるパフォーマンスの分野の技術と同じように、「正しい訓練によって正しいトレーディングの技術を身につける」ことである。

本書は二〇〇三年に出版された『精神科医が見た投資心理学』（晃洋書房）に続くスティーンバーガー博士の二冊目の投資心理に関する著書である。もっとも、前著は象牙の塔（学問の世界）に身を置くカウンセラーとして、主にトレーダーの心の問題にスポットを当てたもの。これに対し、本書はトレーディングの最前線に自ら身を投じ、トレーダー指導顧問として現場のトレーダーたちとじかに接することによって追究したトレーディングの正しいあり方とプロ論である。

一方、前著と同じように、本書でもトレーダーたちが直面するいろいろな心の悩みが取り上げられている。筆者によれば、その主な原因は、①正しい訓練を受けないでトレードした、②自分の資金規模とリスク許容度を超える大きなポジションを取ったり、頻繁なトレードを繰り返した——ことによるもので、その結果は大きな損失という形で表れる。それによる精神的なダメージは、銃砲がとどろく戦場や暴行を受けたときに被る心的外傷と同じものであり、その影響は一過性のものではなく、程度の差はあってもけっして消えることのない外傷性のストレスとしてトレーダーの心のなかに沈殿するという。

本書では主にトレーディングを含むいろいろなパフォーマンスの分野のプロ論、トレーダーの心の悩みとその解決策などが論じられている。もちろん、この二つは別個に存在するのではなく、いわばひとつの問題の表裏のようなものである。スティーンバーガー博士はこれらの問題についてかなり多角的な観点から深くメスを入れており、読者の皆さんはそれぞれの問題意識に応じて必ずや何らかの貴重なヒントを得られるだろう。筆者が最後に述べているように、「（たとえあなたが）トレーダーとは違う道に進んでも、自分のエッジを見つけ、意味ある人生から満足と充実感を得る」ために、本書が多少なりとも役立つならば、訳者としてこれ以上の喜びはない。

本書の邦訳を決定された後藤康徳（パンローリング）、編集・校正の阿部達郎（ＦＧＩ）の両氏には心よりお礼を申し上げたい。

関本博英

二〇〇七年八月

■著者紹介
ブレット・N・スティーンバーガー（Brett N. Steenbarger）
ニューヨーク州シラキュースにあるSUNYアップステート医科大学で精神医学と行動科学を教える客員教授。2003年に出版された『精神科医が見た投資心理学』（晃洋書房）の著書がある。シカゴのプロップファーム（自己売買専門会社）であるキングズトリー・トレーディング社のトレーダー指導顧問として、多くのプロトレーダーを指導・教育したり、トレーダー訓練プログラムの作成などに当たっている。また、統計的なパターン認識に基づく株価指数のアクティブなトレーダーでもある。投資家・トレーダー向けに営利のサービスは提供していないが、私的なウエブサイトやブログを通じて、ヒストリカルなマーケットデータや投資心理に関する研究結果などを公表している。スティーンバーガー博士のブリーフセラピー（短期療法）に関する研究は、心理学や精神医学の文献にしばしば引用されている。

■訳者紹介
関本博英（せきもと・ひろひで）
上智大学外国語学部英語学科を卒業。時事通信社・外国経済部を経て翻訳業に入る。国際労働機関（ILO）など国連関連の翻訳をはじめ、労働、経済、証券など多分野の翻訳に従事。訳書に、『賢明なる投資家【財務諸表編】』『証券分析』『究極のトレーディングガイド』『コーポレート・リストラクチャリングによる企業価値の創出』『プロの銘柄選択法を盗め！』『アナリストデータの裏を読め！』『マーケットのテクニカル百科　入門編・実践編』『市場間分析入門』『初心者がすぐに勝ち組になるテクナメンタル投資法』『バイ・アンド・ホールド時代の終焉』『わが子と考えるオンリーワン投資法』『規律とトレーダー』『麗しのバフェット銘柄』（いずれもパンローリング）など。

2007年10月５日　初版第１刷発行
2013年７月１日　　第２刷発行
2019年４月１日　　第３刷発行
2020年５月１日　　第４刷発行
2021年９月１日　　第５刷発行
2024年４月１日　　第６刷発行

ウィザードブックシリーズ ⑫⑥

トレーダーの精神分析
自分を理解し、自分だけのエッジを見つけた者だけが成功できる

著　者　ブレット・N・スティーンバーガー
訳　者　関本博英
発行者　後藤康徳
発行所　パンローリング株式会社
〒160-0023　東京都新宿区西新宿 7-9-18-6F
TEL 03-5386-7391　FAX 03-5386-7393
http://www.panrolling.com/
E-mail　info@panrolling.com
編　集　エフ・ジー・アイ（Factory of Gnomic Three Monkeys Investment）合資会社
装　丁　パンローリング装丁室
組　版　パンローリング制作室
印刷・製本　株式会社シナノ

ISBN978-4-7759-7091-1

トレード心理学の三大巨人による
不朽不滅の厳選ロングセラー5冊！

マーク・ダグラス
ブレット・スティーンバーガー
アリ・キエフ

トレーダーや投資家たちが市場に飛び込んですぐに直面する問題とは、マーケットが下がったり横ばいしたりすることでも、聖杯が見つけられないことでも、理系的な知識の欠如によるシステム開発ができないことでもなく、自分との戦いに勝つことであり、どんなときにも揺るがない規律を持つことであり、何よりも本当の自分自身を知るということである。つまり、トレーディングや投資における最大の敵とは、トレーダー自身の精神的・心理的葛藤のなかで間違った方向に進むことである。これらの克服法が満載されたウィザードブック厳選5冊を読めば、次のステージに進む近道が必ず見つかるだろう!!

悩めるトレーダーのためのメンタルコーチ術

定価 本体3,800円+税
ISBN:9784775971352

ブレット・N・スティーンバーガー博士
(Brett N. Steenbarger)

ニューヨーク州シラキュースにあるSUNYアップステート医科大学で精神医学と行動科学を教える准教授。自身もトレーダーであり、ヘッジファンド、プロップファーム（トレーディング専門業者）、投資銀行のトレーダーたちの指導・教育をしたり、トレーダー訓練プログラムの作成などに当たっている。

なぜ儲からないのか。自分の潜在能力を開花させれば、トレード技術が大きく前進することをセルフコーチ術を通してその秘訣を伝授！

本国アメリカよりも熱烈に迎え入れられた『ゾーン』は刊行から10年たった今も日本の個人トレーダーたちの必読書であり続けている！

ゾーン オーディオブックあり

定価 本体2,800円+税
ISBN:9784939103575

規律とトレーダー オーディオブックあり

定価 本体2,800円+税
ISBN:9784775970805

マーク・ダグラス
(Mark Douglas)

トレーダー育成機関であるトレーディング・ビヘイビアー・ダイナミクス社社長。自らの苦いトレード体験と多くのトレーダーたちの経験を踏まえて、トレードで成功できない原因とその克服策を提示。最近は大手商品取引会社やブローカー向けに、心理的テーマや手法に関するセミナーを開催している。

世界最高のトレーダーのひとりであるスティーブ・コーエンが心酔して自分のヘッジファンドであるSACキャピタルに無期限で雇った！

トレーダーの心理学

定価 本体2,800円+税
ISBN:9784775970737

【新版】リスクの心理学

定価 本体1,800円+税
ISBN:9784775972564

アリ・キエフ
(Ari Kiev)

スポーツ選手やトレーダーの心理ケアが専門の精神科医。ソーシャル・サイキアトリー・リサーチ・インスティチュートの代表も務め、晩年はトレーダーたちにストレス管理、ゴール設定、パフォーマンス向上についての助言をし、世界最大規模のヘッジファンドにも永久雇用されていた。2009年、死去。

ジャック・D・シュワッガー

現在は、FundSeeder.comの共同設立者兼最高リサーチ責任者として、まだ知られていない有能なトレーダーを世界中から見つけることに注力している。著書には『マーケットの魔術師』シリーズ５冊（『マーケットの魔術師』『新マーケットの魔術師』『マーケットの魔術師【株式編】』『続マーケットの魔術師』『知られざるマーケットの魔術師』）などがある。

ウィザードブックシリーズ 19

マーケットの魔術師
米トップトレーダーが語る成功の秘訣

定価 本体2,800円+税　ISBN:9784939103407

トレード界の「ドリームチーム」が勢ぞろい

世界中から絶賛されたあの名著が新装版で復刻！

投資を極めたウィザードたちの珠玉のインタビュー集！

今や伝説となった、リチャード・デニス、トム・ボールドウィン、マイケル・マーカス、ブルース・コフナー、ウィリアム・オニール、ポール・チューダー・ジョーンズ、エド・スィコータ、ジム・ロジャーズ、マーティン・シュワルツなど。

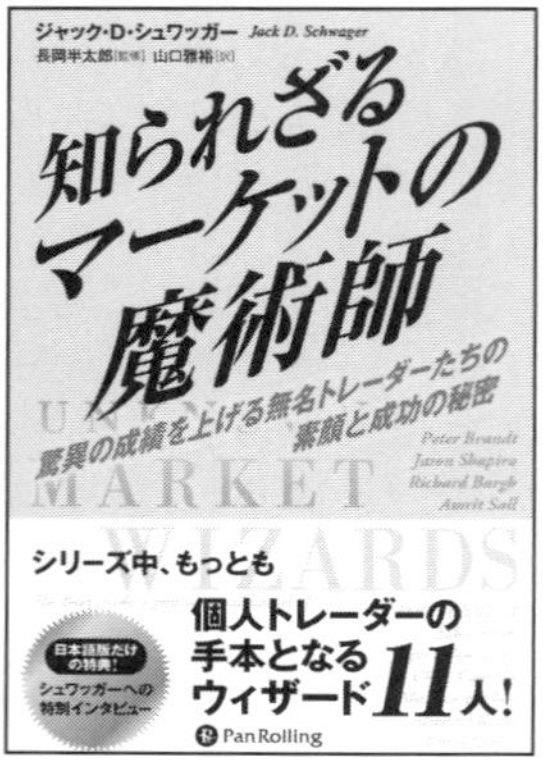

ウィザードブックシリーズ 315

知られざるマーケットの魔術師

最新刊

驚異の成績を上げる無名トレーダーたちの素顔と成功の秘密

定価 本体2,800円+税　ISBN:9784775972847

30年にわたって人気を博してきた『マーケットの魔術師』シリーズの第5弾！

本書は自己資金を運用する個人トレーダーに焦点を当てている。まったく知られていない存在にもかかわらず、彼らはプロの一流のマネーマネジャーに匹敵するパフォーマンスを残している！